爸爸, 我们去哪儿?

——世界最具影响力名人的100个父教法则

父教的力度, 决定孩子的高度
寓教于乐, 以星爸的特有视角研究家庭教育

谈 旭 ◎著

台海出版社

图书在版编目(CIP)数据

爸爸,我们去哪儿:世界最具影响力名人的100个父教法则 /
谈旭著.一一北京:台海出版社,2014.6

ISBN 978-7-5168-0356-1

Ⅰ.①爸… Ⅱ.①谈… Ⅲ.①儿童教育–家庭教育–
通俗读物 Ⅳ.①G78-49

中国版本图书馆CIP数据核字(2014)第153256号

爸爸,我们去哪儿:世界最具影响力名人的100个父教法则

著　　者:谈　旭	
责任编辑:王　萍	
装帧设计:天下书装	版式设计:通联图文
责任校对:唐思磊	责任印制:蔡　旭

出版发行:台海出版社

地　址:北京市朝阳区劲松南路1号， 邮政编码:100021

电　话:010-64041652(发行,邮购)

传　真:010-84045799(总编室)

网　址:www.taimeng.org.cn/thcbs/default.htm

E-mail:thcbs@126.com

经　销:全国各地新华书店

印　刷:北京高岭印刷有限公司

本书如有破损、缺页、装订错误,请与本社联系调换

开　本:680×960　　　　1/16

字　数:190千字　　　　　印　张:17

版　次:2014年9月第1版　印　次:2014年9月第1次印刷

书　号:ISBN 978-7-5168-0356-1

定　价:35.00元

前　言

　　《爸爸去哪儿》火了，几个孩子萌化了一大片观众，也让我们开始关注"父教"这个话题。节目告诉每一位父亲，父亲不仅仅只是个家庭角色，更是重要的教育者，其在家庭教育中的作用一点也不亚于母亲。可惜很多家庭忽略了这一点，所以在家庭教育中很难找到父亲的身影。

　　《爸爸去哪儿》的热播和受欢迎程度，预示着"父亲"在家庭教育中的回归。把孩子带到这个世界上，父亲的角色被赋予了很多义务和责任。尽一个家长的所能去爱他，去抚育他，不仅是母亲的事情，更需要每一个父亲以男人的角度去思考、去实施。父爱，是造就天才的关键。

　　在孩子的成长过程中，父爱和母爱有着各自不同的影响作用。母爱可使子女身体和情感得到健康的发展，父爱的功能则表现在教会孩子怎样应付和解决他们遇到的各种人生问题；母爱代表着人性和社会生活情感方面，父爱则往往象征着事业、思想、秩序、冒险和奋斗，代表的是理性方面，其主要表现在对孩子成就感的培养上。孩子在学校的学习成绩和学习能力也与父亲有关，据有关机构调查表明，如果有一个好的父亲，那么，孩子在数学和阅读理解方面的能力就会比较高，在人际关系上会更有安全感，自尊心也会比较强，很容易与人相处。所以，给予孩子的最理想的教育应该同时兼具父爱和

1

母爱两方面的内容。

现在较为普遍的问题是，一些做父亲的往往忽视甚至放弃了自己的教育责任，致使孩子所受的父性教育严重不足。这样的孩子容易形成所谓的"偏阴性格"，即脆弱、胆小、多愁善感、依赖性强、独立性差等。所以，父亲应"亲临"教育第一线，这样才有利于培养孩子健康的人格和自主能力，使孩子更好地适应现实世界和未来社会。

有人说："一个父亲胜过100个教师。"在此提醒所有的父亲：孩子的成长，天才的培养，父亲绝不能走开！

鉴于此，本书选取了100个短小精悍的父教故事，用故事诠释深奥的教子哲学，配以最新的现代教育方法，替代那些空洞的长篇大论和乏味的教育原理，在轻松的阅读之中，解决父亲教子的困惑。

愿每一位父母都能拿起这本书看一看，想一想书上所提到的问题，也许，你就会改变你在过去形成的那些习惯和方法。如果你能采取书中的办法，那么你的孩子从此就可以高高兴兴地按照你的心愿去完成你要他做的事情。

法国教育家爱尔维修说："即使是很普通的孩子，只要教育得法，也会成为不平凡的人。"每一个孩子都是天才，只要你教导得当、培育得法，你的孩子就一定会在某个领域有所建树，成为一名出色的人，而你也将成为一个自豪的爸爸——孩子最好的启蒙老师！

目录　CONTENTS

第四章　优良风范——革命领袖的教子课 ……………… 104

他们是戎马半生的革命领袖,是万人景仰的政治名人,但同时,他们也是爸爸。他们爱自己的孩子,他们在子女家庭教育方面的优良风范和高超艺术,值得我们长久学习和体会。

第七章　赏罚分明——好爸爸的情商课 ·················· 199

惩罚是成长过程中不可缺少的一味良药,但良药并非都苦口,表扬孩子,给予正确的激励也是必不少的。如何把握"赏"与"罚"的度,就要看爸爸们的情商了。

　　俗话说,母爱如水,父爱如山。当母亲含辛茹苦地照顾我们时,父亲也在努力地扮演着上帝赋予他的温柔角色。多少年来,人们在歌颂和赞美母亲的同时,也没有忘记父亲的伟大……

第一章

教子以德

——古代爸爸的教子佳话

"教子以德"不是现在才提出的,因为"德"既能补体,也可补智,所以,古人一直遵循着这条原则来教育子女。

1.曾子杀猪教子诚信

曾子,姓曾,名参,字子舆,春秋末年鲁国南武城(今山东嘉祥县)人。他16岁拜孔子为师,勤奋好学,颇得孔子真传。曾参是孔子学说的主要继承人和传播者，在儒家文化中居于承上启下的重要地位。他积极推行儒家主张，传播儒家思想，凭借自己在儒学方面的建树，曾参得以走进大儒殿堂，与孔子、孟子、颜子(颜回)、子思比肩，合称为"五大圣人"。在山东省济宁市嘉祥县南建有曾子庙、曾林(曾子墓)。

曾子非常注重个人修养，对上孝顺父母，对下关爱孩子。他总是严于律己，以身作则，给孩子的成长树立榜样，教孩子做人要诚实。

曾子杀猪教子诚信的故事一直流传至今。

有一天，曾子的妻子要上集市，她的儿子哭着要跟去，曾子的妻子便骗他说："你回去，等一会儿我回来给你杀猪吃。"

孩子信以为真，一边欢天喜地地跑回家，一边喊着："有肉吃了，有肉吃了。"

孩子一整天都待在家里等妈妈回来，连村子里的小伙伴来找他玩都被他拒绝了。他靠在墙根下一边晒太阳，一边想着猪肉的味道，心里甭提多高兴了。

傍晚，孩子远远地看见妈妈回来了，便一边三步并作两步地跑上前去迎接，一边喊着："娘，娘，快杀猪，快杀猪，我都快要馋死了。"

而曾子的妻子却说："一头猪顶咱家两三个月的口粮呢，怎么能随随便便就杀掉呢？"

见母亲出尔反尔，孩子哇的一声哭了出来。

曾子闻声而来，知道了事情的真相以后，二话没说，便去拿了菜刀，准备杀猪。妻子急忙上前拦住丈夫，说道："家里只养了这几头猪，都是逢年过节时才杀的，你怎么拿我哄孩子的话当真呢？"

曾子说："在小孩面前是不能撒谎的。他们年幼无知，经常从父母那里学习知识，听取教诲。如果我们现在说一些欺骗他的话，等于是教他今后去欺骗别人。虽然做母亲的一时能哄得过孩子,但是过后他知道受了骗,就不会再相信母亲的话。这样一来,你就很难再教育好自己的孩子了。"

曾子的妻子觉得丈夫的话很有道理,于是心悦诚服地帮助曾子杀猪去毛、剔骨切肉。没过多久,曾子的妻子就为儿子做好了一顿丰盛的晚餐。

曾子用言行告诉人们,想要做好一件事,哪怕面对年幼无知的孩子,也应做到言而有信、诚实无诈,因为身教重于言教。

所有做父母的人,都应该像曾子夫妇那样讲究诚信,用自己的行动去影响自己的子女和整个社会。

2.司马光:教育孩子力戒奢侈

司马光是北宋名臣、史学家,他的一生不仅自己生活十分俭朴,更把俭朴作为教子成才的重要内容。他十分注意教育孩子力戒奢侈,谨身节用。

他常说"平生衣取蔽寒,食取充腹",但却"不敢服垢弊以矫俗干名"。他教育儿子"食丰而生奢,阔盛而生侈"。为了使儿子认识到崇尚俭朴的重要,他以家书的体裁写了一篇论俭约的文章。在文章中,他强烈反对生活奢靡,极力提倡节俭朴实,并明确指出:古人以俭约为美德,今人却因俭约而遭到讥笑,实在要不得。他告诫儿子:"侈则多欲。君子多欲则贪慕富贵,枉道速祸;小人多欲则多求妄用,败家丧身。"

司马光还不断告诫孩子：读书要认真，工作要踏实，生活要俭朴，只有具备这些道德品质，才能修身、齐家，乃至治国、平天下。在他的教育下，儿子司马康从小就懂得俭朴的重要性，并以俭朴自律。他历任校书郎、著作郎兼任侍讲，以博古通今、为人廉洁和生活俭朴而称誉于后世。

下面是《训俭示康》译文的部分内容。

司马光写道："我本来是贫寒人家的子弟，世世代代以清白的家风相继承……我一生穿衣服只求抵御寒冷，吃饭只求饱腹……许多人都把奢侈浪费看作光荣，我却把节俭朴素看作美德。别人都讥笑我固执而不通达，我则不以此为缺陷。孔子说：'与其因为奢侈而骄傲，不如因为节俭被人看作固执与不通达。'又说：'因为俭约而犯错误的，那是太少了。'又说：'读书人有志于道义，却认为吃得不好、穿得不好是羞耻，这种人是不值得跟他谈论的。'古人把节俭作为美德，现在的人却把节俭看作是缺点，唉，真奇怪呀！"

"近来士大夫家庭，酒如果不是照宫内酿酒的方法酿造的，水果、下酒菜如果不是远方的珍贵奇异之品，食物如果不是品种繁多，食具如果不是摆满桌子，就不敢约会招待客人朋友。为了约会招待，往往先要用几个月的时间准备，然后才敢发请柬。如果有人不这样做，人们就会争着非议他，认为他没有见过世面、舍不得花钱。因此，不跟着习俗顺风倒的人，就少了。唉，风气败坏成这样，居高位、有权势的人虽然不能禁止，难道能忍心助长这种恶劣风气吗？"

"张文节当宰相时，自己生活享受如同以前当河阳节度判官时一样。跟他亲近的人中有人劝他说：'您现在领取的俸禄不少，可是自己生活却这样节俭。您虽然自信也确实是清廉节俭，但外人对您很有讥评,说您如同公孙弘盖布被子那样矫情作伪,您应该稍稍随从众人的习惯做法才好。"张文节叹息说:'我今天的俸禄这样多,即使全家穿绸缎的衣服,吃珍贵的饮食,还怕不能做到吗?但是人们的常情是,由节俭进入奢侈容易,由奢侈进入节俭困难。我今天的高俸禄哪能长期享有?我自己的健康哪能长期保持?一旦处境跟现在不一样,而家里的人习惯于奢侈生活已经很久,不能立刻节俭,那时候一定会因为挥霍净尽而弄到饥寒无依的地步,哪比得上我做大官或不做大官、活着或死亡,都像同一天这样节俭好呢?'唉,有道德才能的人的深谋远虑,哪里是凡庸的人所能比得上的呢!"

"鲁国大夫御孙说:节俭是人类共同的好品德,奢侈是最大的罪恶。凡是有好品德的人都是由节俭中培养出来的。节俭就少贪欲:有地位的人少贪欲,就不会为外物所役使,不会受外物的牵制,可以走正直的道路;没有地位的人少贪欲,就能约束自己,节约用费,避免犯罪,丰裕家室。奢侈就会多贪欲:有地位的人多贪欲,就会贪图富贵,不走正路,最后招致祸患;没有地位的人多贪欲,就会多方营求,随意浪费,最后败家丧身。因此,做官的如果奢侈,就必然贪赃受贿;在乡间当老百姓的如果奢侈,就必然会盗窃他人财物。"

为了说明奢侈的教训,他写道:"卫国大夫公叔文子在家里宴请卫灵公,大夫史鳝知道公叔文子一定会遭到灾祸。果然,文子去世后,文子的儿子公孙戍就因为奢侈招罪,出国逃亡;到了孙子一代,则因为奢侈而家人死光。西晋大官石崇以奢侈浪费来向人夸耀,终于因此而死在了刑场上。宋真宗时的宰相寇莱公的豪华奢侈,在当代人中堪称第一,但因为他的功业大,所以人们不批评他。可是他的子孙习染他的家风,也豪华奢侈,现在多数穷困。"

司马光最后写道:"因为节俭而立下好名声,因为奢侈而自招失败的事例还很多,不能统统列举。上面姑且举几个人用来教诲你。你不但本身应当履行节俭,还应当以节俭教诲你的子孙,使他们了解前辈的生活作风习俗。"

3.陆游:用诗陶冶孩子的性格

南宋诗人陆游特别注意用诗陶冶孩子的性格。他用诗作《冬夜读书示子聿》来教育孩子,一定要学以致用、身体力行:

古人学问无遗力,少壮工夫老始成。

纸上得来终觉浅,绝知此事要躬行。

他总结自己学诗的体会,明确告诉儿子:"汝果欲学诗,功夫在诗外。"

陆游在临死之前写的《示儿》感人肺腑:

死去元知万事空,但悲不见九州同。

王师北定中原日,家祭无忘告乃翁。

这首诗,情绪是悲壮的,但字里行间又洋溢着坚信最后能获得胜利的乐观精神,显示出他伟大的爱国主义精神并没有因其生命的结束而终结,它永远有力地激励和感召着后人。

相关链接：

古代的"示儿诗"

在我国古代，不少诗人留下了情真意切的教子诗词，给后人留下了宝贵的财富。这些诗词值得我们每一个做家长的阅读学习，认真深思和细细品味。

西汉时的东方朔是朝中大臣，一向以幽默风趣著称。他是一个大隐士，但不是隐于山林，而是隐于朝廷，因此，他很希望自己的儿子也能做到这一点。请看他的《诫子书》：

明者处事，莫尚于中。优哉游哉，于道相从。首阳为拙，柳下为工。饱食安步，在仕代农。依隐玩世，诡时不逢。是故才尽者身危，好名者得华；有群者累生，孤贵者失和；遗余者不匮，自尽者无多。圣人之道，一龙一蛇。形见神藏，与物变化。随时之宜，无有常家。

唐代的诗圣杜甫，希望他的儿子宗武能够"饱经街"、"爱文章"，向圣贤看齐。请看他的《又示宗武》诗：

觅句知新律，摊书解满床。试吟青玉案，莫羡紫罗囊。

假日从时饮，明年共我长。应须饱经街，已似爱文章。

十五男儿志，三千弟子行。曾参与游夏，达者得升堂。

诗中的"紫罗囊"指东晋谢玄少年时喜欢佩带紫罗囊，他的叔叔谢安看了，觉得是很不好的习气，就将紫罗囊烧了。

唐代诗人孟郊终生贫困潦倒。唐元和初年，他的3个儿子因无钱治病相继夭折，他为此悲痛至极。诗人兼散文家韩愈当即写了一首题为《孟东野夫子》的诗寄赠孟郊，诗云：

有子与无子，祸福未可原，有子且勿喜，无子固无叹。

韩愈借此诗劝说孟郊不要因丧子而忧伤，同时娓娓道出了这样一番道理：有子无子不是祸福之源，关键在于成不成器。有子成器则喜；子不成器，即使生一大群也无福可言，甚至可悲可叹。

据说，孟郊收到这一首启迪性的诗后，顿时消除了忧愁，振作了精神。但毕竟爱子心切，过了些时候，他写了一首脍炙人口的《游子吟》：

慈母手中线，游子身上衣。

临行密密缝，意恐迟迟归。

谁言寸草心，报得三春晖。

此诗通过一位慈母给远行的孩子密密缝衣的生活原型，形象生动地表达了母亲对孩子的真挚感情，家喻户晓，老少咸诵，成为古今必读的教子名篇。

李商隐是唐代著名诗人，但才高难为用，一生沉沦下僚。他不想让儿子学自己的样子，而希望他去读兵书，学万人敌，将来做"帝王师"。他的《骄儿诗》很长，摘其中的几句：

爷昔好读书，恳苦自著述。

憔悴欲四十，无肉喂蚤虱。

儿慎勿学爷，读书求甲乙。

穰苴司马法，张良黄石术。

便为帝王师，不假更纤悉。

北宋诗人张耒13岁就能吟诗作对，17岁写下了当时脍炙人口的《函关赋》。少年时，他学于苏轼，颇得东坡居士的赏识。20岁中进士，历任秘书省正字、著作郎、史馆检校、起居舍人等官职。他为人正直，做官清明，还写下了不少反映劳动人民疾苦的诗作。更值得称道的是，他为了教育儿子张秬、张秸，以卖烧饼的邻居为榜样，专门写了一首七言诗。

张耒的邻居是位卖烧饼的，他每日五更起床，沿街叫卖，哪怕是刮风下雨、天寒地冻也不间断。久而久之卖饼人的艰辛深深感动了诗人。他想，业过三百，行超三千，不论干什么，只要立志求远，不懈地努力，终究会取得成功。为了教育儿子，学习卖饼人不畏艰难的品质，他写下了《示秬秸》：

城头月落霜如雪，楼头五更声欲绝。

捧盘出户歌一声，市楼东西人未行。

北风吹衣射我饼，不忧衣单忧饼冷。

业无高卑志当坚，男儿有求安得闲。

宋人郑侠有《教子孙读书》诗，其中写道：

淡然虚而一，志虑则不分。眼见口即诵，耳识潜自闻。

神焉默省记，如口味甘珍。一遍胜十遍，不令人艰辛。

意思是说，读书安神静气，虚心专一，思考问题不会分神。眼睛看到即在口中诵读，耳闻自己的诵读声即潜心思考和记忆，就好比品味甘美珍异的食物。这样读书，一遍可以胜过十遍，而且不至于太劳累。

清代诗人袁枚的小女儿天资聪慧，不少名门望族前来求亲，他均未允，却将她嫁给了姑苏城一个百姓之子，并作了一首《嫁女词》相送：

姑恩不在富，夫怜不在容。但听关雎声，常在春风中。

女遵父训，把这首词作为传家宝世代相传。

身为康熙秀才、雍正举人、乾隆进士的郑板桥，一身正气，两袖清风。女儿出嫁无钱置办嫁妆，便以一幅兰竹图代替，并在上面题了一首诗：

官罢囊空两袖寒，聊凭卖画佐朝餐。

最惭吴隐查钱薄，赠尔春风几笔兰。

4.王羲之教子坚持不懈

王羲之是中国古代著名的书法家，他的书法艺术造诣很高，其《兰亭集序》至今仍被书法爱好者奉为经典，被后人尊为"书圣"。

王献之是王羲之的第七个儿子，自幼聪明好学，在书法上专攻草书、隶书，也善画画。他七八岁时始学书法，师承父亲。

一天，王献之在书房墙上写了"方丈壁鹤"四个刚劲有力的大字，得到了父亲王羲之和亲朋好友的称赞。从此，他逐渐生出骄傲的情绪，常常独自跑到外面去玩。王羲之知道后，跑到屋前宅后、小山旁去寻找，发现他一个人在山脚下的一个小池边捉鱼。见此情景，王羲之并没有责备他，而是和他一同回到书房，并关切地问："献之，这几天练字了吗？""父亲，字我练了。"王献之边说边把过去写的大字一张张拿给父亲看，并说："父亲，你看了就明白。"他对自己的书法很有自信。

王羲之翻阅了几张字，很明显地发现王献之写的字比以前退步了。他严肃地说:"献之,写字并不难,但要写好字可不那么容易,这是很艰苦的事,要下苦功。古人云:'事贵有恒,学无止境。'"

王献之好奇地问:"父亲,我练的字究竟要写多久才行呀?"王羲之听到这里,站起身来,走到窗口,用手指着院子里的大水缸说道:"你呀,能写完这18缸水,字才能有骨架子,才能站稳脚跟。"

一天,小献之问母亲郗氏:"我只要再写上3年就行了吧?"母亲摇摇头。"5年总行了吧?"母亲又摇了摇头。

献之急了,冲着母亲说:"那您说究竟要多长时间?"

"你要记住,你父亲要你写完院里这18缸水,你的字才会有筋有骨、有血有肉,才会站得直、立得稳。"献之一回头,原来父亲就站在他的背后。

王献之心中不服,却什么都没说,而是一咬牙又练了5年。5年后的一天,王献之把一大堆写好的字拿给父亲看,希望听到几句表扬的话。谁知,王羲之一张张掀过,却一个劲地摇头。掀到"大"字时,王羲之显出了较满意的表情,随手在"大"字下填了一点,然后把字稿全部退还给了王献之。

小献之心中不服,又将全部习字抱给母亲看,并说:"我又练了5年,并且是完全按照父亲的字样练的。您仔细看看,我和父亲的字还有什么不同?"母亲果然认真地看了3天,最后指着王羲之在"大"字下加的那个点叹了口气说:"吾儿磨尽三缸水,唯有一点似羲之。"

献之听后十分泄气,有气无力地说:"这样下去,我什么时候才能有好结果呢?"

母亲见他的骄气已经消尽,便耐心地对他说:"孩子,练习写字,必须下苦功夫。你父亲年轻的时候,先用四五年时间虚心临摹诸家的字样,把别人的特长融会贯通,然后才形成了自己的独特风格。为了练字,你父亲不管走路还是休息,一直用手在身上一横一竖地比画，揣摩字的笔画结构。日子长了，把衣服都画破了。他在练习书法时，因为写完字常到一个池里洗笔和砚台，后来池水全变黑了。他练字练得入了迷，连饭都忘了吃。有一次，家里人把蒸馍和蒜泥放到他面前叫他吃，可我到书房一看，只见他拿着一块蘸了墨汁的蒸馍正在吃呢，弄得满脸乌黑。原来，他一心想着练字，错把墨汁当蒜泥了。孩子，做任何事都不能好高骛远、自满自足，要勤勤恳恳、踏踏实实，一步一个脚印才行。"

王献之听了母亲的教导后，更加勤奋地练字，日复一日，持之以恒。在这坚持不懈的努力下，王献之的书法终于大有长进。王羲之见了大喜，于是悉心教导，并亲笔写了一本《乐毅论》让他临摹。王献之用那18缸水磨墨、洗笔、洗砚，刻苦练习写字，经过十多年的勤学苦练，终于学有所成。

一次，献之趁父亲外出，写了一幅字贴在墙上。王羲之回来一看，以为是自己写的，可想了半天也记不起是什么时候写的。一问，才知道出于儿子之手。这次，他对着儿子笑了。

功夫不负有心人，献之练字用尽了那18大缸水，终于成了一位草隶清峻、绝众超美、无人可比的大书法家。他的字和王羲之的字并列，被人们称为"二王"。

今绍兴兰亭一座三角形鹅池碑亭，据传碑上"鹅池"两个苍劲有力的大字，"鹅"字是王羲之的亲笔，"池"字是王献之的手笔。

5.触龙说赵太后：要为孩子考虑长远利益

公元前266年，赵国国君惠文王去世，他的儿子孝成王继位，因为年纪轻，故由太后执政。赵太后即赫赫有名的赵威后。当时的赵国虽有廉颇、蔺相如、平原君等人辅佐，但国势已大不如前。而秦国看到赵国正在新旧交替之际，国内动荡不安，孝成王又年少无知，认为有机可乘，于是派遣兵将"急攻之"，一举攻占了赵国的三座城池，赵国危在旦夕，太后不得不请求与赵国关系密切的齐国增援。齐王虽然答应出兵，但提出赵国必须送太后的幼子长安君到齐国为质。

尽管大臣们极力劝谏，但赵太后坚决不答应，她明白地告诉身边的近臣说："如果再有说让长安君去做人质的人，我一定朝他脸上吐唾沫！"

左师触龙前去见太后，太后气势汹汹地等着他。触龙缓慢地小步跑着，到了太后面前，先向太后道歉说："我的脚有毛病，连快跑都不能，很久没来看您了。私下里自己原谅自己，又总担心太后的贵体有什么不舒适，所以想来看望您。"太后说："我全靠坐车走动。"触龙问："您每天的饮食该不会减少吧？"太后说："吃点稀粥罢了。"触龙说："我现在特别不想吃东西，所以自己勉强走走，每天走上三四里，能慢慢地稍微增加点食欲，身上也舒服一点。"太后说："我做不到。"

见太后的怒色稍微消解了些，触龙接着说："我的儿子舒祺年龄最小，不成才，而我又老了，私下疼爱他，所以希望能让他替补上黑衣卫士的空额，来保卫王宫。我在此冒着死罪禀告太后。"

太后说："可以，年龄多大了？"触龙说："十五岁了，虽然还小，但我希望趁自己还没入土，将他托付给您。"太后说："你们男人也疼爱小儿子吗？"触龙说："比妇女还厉害。"太后笑着说："妇女更厉害。"

触龙回答说："我私下认为，您疼爱燕后超过了疼爱长安君。"太后说："你错了，我最疼爱的就是长安君。"

触龙说："父母疼爱子女，必会为他们考虑长远的利益。您送燕后出嫁的时候，拉着她的脚后跟为她哭泣，这是惦念并伤心她嫁到远方。她出嫁以后，您也并不是不想念她，可您祭祀时，一定会为她祷告：'千万不要被赶回来啊。'难道这不是为她做长远打算，希望她生育子孙，一代一代地做国君吗？"太后说："是这样。"

触龙接着说："从这一辈往上推到三代以前，甚至到赵国建立的时候，赵国君主的子孙被封侯的，他们的子孙还有能继承爵位的吗？"赵太后说："没有。"触龙说："不光是赵国，其他诸侯国君被封侯的子孙的后继人有还在的吗？"赵太后说："我没听说过。"触龙又说："他们当中祸患来得早的就会降临到自己头上，祸患来得晚的就会降临到子孙头上。难道国君的子孙就一定不好吗？这是因为他们地位尊贵而没有功勋，俸禄丰厚而没有功劳，占有的象征国家权力的珍宝太多了！现在您把长安君的地位提得那么高，又封给他肥沃的土地，给他很多珍宝，如果不趁现在这个时机让他为国立功，一旦您去世，长安君凭什么在赵国站住脚呢？我觉得您为长安君打算得太短了，所以才认为您疼爱他比不上疼爱燕后。"

听了触龙的劝解，太后终于答应了送长安君为人质："好吧，任凭你指派他吧。"

子义听到这事说："国君的孩子可算是国君的亲骨肉了，尚且还不能凭靠无功的尊位、没有劳绩的俸禄来守住金玉宝器，更何况是人臣呢！"

赵太后曾是一位青史留美名的人物，在《战国策·齐策》里，有一段"赵威后问齐使"的佳话。她先问收成，后问百姓，最后才问候君王,致使齐使不悦,说她是"先贱而后尊贵"。赵威后据理以对,道出了"苟无岁,何有民? 尚无民,何有君"的千古名言。

但在这里,她溺爱幼子而置国家安危于不顾,简直到了蛮横不讲理的地步,全不像一个开明太后的样子,这才引出了触龙说赵太后的故事。

这个故事说明了一个深刻的道理:国君和居高位的执政者应该让自己的子女去为国家建功立业,以取得人民的拥戴,绝不能使子女安享由父母的权势而得到的尊位、高薪和宝器。安富尊荣,坐享其成,不仅业无继者,就连已有的财富也将荡然无存。

6.孔子:保护孩子的自尊心

陈亢问于伯鱼曰:"子亦有异闻乎?"对曰:"未也。尝独立,鲤趋而过庭,曰:'学诗乎?'对曰:'未也。''不学诗,无以言。'鲤退而学诗。他日又独立,鲤趋而过庭,曰:'学礼乎?'对曰:'未也。''不学礼,无以立。'鲤退而学礼。闻斯二者。"陈亢退而喜曰:"问一得三,闻诗,闻礼,又闻君子之远其子也。"

翻译成白话文大概是:

陈亢问伯鱼:"你在老师那里听到过什么特别的教诲吗?"伯鱼说:"没有。有一次,他独自站在堂上,我快步从庭里走过。他问:'学《诗经》了吗?'我回答说:'没有。'他说:'不学《诗经》,就不懂怎么说话。'于是,我就跑回去学《诗经》。又有一天,他又独自站在堂上,我正好快步从庭里走过。他问道:'学《礼记》了吗?'我回答说:'没有。'

他说：'不学习《礼记》，就不懂得怎么样立足于社会。'于是我又退回去学《礼记》。"

陈亢回去高兴地说："我提一个问题，知道了三个道理，知道了关于《诗经》的道理，知道了关于《礼记》的道理，又知道了君子并不偏爱自己儿子的道理。"

这段出自《论语·季氏》的话很重要。从这段话中，我们不仅能看出孔子很重视培养孩子的文学素养和道德修养，也十分注重保护孩子的自尊心。他两次与孩子谈话，都是在身边没有其他人的情况下进行的，他没有当着别人的面批评孩子，这就不会使孩子感到难堪。知道孩子没有读《诗》、《礼》，他也没有生气，没有责骂，而只是指出不学《诗》、不学《礼》的危害，使孩子主动认识到自己的错误，并予以改正。

7. "包青天"的家训：做人不能贪图功名利禄

包拯，北宋天圣朝进士，累迁监察御史，建议练兵选将、充实边备。奉使契丹还，历任三司户部判官，京东、陕西、河北路转运使。入朝担任三司户部副使，请求朝廷准许解盐通商买卖。改知谏院，多次论劾权幸大臣。授龙图阁直学士、河北都转运使，移知瀛、扬诸州，再召入朝，历权知开封府、权御史中丞、三司使等职。嘉裕六年(1061年)，任枢密副使，后卒于位，谥号"孝肃"。

世人皆知，宋朝包拯是封建时代一位铁面无私的清廉好官，他的业绩深得民心，数百年来广为流传，但他的家训却鲜为人知："后世子孙仕宦，有犯赃滥者，不得放归本家；亡殁之后，不得葬于大茔之中。不从吾志，非吾子孙。"共37字，其下押字又云："仰珙刊石，竖于堂屋东壁，以诏后世。"又14字。珙者，孝肃之子也。

大意是："后代子孙做官的人中，如有犯了贪污财物罪而撤职的人，都不允许放回老家；死了以后，也不允许葬入祖坟。不顺从我的志愿的，就不是我的子孙后代。"在家训后面签字时，包拯又写道："希望包珙（把上面一段文字）刻在石块上，把刻石竖立在堂屋东面的墙壁旁，用来告诫后代子孙。"

其实，简单来说，包拯家训的核心思想就是做人不能贪图功名利禄，为人要正直。

要做一个真正清正廉明的人民公仆，不仅仅是廉明勤政，也要以身作则，从严执法，秉公办事，不利用自己的职权替子女或亲友谋利，还必须做到对家人、子女严格教育，常加训导，以防"后院起火"。

古往今来，官风与家风，治国与治家，总是紧密相连的。一位官员的官风不错，家风却很糟，那他的官风必然会大打折扣。夫人犯罪，子女犯罪，要说与他没有关系，从表面上看，也许能成立；但从道德上讲，从人的社会性上讲，是不能让人接受的。后院起火，养出纨袴子弟，乃至权势狂、金钱狂，而自己还能留下清官之名的，史册上没有，老百姓的心碑上更没有。中国人看重家风，看重家庭声望，这是一个好传统。家风多是纵向发展，社会风气多是横向发展，好的家风一旦形成，能影响几代人，在社会风气的发展中，起着贯穿作用和中坚作用。

8.诸葛亮写给儿子的一封信

诸葛亮写给儿子的一封信，只用了短短86字：

夫君子之行，静以修身，俭以养德；非淡泊无以明志，非宁静无以致远。

夫学须静也，才须学也；非学无以广才，非志无以成学。

急慢则不能励精，险躁则不能冶性。

年与时驰，意与岁去，遂成枯落，多不接世。

悲守穷庐，将复何及！

这封信精简地传递了具体的讯息。

"静以修身"、"非宁静无以致远"、"学须静也"——诸葛亮忠告孩子只有宁静才能够修养身心、静思反省。静不下来，就无法有效地计划未来，而且学习的首要条件就是要有宁静的环境。

"俭以养德"——诸葛亮忠告孩子要节俭，以培养自己的德行。审慎理财，量入为出，不但可以摆脱负债的困扰，更可以让你过上纪律的简朴生活，免受物质的奴役。在鼓励消费的文明社会，你是否想过节俭的好处？

"非淡泊无以明志"、"非宁静无以致远"——诸葛亮忠告孩子要静下来，细心计划人生，不要事事追求名利。面对未来，你有理想吗？你有使命感吗？你有自己的价值观吗？

"夫学须静也"、"才须学也"——诸葛亮忠告孩子，宁静的环境对学习大有帮助，若能配合专注的平静心境，那就更加事半功倍了。诸葛亮不是天才论的信徒，他相信才能是学习的结果。你有否全心全力地学习？你是否相信努力才有成就？

"非学无以广才"、"非志无以成学"——诸葛亮忠告孩子,想要增值,先要立志,不愿意努力学习,就不能够增加自己的才干。但学习的过程中,决心和毅力非常重要,缺乏意志力,很容易半途而废。你有否想过一鼓作气人多、坚持到底人少的道理？

"怠慢则不能励精"——诸葛亮忠告孩子,凡事拖延,就不能够快速掌握要点。计算机时代是速度的时代,样样事情讲求效率,想不到一千八百多年前的智慧,与此竟不谋而合。快人一步,不但能使理想达到,也能让你有更多的时间去修正及改善。

"险躁则不能冶性"——诸葛亮忠告孩子,太过急躁就无法陶冶性情。心理学家说:"思想影响行为,行为影响习惯,习惯影响性格,性格影响命运。"诸葛亮明白,生命中要做出种种平衡,既要"励精",也要"冶性"。

"年与时驰"、"意与岁去"——诸葛亮忠告孩子,岁月流逝,意志力会随着时间消磨,"少壮不努力,老大徒伤悲"是没有时间观念的人的必然结局。"时间管理"是现代人的观念,但仔细想一想,时间其实是无法被管理的,每天24小时,不多也不少,真正需要管理的是自己,要让自己做到善用每分每秒。

"遂成枯落"、"多不接世"、"悲守穷庐"、"将复何及"——诸葛亮忠告孩子,时光飞逝,当自己和世界脱节,才悲叹蹉跎岁月,已经于事无补。要懂得居安思危,才能够临危不乱。想象力比知识更有力量。你有没有从大处着想,从小处着手,脚踏实地,规划人生？

9.曹操是怎样教育孩子的

在三国群雄中,教育子女最有成效的,首推曹操。他的几个孩子,曹丕、曹植文武双全,都是著名的诗人;曹彰刚毅威猛,是一员名将;曹冲虽然13岁就夭折,却是历史上罕见的神童。

不过,关于曹操是怎样教育孩子的,无论是正史还是《三国演义》,记叙都过于简略,我们仅能从侧面略知一二。

曹操非常注意给孩子选良师,并要求他们尊敬老师。他给孩子们选拔属吏时,下令要选"德行堂堂"的人物。他还选被称为"国之重宝"、"士之精藻"的邴原为曹丕的长史。

曹操不但对儿子们的学习抓得很紧,在品德上要求也很严格。

公元218年,他派曹彰带兵讨伐代郡乌桓的叛乱。出发前,他对曹彰说:"居家为父子,受事为君臣,动以王法从事。尔其戒之!"告诉他王法无私,犯了过错是不能指望依靠父子之情得到宽赦的。曹彰果然兢兢业业,奋力战斗,一举平定了北方。后来回禀曹操时,他并不居功,而把功劳归于部下将领。曹操听了十分高兴,亲切握着曹彰下颌的黄胡须说:"黄须儿竟大奇也!"

而曹植,他10岁左右就能诵读《诗经》、《论语》以及辞赋几十万字,而且下笔成文,倚马可待。曹操极其宠爱他,很想立其为世子。公元213年,曹操率军南征孙权,命令曹植留守邺城,临行前,曹操说:"我23岁时做的事情,现在回想起来,也没有什么错误;你今年也23岁了,难道还不应该努力吗?"由此可见,曹操对曹植寄托了深切的期望。可是,曹植由于恃宠而骄,放纵不羁,有一次乘车在"驰道"上走,又私自打开"司马门"出去。而在这两条路上行走是只有皇帝才能享受的特权,曹植这样做,无疑触犯了国家法律。曹操对此十分生气,说:"始者谓子建,儿中最可定大事。""自临淄侯植私出,开司马门至金门,令吾异目视此儿矣。"后来,他决定改立曹丕为世子,这其中当然还有其他原因,但曹操对儿子的严格管教亦可见一斑。

反映在曹冲故事里的"大船称象"早已脍炙人口。当曹操向部下征询称象的办法时,曹冲这五六岁的孩子竟能直抒己见,毫不拘谨和畏惧,提出大船称象的好办法,曹操还高兴地照办了。这也从侧面反映了他虽为魏王,在家庭生活中却和子女舐犊情深。

曹操能文能武,所以,他也要求诸子兼习文武。曹操曾令工匠打造五口宝刀,取"百炼利器,以辟不祥"之意,命名为"百辟刀"。曹操作《百辟刀令》,说:"往岁作百辟刀五枚,适成,先以一与五官将,其余四,吾诸子中有不好武而好文学,将以次与之。"这个令文反映出了曹操倡导文武兼习、全面发展的教育思想。

曹丕在《典论·自序》中回忆:"余时年五岁,上以世方扰乱,教余学射,六岁而知射,又教余骑马,八岁而能骑射矣。""上雅好诗书文籍,虽在军旅,手不释卷。……余是以少诵《诗》、《论》。及长而备历五经、四部,《史》、《汉》、诸子百家之言,靡不毕览。"

建安二十二年(217年),刚过而立之年的曹丕被立为太子。这时的曹丕已像父亲一样,文才武艺俱佳。在当太子期间,他撰写的《典论·论文》是中国古代文学批评和文学理论的经典之作,在中国文学史上占有重要地位。他擅长击剑,曾用甘蔗当剑,跟通晓五种兵器的奋威将军邓展比武,并击败了对手。曹操倡导兼习文武、全面发展的教育思想在曹丕身上得到充分体现。

曹操虽然倡导文武兼习,但也允许学有偏好。《三国志·魏书·任城威王彰传》记载:"任城威王彰,字子文。少善射御,膂力过人,手格猛兽,不避险阻。数从征伐,志意慷慨。太祖尝抑之曰:'汝不念读书慕圣道，而好乘汗马击剑，此一夫之用，何足贵也！'课彰读诗、书，彰谓左右曰：'丈夫一为卫、霍，将十万骑驰沙漠，驱戎狄，立功建号耳，何能作博士邪？'太祖尝问诸子所好，使各言其志。彰曰：'好为将。'太祖曰：'为将奈何？'对曰：'被坚执锐，临难不顾，为士卒先；赏必行，罚必信。'太祖大笑。"

曹操得知三子曹彰立志为将以后，并没有责备他弃文好武，而"大笑"，实际上是允许曹彰学有偏好。曹操对待四子曹植也是这样。曹植喜文而厌武，他在《与杨德祖书》中说："仆少小好为文章，迄至于今二十有五年矣。"

对于曹操赐给他的勉励他习武的百辟刀，曹植作《宝刀铭》，说："造兹宝刀，既砻既砺。匪以尚武，予身是卫。"意思是：佩带锋利的宝刀，并不意味着自己崇尚武功，只为防身自卫。对于曹植这种言行，曹操也没有训斥。

允许学有偏好，按照现代教育理念说，就是尊重孩子自己的选择，允许良好的个性发展。曹操能够做到这点，实在难能可贵。

10.许衡：重视儿子们的人格教育

许衡，字仲平，学者称之鲁斋先生，是宋元之际著名的理学家、政治家和教育家。

盛夏行路时因天气炎热，路人们口渴难耐，正好路边有一棵梨树,他们便纷纷去摘梨吃,唯独许衡静坐树下不动。有人不解地问:"何不摘梨解渴?"许衡答曰:"不是自己的梨,岂能乱摘!"那人笑其迂腐:"世道这么乱,梨树哪有主人!"许衡正色道:"梨虽无主,难道我们的心也无主了吗?"

这个故事并非杜撰,《元史》有载。当时,蒙古兵的铁蹄踏进新郑,24岁的许衡跟随众人逃难,途中便发生了这个故事。

身为难民,许衡仍然能够做到"义不摘梨",这实在是一种难能可贵的境界。

乱世中的许衡像古代先贤诸葛亮躬耕于南阳那样,也以耕种维持生计,粟熟了才吃小米饭,粟未熟的时候,他就吃糠菜。如此艰苦的生活,他却过得泰然自若。他夜思昼诵,读书不已。别人送给他的东西,只要有不合道义的,他就坚决拒收。

许衡不仅自己具有高尚的人格,也很重视儿子们的人格教育。

许衡认为,孟子的高尚人格、浩然正气能给孩子以无穷的激励,是人格教育的好教材。因此,他特别推崇《孟子》,要求儿子专读《孟子》。他不仅引导儿子通过读圣贤书来培养自己良好的人格,还通过写诗的形式来对孩子进行人格教育。在战乱之际,他希望儿子能够把握人生,辛勤劳作,做到淳朴真实、磊落忠信、致君济民、不图苟且之功名,尽其本然之善性,学到真知。许衡对儿子的人格教育花费了很多的工夫,在他的教育下,他的4个儿子除两个早卒外,另外两子都不负父望,从小就养成了高尚的善行。长子师可"志趣端正",官至谏议大夫。《元史》本传称:"他人庭有果,熟烂堕地,童子过之,亦不睨视而去。其家人教化之如此。"意思是说:他人家的庭院里有果树,果子熟烂掉到了地上,他家的孩子从那里经过,眼睛都没有斜视一眼就离开了。

他对儿子们的教化达到了这种地步，由此可见，人格魅力对于人生与命运的重大影响。

延伸阅读：

中国古代著名家训

重德向善是传统家训格言中的纲目，对子女的仁慈关爱和道德修身的严格要求，使其在任何时候能够明辨是非，选择正确的人生之路，这是真正为子孙负责，也必将使他们终身受益。

家训又称家规、庭训等。古人非常重视以修身为主的家庭教育，认为"子不教，父之过"，道德与文化的传承是"齐家"的主要内容之一。

古代家训的内容非常丰富，传统文化中固有的仁义礼智信、忠孝节义、礼义廉耻等美德成为家风、家训的核心，用以谆谆教诲后世子孙，要他们重德修身，将美好的德行和圣贤的智慧代代相传，从而在任何时候都能够立于不败之地。

以下摘录数则：

周公《诫伯禽书》

周公旦，姓姬，名旦，氏号为周，爵位为公。因采邑在周，称为周公；因谥号为文，又称为周文公。相传他制礼作乐，建立典章制度，被尊为儒学奠基人，是孔子最崇敬的古代圣人。

周成王将鲁地封给周公之子伯禽，周公告诫儿子说："往矣，子无以鲁国骄士。吾文王之子，武王之弟，成王之叔父也，又相天下，吾于天下亦不轻矣，然一沐三握发，一饭三吐哺，犹恐失天下之士。吾闻德行宽裕守之以恭者，荣；土地广大守之以俭者，安；禄位尊盛守之以卑者,贵;人众兵强守之以畏者,胜;聪明睿智守之以愚者,哲;博闻强记守之以浅者,智。夫此六者,皆谦德也。夫贵为天子,富有四海,由此德也。不谦而失天下亡其身者,桀纣是也。可不慎欤!"

意思是:"你不要因为受封于鲁国就怠慢、轻视人才。我是文王的儿子,武王的弟弟,成王的叔叔,又身兼辅佐皇上的重任,我在天下的地位也不能算轻贱的了。可是,一次沐浴,要多次停下来,握着自己已散的头发;接待宾客,吃一顿饭,要多次停下来,唯恐因怠慢而失去人才。我听说,德行宽裕却恭敬待人,就会得到荣耀;土地广大却克勤克俭,就没有危险;禄位尊盛却谦卑自守,就能常保富贵;人众兵强却心怀敬畏,就能常胜不败;聪明睿智却总认为自己愚钝无知,就是明哲之士,博闻强识却自觉浅陋,才是真正的聪明。这六点都是谦虚谨慎的美德。即使贵为天子,之所以富有四海,也是因为遵循了这些品德。不知谦逊从而招致身死国丧,桀纣就是这样的例子。你怎能不慎重呢?"

而伯禽没有辜负父亲的期望,没过几年就把鲁国治理成了民风纯朴、务本重农、崇教敬学的礼仪之邦。

徐勉《诫子崧书》

徐勉,南北朝时期郯城人,为官清廉,家无蓄积,自称遗子以清白。

徐勉也有一篇著名的诫子书——《诫子崧书》,其中有这样的训诫:"吾家本清廉,故常居贫素。至于产业之事,所未尝言,非直不经营而已。薄躬遭逢,遂至今日,尊官厚禄,可谓备之。每念叨窃若斯,岂由才致,仰藉先门风范,及以福庆,故臻此尔。古人所谓'以清白遗子孙,不亦厚乎'?又云'遗子黄金满籯,不如一经'。"

徐勉认为,作为父辈,留给子孙的不应是物质财富,而应该是高尚的人格风范。他说,自己出身清廉,常居贫素,对于置办产业,从未钻营谋求；如今虽然有高官厚禄，但不是因为自己有才智，而是依靠先祖良好的风范，福分惠及子孙而得到的。所以，古人讲，把清白留给子孙，不是最丰厚的财富吗？留给子孙黄金满箱，不如教给他们一部经书。

唐太宗《诫皇属》

在历代家训中，帝王家训占有特殊位置，其代表作之一是唐太宗李世民的《诫皇属》。

太宗非常注重对皇子们的教育，经常告诫其后代，应当遵守道德规范，加强道德修养，掌握治国之道。在《诫皇属》中，唐太宗告诫皇属们说："朕即位十三年矣，外绝游观之乐，内却声色之娱。汝等生于富贵，长自深宫。夫帝子亲王先须克己，每著一衣，则悯蚕妇；每餐一食，则念耕夫。至于听断之间，勿先恣其喜怒。朕每亲临庶政，岂敢惮于焦劳！汝等勿鄙人短，勿恃己长，乃可永久富贵，以保终吉。先贤有言：'逆吾者是吾师，顺吾者是吾贼。'不可不察也。"

李世民以自己勤勉政事为例，告诫"生于富贵，长自深宫"的皇属克制自己，珍惜财物，不可奢侈，每穿一件衣服、吃一顿饭，都不要忘记蚕妇、农夫的辛勤。在听闻决断的时候，不要先入为主，任凭自己的喜怒，要谦虚，善于听取不同意见。不要因为别人有短处就鄙视他们，也不要因为自己有优点就恃才而骄，要把敢于反对你的人当作老师，把逢迎你的人视为贼子。只有这样才能够永久富贵，贞正吉祥。

欧阳修《诲学说》

《诲学说》是北宋名士欧阳修劝诫子孙努力学习，提升自身修养的文章。

"玉不琢不成器，人不学不知道。然玉之为物有不变之常德，虽不琢以为器，而犹不害为玉也；人之性因物则迁，不学则舍君子而为小人。可不念哉？"

文章虽然短小，却蕴理深刻，大意是："玉和人相同之处在于都要经过雕琢磨砺才能有所作为，不同的是，玉就算不雕琢，其本性也永远不会更改；而人的习性是最容易受外面物质环境影响的，若不能时刻砥砺自己提升学识修养与品德内涵，就会舍君子而为小人。我们能不常常铭记吗？"

范纯仁《诫子弟言》

范纯仁是名相范仲淹次子，在父亲的言传身教下，范纯仁为人正派，性格平易宽厚，从不疾言厉色对待别人，但坚持道义时挺拔特立，决不屈从。从布衣到宰相，他廉洁勤俭始终如一。此外，他教子甚严，处处以俭朴和忠恕熏陶子弟，在《诫子弟言》中，他说："人虽至愚，责人则明；虽有聪明，恕己则昏。苟能以责人之心责己，恕己之心恕人，不患不到圣贤地位也。"

大意为："即使是再愚蠢的人，对别人提出要求的时候，也往往是看得很清楚的；即使是再聪明的人，容忍自己错误的时候，也往往总是很糊涂的。如果能用苛求别人的心来要求自己，用宽恕自己的心来宽恕别人，就不怕做不成圣贤！"

袁采《袁氏世范》

《袁氏世范》写于南宋淳熙五年，作者袁采。袁采秉性刚正，为官廉明，颇有政绩。当时的通判隆兴军府事刘镇认为这部家训不仅可以施之于一家一县，而且可以"远诸四海"；不仅可以行之一时，而且可以"垂诸后世"、"兼善天下"，成为"世之范模"，因而更名为《袁氏世范》。

在《处己》篇里，袁采对家人子弟立身处世的教诲，概括起来主要有以下几个方面：

其一，处富贵不宜骄傲，礼不可因人分轻重。"富贵乃命分偶然，岂能以此骄傲乡曲？"即使本身贫寒而致"富厚"、"通显"，也不应"以此取优于乡曲"；若是因为继承父祖的遗产或沾父祖的光而成显贵，在乡亲面前耍威风，那更是可羞又可怜。

其二，人贵忠信笃敬，公平正直。袁采认为，忠信笃敬、公平正直是做人最重要的品德，是最重要的"取重于乡曲之术"。

其三，严己宽人，过必思改。袁采认为，忠信笃敬、公平正直这一做人的重要准则，应该自己首先做到，然后才能要求别人做到。所谓"勉人为善，谏人为恶，固是美事，先须自省"，他认为，人不能无过，但过必思改。同时要宽厚为怀，以直报怨，不要计较人情的厚薄。

其四，谨慎交游，近善远恶。

其五，处事无愧心，悔心必为善。他说："今人有为不善之事，幸其人之不见不闻，安然自肆，无所畏忌。殊不知人之耳目可掩，神之聪明不可掩。凡吾之处事，心以为可，心以为是，人虽不知，神已知之矣；吾之处事，心以为不可，心以为非，人虽不知，神已知之矣。"告诫子孙人的耳目可以遮掩，但神之聪明不可欺骗，所以一定要慎独，知悔改过为善，为人处世应无愧于心，不可自欺欺人。

明宣宗《寄从子希哲》

这是明宣宗朱瞻基写给儿子希哲的家信。朱瞻基在位期间任贤纳谏，与民休养生息，政治较为清明，所以在历史上有"明有宣宗，犹周有成康、汉有文景"之论。作为比较开明的帝王，朱瞻基严谨治家，对儿子处事、做人、交友严格指导，要求儿子行好事、做好人、交好友。

他在家信中写道："自汝之去，吾朝夕思汝，又朝夕忧汝。思，非为别离，惟欲汝做个好人；忧，亦非为汝劳苦，惟恐汝做些不好事。汝今在泾野门下，须服从其言，观法其行，乃真为弟子，否则虽见好人，不行好事，反不如凡夫也。待文王而兴，已非豪杰之士，文王所不能兴汝道，他比得凡夫否？益者三友；损者三友。学，四方人才所聚，若所交俱英才，及忠厚有德者，其益不可胜言；若只泛交，与说闲话，为无益之事,其损亦不可胜言。谨、默二字,可铭诸心。"

家信言词恳切,"朝夕思汝,又朝夕忧汝"的原因并非因为别离的思念和忧虑其劳苦,唯恐子孙不能做好人好事。告诫他在贤士门下要效法其言行,交友要结交英才和忠厚有德之士,亲近可以辅助自己提升道德品行的益友,远离有损德行的损友。文章至今读来仍感人至深,颇有借鉴意义。

杨继盛《父椒山谕应尾、应箕两儿》

杨继盛,明代著名谏臣,官至兵部员外郎,因弹劾严嵩而死,他生性耿直,刚正不阿,以直谏、气节著名。嘉靖三十二年,杨继盛历数严嵩"五奸十大罪",被投入死牢。临刑有诗曰:"浩气还太虚,丹心照千占;生平未报恩,留作忠魂补。"

当时,杨继盛已知自己必死,于是在狱中写下了两份遗嘱,即《愚夫谕贤妻张贞》和《父椒山谕应尾、应箕两儿》,后世合称为《谕妻谕儿卷》。杨继盛于临刑前夕以为人夫、为人父的身份写就的这两份遗嘱后被杨氏后人悉心保护和珍藏,成为警示其家族子孙的珍贵家训。

在给儿子应尾、应箕的遗嘱中,杨继盛从为人、治学、治家等几个方面做了最后的教导,言之谆谆,洋洋洒洒,拳拳之心溢于纸上。

他教育儿子首先要做个正直的好人,要立志做个君子。"人须要立志","若初时不先立下一个定志,则中无定向,便无所不为,便为天下之小人,众人皆贱恶你。你发愤立志要做个君子,则不拘做官不做官,人人都敬重你。故我要你第一先立起志气来。"而要做君子,首先"休把心坏了",因为"心为人一身之主,如树之根,如果之蒂","心里若是存天理,有公道,则行出来便都是好事,便是君子这边的人;心里若存的是人欲,是私意,虽欲行好事,也有始无终,虽欲外面做好人,也被人看破你,如根衰则树枯,蒂坏则果落"。

第 二 章

自立有方

——近现代爸爸的教子原则

近现代的"名人爸爸"的教子经验包含了丰富而深刻的教育哲理，在中国家庭教育的历史上和今天都有着广泛的影响，意义深远，而且，他们的教育智慧在今天的实践中依然在不断地被运用。

1.做个有"能"的人——冯玉祥教子

冯玉祥是我国近现代史上一位传奇人物，不仅在政坛叱咤风云，在对子女的教育方面也流传着不少感人的故事。

(1)立身先立志。

冯玉祥很注意这个问题。他对经常子女说："你们几个孩子，还没有走上社会，爸爸希望你们能努力学习，增长知识，做有志气、有出息的人，今后成为对民众、对社会有用的人。"儿子冯洪达留学美国时，他每次给儿子去信，总要细心地附上关于国内政治大事的剪报，培养孩子从小关心祖国、热爱祖国的思想感情。

那么，如何做个有志气的人呢？

冯玉祥对子女们说："要紧的是学本事、学能耐，要先自己站得定，然后尽力帮助别人。要是全靠别人帮你的忙，那就是自己看不起自己。正所谓'工欲善其事，必先利其器'，一个木匠，必得有一个好的斧锯，才能做好的家具。"

冯玉祥不能容忍自己的子女寄附在父母的泽荫下，过纨绔子弟的生活，因此，他要求子女要有过人的能力、本事。临终前，他告诫子女："在这个世界上，有些人有能，有些人有钱。这两样比较起来，钱毕竟是空虚的、软弱的，一旦拿它换不出东西来，它就一点用也没有了。所以，爸爸总希望你们自己多多努力，做个有能的人。"

冯玉祥对"钱与能"的精辟阐述，深深地铭刻在孩子们的心上。

1987年，冯玉祥的女儿，已是著名医学专家的冯理达应新华社香港分社的邀请，率领医疗小组赴港出诊7个月，圆满完成了任务。回国后，她把白利达有限公司赠送她个人的600多只电子石英钟全部捐赠给了国家。

(2)提倡平民化生活。

冯将军曾官居国民政府军事委员会副委员长，可谓当时国民党内的第二把交椅。可他虽身居要职，仍力主俭朴，始终保留着北方农民朴实的生活习惯。不仅如此，他还要求子女也要勤俭过日子，不允许奢侈浪费。一次，女婿要出远门，他考虑良久，临别赠言中郑重地写下了这样一条："平民化生活，科学化生活，是革命者应当时时注意的，不可有一点大意。"

冯玉祥将军在日常生活中不允许讲派头、摆阔气，就是对子女的婚姻大事，他也提倡"平民化"。

1947年中秋节，冯玉祥夫妇郑重地对女儿冯理达及其男友罗元铮说："今天是中秋佳节团圆日，你们就结婚吧！"这天，他们四人正乘一辆旧式小汽车外出。途中，汽车停在公路旁，"婚礼"开始。没有洗礼，没有洁白的婚纱，没有瑰丽的花冠，更没有优美的婚礼进行曲。当远处的教堂传来深沉浑厚的钟声时，他们拉了过路的一对美国青年充当证婚人，冯将军亲自为女儿女婿拍了"结婚照"。之后，他们又继续开车上路。

为了纪念这个美好的日子，冯将军细心地在地图上选了一个叫LoveLock的地方，作为女儿女婿新婚下榻的住所。当夜，冯将军送给新人的唯一礼物是一副对联："民主新伴侣，自由两先锋。"

这便是当时闻名中外的冯玉祥将军的千金小姐的婚礼！这种平民化的生活，不但没有损害他的脸面，反而赢得了世人的尊敬，更为重要的是，这使他的子女走上了成材之路。

(3)先到牛棚里去熏一下。

冯玉祥的二儿子冯武国在国外留学，毕业回国后，他急忙赶到山西汾阳去见父亲。

那天，冯武国身穿西装，脚蹬皮鞋，满面笑容地来到父亲冯玉祥面前。冯玉祥坐着不动，把二儿子从头到脚打量了一番后，说："你真的学好了吗？"冯武国回答说："嗯。"

冯玉祥一下子站了起来,指着冯武国说:"早呢,你这是耗子坐秤盘——自称自大!"

冯武国听后,涨红了脸说:"爸爸,我有什么不是,请您指点。"

冯玉祥说:"你看你这身着装,再看看我们的穷苦大众。"停了停,冯玉祥又语重心长地对冯武国说:"儿啊,你要脱下西装、皮鞋,到牛棚里去熏一下,闻闻牛屎味,才能知五谷香呀!"冯武国听后,立即脱下了西装、皮鞋,换上了大青布便装,穿上了布鞋。

后来,冯武国率队抗日,英勇作战,以身殉国,不负冯将军的教诲。

2.不贪不求,勤俭孝友——曾国藩的家教理念

曾氏后裔,人才辈出,长盛不衰。曾国藩家书提到:"不望代代得富贵,但愿代代有秀才。"

曾国藩有3个儿子、5个女儿。二儿子曾纪泽是中国近代著名的外交家,小儿子曾纪鸿是清代著名的数学家。孙辈曾广钧是曾家第二个进士,23岁中进士入翰林,是翰林院最年轻的一位。孙女曾广珊是著名诗人,她儿子就是国民党国防部长俞大维。曾家直系第四、第五代一共140多位子孙都非常优秀,大部分在学术、科技、文化上都成就卓越。

如曾约农,英国伦敦大学理科工程课学士,台湾东海大学校长;曾宝荪,国际知名教育家,中国第一个在伦敦大学获得理科学士的女生,曾任湖南省第一女师校长、第二女子中学校长等职,并曾多次

出席世界有关政治、教育、宗教性质的会议,如出席伦敦世界校长会议、印度世界和平会议、联合国妇女地位会议等。曾国荃的玄孙女曾宪植,是我党领袖叶剑英的夫人,早年投身革命,解放后任全国妇联副主席;曾宪楷,原中国人民大学教授;曾昭抡,原高教部副部长,著名化学家、教育家和社会活动家,是我国近代教育的改革者和化学研究的开拓者;曾昭燏,原南京博物院院长,中国博物馆学和考古学的奠基人之一。

曾国藩认为:"绝大学问,即在家庭日用之间。"即使在戎马倥偬甚至生死未卜之际,他也不忘写信回家,语重心长,谆谆告诫,体现了他"怜子如何不丈夫"的儒雅一面。

曾家门风以"八本"、"三致祥"为里,以"耕读"、"勤俭"、"和睦"、"敦厚"为表,构筑了百年家族长盛不衰的坚固堤防,也为今人提供了堪为典范的家教蓝本。

"八本"是"读古书以训诂为本;作诗文以声调为本;养亲以得欢心为本;养生以少恼怒为本;立身以不妄语为本;治家以不晏起为本;居官以不要钱为本;行军以不扰民为本"。

"三致祥"是"孝致祥;勤致祥;恕致祥"。

曾国藩祖父星冈公教人,则是"八字"、"三不信"。

"八字"是:"书,读书,读书方为明理君子;蔬,种蔬菜,蔬菜茂盛之家,类步兴旺;鱼,养鱼,鱼跃于池,亦有一种生机;猪,养猪,庖有肥肉,养老待客;早,起早,早起三朝,可当一工;扫,扫屋,清洁之家,人丁健康;考,祖先祭祀;宝,睦邻,人待人,无价宝。"

"三不信"是不信僧巫、地仙、医药。

曾国藩家族可谓"耕读"传家,"耕"代表耕作,广义的"耕"指要有一种谋生的职业;"读"代表读书,也包括广义的学习。富厚堂藏书楼三十万卷是曾国藩子孙后代的无价之宝。

曾国藩提出的治家"十大箴规"堪称家道不衰的猛剂良方,足可为今人借鉴取法。

(1)子弟贤否,四分由于家教。

(2)居家之道,不可多留余财。

(3)极盛之时,预作衰时设想。

(4)治家贵严,不可拘束过甚。

(5)不可轻慢族亲与近邻。

(6)兄弟间应德业相劝,过失相规。

(7)兴家立业,不求立竿见影。

(8)官宦子弟,以不干涉公事为第一义。

(9)待儿女不可太娇贵。

(10)唯有遗泽惠后人。

曾国藩最终教育子女的是普普通通的"不忮不求,勤俭孝友",看似简单,要做到却很难。

以"勤"而言,他历观许多大家族的兴衰,得出"一家之兴,一国之盛,舍勤俭二字而不能"的结论,教导子女"不可浪掷光阴",并说"千古之圣贤豪杰,即奸雄,欲有立于世者,不外一勤字";关于"俭"字,他自己堪称楷模,但主张"节俭不可流于刻薄","情谊宜厚,用度宜俭"。关于"孝",他主张"养亲以得欢心为本","孝敬之家,必获吉祥";在交友方面,他认为"择交是人生第一要事","一生成败,与朋贤否有关"。他把友朋分为"戚友"、"益友"、"挚友"、"良友"、"损友"等多种,告诫子弟"待友要宽,律己要严","与人为善,修好事不求报答","对师友应有敬畏之心"。

曾国藩认为,为人之道有"四知",即知命、知礼、知言、知仁,做什么样的人全由自己作主,切忌"早享大名",少年得志。他还主张做人宜"厚重"、"拙诚"。建功业、写文章、修身养家,都离不开"倔强"。历尽磨难而成功的曾国藩对子弟说:"有所贪有所利者居其半,有所激有所逼而成者居其半。"处事上,他主张"无论大小难易,皆宜有始有终",教导弟子既要有高远目标,胸襟博大,又要脚踏实地,不拒繁细,做事专注,方能有成。

曾国藩告诫子孙:"富贵功名,皆人世浮荣,唯胸怀浩大是真正受用,谦谨更是通往幸福之路。"他主张"恬淡胸怀,善待人生","节制欲望,知易行难","控制怒气,如同降龙伏虎","处相怨者,最见度量"。

俗话说"富不过三",但曾氏后裔历经百余年而不衰,与其严谨的家教密切相关。儒家把"齐家"放在"平天下"前,充分说明了家庭教育的重要性。曾国藩从传统文化中寻找根据,经过自己的理解、消化,独创出了一套家教理论和方法,对子孙温言细语,不厌其烦,言传身教,终获成功。

3.理解、指导、解放——鲁迅给周海婴的三种爱

与鲁迅有深交的柳亚子先生曾说:"近世对于儿童教育最伟大的人物,我第一个推崇鲁迅先生。"

生于士大夫之家、自幼受私塾教育、对东西方文化均有深刻体察的鲁迅,早在1918年发表的小说《狂人日记》中就发出了"救救孩子"的呐喊;在1919年发表的《我们现在怎样做父亲》中,更是对"父为子纲"、"父道尊严"等"祖宗成法"进行了透彻的分析,比较系统地

阐述了"怎样做父亲"这个论题。他认为,父母生儿育女,是性交的自然产物,不应视作对子女的恩典;父母教育子女,不是要让他们固守"父之道",也不是为了光宗耀祖,而是出于人性之爱,为了国家的未来和人类的进步,"各自解放自己的孩子"。

具体到如何教育子女,鲁迅开出的方子是——

"开宗第一,便是理解。往昔的欧人对于孩子的误解,是以为成人的预备;中国人的误解,是以为缩小的成人。直到近来,经过许多学者的研究,才知道孩子的世界,与成人截然不同;倘不先行理解,一味蛮做,便大碍于孩子的发达。所以一切设施都应该以孩子为本位。

"第二,便是指导。时势既有改变,生活也必须进化,所以,后起的人物一定优异于前,决不能用同一模型,无理嵌定。长者须是指导者、协商者,却不该是命令者。不但不该责幼者供奉自己,还须用全副精神专为他们自己,养成他们有耐劳作的体力、纯洁高尚的道德、广博自由能容纳新潮流的精神,也就是能在世界新潮流中游泳,不被淹没的力量。

"第三,便是解放。子女是即我非我的人,但既已分立,便是人类中的人。因为即我,所以更应该尽教育的义务,交给他们自立的能力;因为非我,所以也应同时解放,全部为他们自己所有,成一个独立的人。"

周海婴1929年9月出生时,鲁迅已年近50,对他的爱自然可以想见。周海婴的小名是"小红象",鲁迅夜晚看护他时,常哼这样的催眠曲:"小红,小象,小红象,小象,红红,小象红;小象,小红,小红象,小红,小象,小红红……"

有朋友人曾笑话鲁迅太爱孩子，鲁迅却不以为然，于1931年冬做了一首诗《答客诮》回应："无情未必真豪杰，怜子如何不丈夫？知否兴风狂啸者，回眸时看小於菟(於菟即指老虎)。"由此可见鲁迅对周海婴疼爱之深。

鲁迅对于儿子的教育实践了他早年的理念：理解、指导、解放。他特别强调：游戏是儿童最正当的行为，玩具是儿童的天使。为此，对于周海婴喜欢玩木工玩具等小玩意儿，鲁迅向来持鼓励嘉许的态度。

更为可贵的是，鲁迅没有像现在的父母那般逼迫孩子从小就练钢琴、学奥数、背唐诗之类，而是尽量让小海婴自由地成长。周海婴后来回忆说："父母对我的启蒙教育是顺其自然，从不强迫，不硬逼。"

1936年10月，鲁迅与世长辞，这时的周海婴还不到7岁。对于儿子将来做什么，鲁迅在遗嘱中明确表示："孩子长大，倘无才能，可寻点小事情过活，万不可去做空头文学家或美术家。"周海婴1960年毕业于北京大学物理系，后来成为了一名无线电专家；他酷爱摄影，出版过多本影集，记录了许多名人的历史瞬间和普通人的生活百态；他的后半生致力于还原真实的鲁迅，曾出版过《我与鲁迅七十年》等书；而他的为人尤其令人称道，他从不恃多傲人，行事低调，言语谨慎。

回顾这位名人之后的一生，周海婴确实做到了：靠自己力所能及的工作成绩，赢得了社会的承认。这一方面归功于他本人的努力，同时也要感谢鲁迅先生开明的教育理念和顺其自然的教育方法。

4.善于用多角度思维——陶行知的教育

陶行知是我国近代著名教育家,他提倡要对孩子的好奇心不堵不伤,做到导之有方,堪称父母楷模。

一说陶行知,中国的教育界几乎无人不知。陶行知1891年10月18日出生,1946年7月25日因患脑溢血在上海逝世,享年55岁。按现在的话说,还没有到退休的年龄,就英年早逝,憾别人生,实在让人惋惜。尽管他早已离别人世,但他的故事却一直在流传。

有一次,一位朋友的夫人来看陶行知,说她的孩子把一块新买的金表拆坏了,她非常生气,狠狠地揍了孩子一顿。陶行知听了,连连摇头说:"哎呀,你打掉了一个'爱迪生'。"接着,他又亲自到朋友家里,把那个小孩请出来,带他到修表店去看师傅修表。他们站在修表师傅身边,看着他把表拆开,把零件一个个浸在药水里,又看着他一个个装起来,再给机器加上油。用了一个多小时,花了一元六角钱修理费。

陶行知对此行深有感触地说:"钟表店是学校,修表师傅是老师,一元六角钱是学费。在钟表店看一个多小时是上课,自己拆了装,装了拆是实践。做父母的与其让孩子挨打,还不如付出一点学费,花一点功夫,培养孩子好问、好动的兴趣。这样'爱迪生'才不会被赶走和打跑。"

有一天,陶行知看到一位男生欲用砖头砸同学,连忙将其制止,并责令其到校长室。陶行知简单地了解了一下情况后回到办公室,见男生已在等他,便掏出一块糖递给这个学生,说:"这是奖励你的,因为你按时来了。"接着又掏出一块糖给男生："这也是奖给你的，我不让你打人，你立刻住手了，说明你很尊重我。"男生将信将疑地接过糖果。陶行如又说："据了解，你打同学是因为他欺负女生，说明你有正义感。"说完，陶行知又掏出第三块糖给他。

这时，男生哭了："校长，我错了，同学再不对，我也不能采取这种方式。"听完男生的道歉，陶行知又拿出了第四块糖说："你已认错，再奖你一块，我的糖分完了，我们的谈话也该结束了。"

这是两件看似简单，而一般的家长和老师却都做不到的事情。陶行知善于用多角度思维从犯错误的孩子和学生身上找出其优点和闪光点，并且善于用他们身上的积极情感克服和战胜消极情感，充分挖掘其内在诱因，变破坏为创造，变落后为先进。

陶行知之子陶晓光欲进一家无线电修造厂，但因无正规学历，便瞒着父亲向人索取了一张假文凭。陶行知得知后，立即从外地电告其子将文凭退还，并捎去一封语重心长的家书，信中还撰有一联："宁为真白丁，不做假秀才。"陶行知先生的一生就是这样以身示范真实做人的。

陶行知有两句重要的名言，一句是："人生天地间，各自有禀赋。为一大事来，做一大事去。"另一句是："捧着一颗心来，不带半根草去。"陶行知把毕生精力都投入到了"教育"中，确实做了一件"大事"。而他自己，却"不带半根草去"，只留一世英名，光照中华大地。

5.潜移默化——丰子恺的不教之教

丰子恺是我国现代著名画家、散文家、美术教育家、音乐教育家、漫画家和翻译家,他是中国现代漫画的开端人、先行者,代表画作有《人散后,一钩新月天如水》等,散文集有《缘缘堂随笔》、《缘缘堂再笔》、《随笔二十篇》等。

丰子恺被称为中国最像艺术家的艺术家。他身后并没给子女留下物质遗产,但他所守护的精神家园却是儿女在世界上能得到的最为珍贵的财富。这也给予了他的小女儿丰一吟人生最为持久的动力。

谈到父亲对自己的影响,丰一吟总是微笑着说:"我是身在此山中,不识庐山真面目啊。"丰子恺从不会一本正经地对子女进行说教,从没有为教育儿女发表过什么长篇大论,他对孩子的教育更多的是以身作则。也正是丰子恺的不教之教,使得丰一吟在潜移默化中受到教育而成才。

"失去父亲后,我好比失去了一棵庇护自己的大树,从此必须自己另栽树苗。于是,与外界打交道的机会越来越多。只有在这时候,我才体味到父亲对我潜移默化的影响,才认识到父亲的许多优点,才理解到我们从他身上受到了哪些教育。"丰一吟在《回忆我的父亲丰子恺》中这样写道。

丰子恺曾说过:"孩子的心灵是最纯洁的,他们是身心全部公开的人,好的教育和坏的教育都很容易接受。父亲是孩子的第一任老师,因此,父亲对孩子的影响是至关重要的。"在生活中,丰子恺时时处处注意自己的一言一行对孩子的影响,努力使他们健康成长。

丰子恺不但要求孩子们做什么都要认认真真,对自己更是要求严格。他写的稿子字字端正,改涂掉的地方就涂成一片,而不是随手一抹，让录排人员看起来模棱两可，以致排错。他从来不许孩子们随便乱放东西，东西用毕，必须"归原"。因此，在他房中，样样东西都一直放在固定的地方，要找很容易。后来，丰一吟体会到了"归原"的好处，也渐渐养成了这种习惯，并以此教育自己的孩子。

丰子恺以身作则，处处为子女树立好的榜样，在言传身教的同时，也将做人处事的基本道理传输给了子女。

丰子恺非常好客，家中常常嘉宾盈门，名人不断，可谓是谈笑有鸿儒，往来无白丁。大人们在一起无话不谈，谈书论画，商谈国事……此时，只要孩子们有兴致，丰子恺也会让他们在一边静静地听。非但如此，有时，他还会让孩子们发表一点他们幼稚的看法。

因为丰子恺知道，让孩子们出来见客，不只是为了让孩子从耳濡目染中学会一些待客之道，丰富他们的礼仪知识，更重要的是让他们通过大人之间的谈话，学到一些书本上学不到的东西，获得更多、更新鲜的社会信息知识，并在谛听中开拓他们的思路，激活他们的思维，在勇于发言、参与讨论中，锻炼他们的语言表达能力和思维创新能力。

丰子恺特别重视对儿女进行礼仪教育和训练。每逢家里有客人来，他总是跟孩子们强调：给客人倒茶、添饭，一定要双手捧上。他打个比方说："如果用一只手给客人倒茶、添饭，就好像是皇上对臣子的赏赐，或者像主人对乞丐的施舍。"他还告诉孩子们说："客人送你东西，你要躬身双手去接。躬身表示谢意，双手表示敬意。"

有一次，丰子恺在菜馆里宴请一位朋友，把他几个十来岁的子女都带去作陪。席刚散，有的孩子想先回家，丰子恺立即悄悄制止。事后，他对子女们说："我们家请客，全家人都是主人，你们也是主人。主人比客人先走，那是对客人不敬，以后可不许这样做。"

丰子恺对孩子进行的这些教育和训练,看起来都是"小事",却非常重要。

在父亲的言传身教中,给丰一吟留下印象最深的是勤奋。丰一吟说:"他一天不画就感到难受。"国内很多人都曾给丰子恺写信求画,他是逢信必回。即使是陌生人求画,丰子恺也会尽力在一个星期内回信、赠画。丰子恺一生淡泊名利,解放后几乎"每天在家,上午翻译、写文章,下午就画画。他喜欢喝绍兴黄酒,每次喝点酒,画起画来一气呵成"。

6.做孩子的朋友——梁启超教子

梁启超不仅是孩子们的慈父,也是他们的朋友。他特别注意引导孩子对知识的兴趣,而且十分尊重他们的个性和志愿,因材施教,对每个子女的前途都有周到的安排,并反复征求他们自己的意见,直到他们满意为止。

比如,梁启超原本希望在麦吉尔大学读书的梁思庄能选择当时在中国几乎空白的现代生物学,但麦吉尔大学的生物学并不出色。梁启超得知梁思庄的苦恼后,去信说:"我所推荐的学科未必合你的意,你应该自己体察做主,让姐姐、哥哥当顾问,不必泥定爹爹的话。""我很怕因为我的话扰乱了你治学的路。"他鼓励孩子根据自己的兴趣选择专业:"学问若是因自己性之所近,往往事半功倍。"

梁启超共有5个子女在海外,他非常想念他们,经常抽时间写信,寄手卷、照片，收不到回信便会焦急万分，收到信则又会像小孩一样高兴得手舞足蹈。他在信中与子女们讨论国家大事、人生哲学，倾诉生活的苦和乐、悲和欢，热情地鼓励他们。信中没有任何说教，只有循循善诱；没有指责，只有建议。每封信都充满了真挚的爱，鼓励孩子们不断奋进。他教给孩子们做学问的方法，要求他们不仅要注意专精，还要注意广博。1927年，他在写给梁思成的信中说："思成所学太专门了，我愿意你趁毕业后一两年，分出点光阴多学些常识，尤其是文学或人文科学中之某部门，稍微多用点工夫。"在给梁思庄的信中说："做学问原不必太求猛进，像装罐头样子，塞得太多太急，不见得会受益。"

梁启超将国家的兴旺寄托于中国文化的现代化，他的政治热望与人文取向也潜移默化地影响着他的孩子们："一面不可骄盈自满，一面又不可怯弱自馁。尽自己能力去做，做到哪里是哪里，如此则可以无人而无不自得，而于社会亦总有多少贡献。我一生学问得力专在此一点，我盼望你们都能应用我这点精神。"

教育来自生活中潜移默化的随时引导。

一次在北戴河避暑期间，几个孩子在沙路上挖了"陷阱"，邻居一女士一脚踩在坑面上，几乎摔倒。梁启超严肃地告诫他们："偶尔开个小玩笑不是不可以。但要注意，坑不要挖得过深，以免挫伤了别人的腿脚。今后对别家的人，还是不要随便开玩笑为好。"

梁思成与林徽因结婚蜜月旅游时，梁启超写信给梁思成说："……我替你们打算，到英国后折往瑞典、挪威一行，因北欧的建筑极有特色，严整有思想……到法国后在马赛上船，腾出时间、金钱到土耳其一行，看看回教的建筑与艺术……"这次蜜月旅行，竟是他为儿子安排的一次西方建筑的见习，饱含了一个父亲细微周到的拳拳之心。

梁启超崇尚科学,提倡个性发展,以培养兴趣为先导,注重精神引导、毅力培养。他用自己的治学心得启发儿女,强调学习的专心致志。他告诉孩子三步读书法:鸟瞰,解剖,会通。他以坚强的奋斗精神和乐观风趣的博大情怀教育子女:"我平生对于自己所做的事,都是津津有味,而且还兴会淋漓。什么悲观、厌世,从没有在我的词典里出现过。""我是个主张趣味主义的人,我以为,凡人必常常生活于趣味之中,生活才有价值。若哭丧着脸捱过几十年,那么生命便成了沙漠,要来何用?"他的孩子们也得到了他的这种真传,每个人都有一部艰辛的奋斗史,但他们从不悲观,个个都是自己人生的胜利者。

　　梁启超自己生活俭朴,也这样要求子女。民国初年,其家庭已进入上层社会,但他不改往日的寒士家风。他时刻教育孩子们要好学、坚忍、勤俭。在给每个外出留学的子女的信中,他写道:"一个人物质的享用,只要能维持生命就够了,至于快乐与否,全不是物质上可以支配的。能在困苦中求出快活,才真是会打算盘呢。"

　　在梁启超的谆谆教诲下,他的子女们各有自己的成就,成为了各行各业的专家。

7.善于发现孩子的天赋——傅雷教子

　　傅雷是我国著名的文学翻译家、文艺评论家。他一生译著宏富,译文以传神为特色,更兼行文流畅,用字丰富,工于色彩变化。作为翻译家,他向国人译介的罗曼·罗兰的《约翰·克利斯朵夫》深深影响了不止一代人；作为文学评论家，他对张爱玲小说的精湛点评，为文学界作出了文本批评深入浅出的典范；作为音乐鉴赏家，他写下了对贝多芬、莫扎特和肖邦音乐优美的赏析。

傅雷是一位既严厉又慈祥的父亲，他为国人培养出了第一位获得国际声誉的钢琴家——傅聪。他写给儿子傅聪、傅敏的家书集《傅雷家书》更是脍炙人口，从20世纪80年代至今，这部家书已感动了数百万国内读者。在傅雷的教子经历中，有太多值得后人学习的地方。

傅雷的家中常常高朋满座，朋友们经常在他家聚会，一起谈论文学艺术和人生哲理。刚开始，傅雷认为傅聪和他的弟弟傅敏年纪小，不懂事，所以不让他们在场，更不让他们插嘴。但小孩子天性好奇，总想挤在大人中间表现自己。大人越是不让听，他们就越是想听。有一次，画家刘海粟到傅家做客，与傅雷在书房内鉴赏藏画，两人之间免不了一番高谈阔论。说话间，傅雷忽然要去外间取东西，打开门竟看见傅聪带着傅敏正偷听得入神。孩子的好奇心让傅雷的心情久久不能平静。他意识到，接纳孩子参与大人谈话，有弊但更有利。让孩子听大人论事，可以让他们早涉人生，促使孩子早慧。于是，等孩子们稍稍长大了一些，傅雷便开始让他们旁听大人的谈话。

傅雷的朋友大都是社会名流贤达，有高尚的人品素养，所以傅聪从孩提时代的"旁听"中学到了许许多多在书本上学不到的东西。

傅雷对教育子女有自己独到的见解。他认为，每一个人都有自己的天赋，父母要善于发现孩子的天赋，并进行正确引导。如果逆天赋而行，就无法取得成功。傅雷在给周宗荷的信中写道："天生吾人，才之大小不一，方向各殊，长于理工者未必长于文史，反之亦然，选择不当，遗憾一生。爱好文艺者未必真有文艺之能力，从事文艺者又未必真有对文艺之热爱,故真正成功之艺术家,往往较他种学者为尤少。凡此种种,皆宜平心静气,长期反省,终期用吾所长,舍吾所短。若蔽于热情,以为既然热爱,必然成功,即难免误入歧途。"基于这样的想法,在傅聪三四岁时,傅雷就开始在他稚嫩的心灵活动中寻找他天赋的闪光点,为博聪铺筑人生之路。

起先,傅雷曾让傅聪学习美术,因为傅雷觉得自己精通美术理论,又有许多朋友是中国画坛巨匠,如果傅聪能拜他们为师,博采百家之长,定能在绘画上大有作为。

但傅聪不是绘画的料,他在学画时总是心不在焉,那些习作几乎都是鬼画桃符,乱笔涂鸦,丝毫没有显露出任何美术天赋。而与此同时,傅聪的一些细微爱好也引起了傅雷的注意。他发现儿子钟情于家里的那架手摇(发条动力)留声机,每当留声机放音乐唱片时,儿子总是一动不动地依靠在它旁边静静地听,小男孩那固有的调皮好动的天性仿佛一下子就不见了。于是,傅雷果断地让傅聪放弃学画而改学钢琴,此时,傅聪7岁半。

事实证明,傅雷的选择是正确的,傅聪的每一个细胞好像都是为音乐而生的,他学琴仅几个月,就能背对钢琴听出每个琴键的绝对音高。启蒙老师雷垣教授称赞傅聪"有一对音乐的耳朵",这时,傅雷终于认定,自己发现了傅聪的音乐天赋。

为了方便儿子学琴,傅雷为他买回了一架钢琴,傅聪每天放学回家做完功课后,就全身心地扑在钢琴上。在规定的弹琴时间里,傅聪没有活动自由,傅雷在楼上工作,傅聪在楼下弹琴,一旦楼下琴声停止,傅雷就会用准备好的木棍敲击地板,有时甚至会痛打傅聪一顿。傅聪学琴也十分刻苦,即便是酷暑天气,衣裤已经湿透,他也不休息。

傅雷立身处世的原则就是要做一个"高尚的人",他也用这一原则教育儿子。他时时嘱告儿子，要永远记住四句话："第一，做人；第二，做艺术家；第三，做音乐家；最后才是钢琴家。"

在父亲的教育下，傅聪在音乐界脱颖而出。1953年夏天，经过选拔，傅聪前往罗马尼亚，参加第四届国际青年学生和平友好联欢节钢琴比赛。在联欢节上，傅聪演奏了斯克里亚宾作品，效果极佳。联欢会后，国家又派遣傅聪到波兰学习钢琴，导师是"肖邦权威"杰维茨基教授。半年后，傅聪经过一个月的紧张角逐，摘取了第五届国际肖邦钢琴比赛的"玛祖卡"奖，震惊中外乐坛。

8.以身作则——李苦禅教子

李苦禅是中国现代书画家、美术教育家，1925年就读于北平艺术专科学校西画系。不久为艺术大师齐白石知遇，欣纳门下，开始学习中国画。毕业后，曾先后在北京师范学校、杭州艺术专科学校任教。建国后，历任中央美术学院教授，第六届中国人民政治协商会议全国委员会委员等。一生从事美术创作和美术教育60余载，其花鸟大写意画吸取石涛、八大山人、扬州画派、吴昌硕、齐白石等前辈技法，独具特色，其国画如著名的《松鹰图》、《育鸡图》、《水边即景》等，笔法大气，气势磅礴，形神兼备，是国画史中不可多得的精品。

李燕子承父业，也迷上了绘画，李苦禅便经常对儿子说："人，必先有人格，尔后才有画格；人无品格，下笔无方。秦桧并非无才，他的书法相当不错，只因人格恶劣，遂令百代世人切齿痛恨，见其手迹无不撕碎如厕或立时焚之。据说留其书不祥，会招祸殃，实则是憎恶其人，自不会美其作品。"

李苦禅自己说到做到，率先示范。1937年北京沦陷，伪"新民会"妄图拉拢社会名流为其装点门面，派人来请李苦禅"出山"："您要是答应了，有您的官做，后头跟个挎匣子(枪)的，比县长还神气哩！"李苦禅不为所动，凛然拒绝。此后，他断然辞去教学职务，以卖画为生。

父亲的言行，儿了看在眼里，听在耳里，记在心里，化为行动。

"文革"结束后，有一天，李苦禅叫来儿子，说有关部门通知前往认领散乱的查抄物品。他对儿子再三叮嘱："上次叶浅予和陆鸿年把错领的那些东西都退给咱们了。这正是看人心眼儿的时候，咱们要是错领了，也要还给人家啊！"让李苦禅说着了，在领到的"杂画一批"中，李燕发现一卷二十件黄宾虹未装裱之作，上有二三件书有李可染的上款。于是，李燕谨遵父嘱，当即交还工作人员，并立即通知李可染。李可染见心爱之物归还，喜不自胜。李苦禅听说后，也非常高兴。当时在场的友人开玩笑说："何不趁此跟那位李先生讨幅牛？"李可染画牛是出了名的。但李苦禅连连说："物归原主足可！"

李苦禅教育儿子从艺，不是就事论事，而是"先苦其心志，劳其筋骨，饿其体肤"。他对儿子说："干艺术是苦事，喜欢养尊处优不行。古来多少有成就的文化人都是穷出身，怕苦是出不来的。"接着，他结合自己的从艺过程，说："我有个好条件——出身苦，又不怕苦。当年，我每每出去画画，一画就是一整天，带块干粮，再向老农要根大葱，就算一顿饭啦！"在父亲的教导下，李燕不怕风吹日晒，不畏跋山涉水,长期坚持野外写生。

1980年,李苦禅父子赴香港举办"李苦禅、李燕父子书画展"。在宴会上,盛情的主人问李苦禅:"您老喜欢用点什么?"他笑着说:"我是有腿的不吃板凳,有翅的不吃飞机。""客气啦!请点菜嘛!"主人把菜谱递给他。"我会点什么?我是挤混合面儿、杂合面儿(日军侵占北京时的一种劣等粮)过来的,会点什么!"

对李燕用的速写工具,李苦禅要求越简便越好。李燕理解父亲的用心,用铁窗纱钉在木框上,边上系一个塑料小墨盒(筒形),再钉上一叠毛边线,随画随翻。父亲看了后感到很满意,说:"又轻便,又实用,而且便宜。"

李苦禅对工作、生活的条件要求不高,但对艺术却精益求精,一丝不苟。他时常教育儿子要"画自己的东西,创自己的笔墨",自成风格,还为此讲了这样一个故事:从前,有两个道士看见一个瞎眼老头从南边走来,路中间有块大石头挡着。一个道士说:"老头,从左边绕过来!"另一个道士则说:"老头,从右边绕过来!"但老头谁的话也没听,他一下子从石头上蹦了过来。说完故事,李苦禅说:"作画就要这样,'画思当如天岸马,画家常似人中龙'。画画不可人云亦云,落入前人窠臼。"

李苦禅的这种教子方法是高明的。踩着父辈的足迹前进,虽说便捷、安全,却难成大器。只有让晚辈走自己的路,画自己的东西,才能独树一帜,有所成就。

9.让孩子在愉快的环境中自立——田汉的教育

田汉是中国现代著名的剧作家、诗人、文艺批评家、社会活动家。1916年,他随舅父去日本东京高等师范英文系学习,后参加少年中国学会;1921年与郭沫若、成仿吾、郁达夫等组织创造社;1922年回国后与妻子易漱瑜创办《南国半月刊》,继而组织南国电影剧社,从事话剧创作和演出活动。此时期创作的话剧《咖啡店之夜》、《获虎之夜》、《苏州夜话》等都充满了浪漫主义气息。1928至1929年,他率南国社先后在上海、杭州、南京、广州、无锡各地举行话剧公演和其他艺术活动,推动了中国话剧的发展。

田汉教育孩子从不训斥、打骂,而是注意创造良好的家庭气氛,让孩子在愉快的环境中接受知识,领会长辈的意图,锻炼自立的能力。

田汉的女儿田野,聪明俊秀,兴趣广泛,很愿意和父亲在一起谈天说地。田汉也很喜欢她,有时还会和她开些小小的玩笑。

一次,田汉到外地出差回来,已经是晚上11点多了,女儿田野已经睡下。尽管他很想念女儿,但并没有惊动她。第二天早晨,他轻轻地走到女儿床前,用自己的脸去贴女儿的脸。田野刚刚睁眼,他便立刻弯腰躲到床下。田野以为自己在做梦,又把眼睛闭上。这时,田汉又爬起来去亲吻田野的脸,田野睁眼一看,啊,是爸爸,就一下子跳起来搂住了田汉的脖子。

每天吃完晚饭,田汉一家和其他北京人一样,会围坐在一起开始"家庭每日谈"。先是田汉读报,讲解国内外形势。他讲得通俗易懂，大家都很爱听。有时大家也谈谈心，或者听老祖母讲一段家史，虽说有的大家都听过好几遍了，但还是百听不厌。有时，大家也会对某个戏曲展开热烈争论。兴致上来了，还会开展文娱活动。田汉的拿手好戏是"秦琼卖马"，女儿田野有时也会来段"借东风"，家庭活动充满了欢乐。

在父亲的影响和家庭的熏陶下，田野对戏剧充满了兴趣。有一段时间，田野因常被剧团借去演重要角色而耽误了学习，成绩下降了很多，田汉为此十分着急。为了让田野的学习赶上去，田汉抓得很紧，规定田野每天除了完成学校的作业外，还要额外写一篇小字、一篇大字、一篇日记，完不成作业就不能睡觉。作业这么多，孩子常常要做到晚上甚至半夜才能"交卷"。而田汉同样是每天坚持为孩子批改作业，再忙再累也不间断。他改作业十分认真，每篇都要仔仔细细地过目，会将孩子写得好的字和好的句子勾上红圈圈，鼓励孩子前进。刚开始时，田汉手把手地教田野安排学习日程，后来，他把"拐棍"撤掉，让田野自己制定学习计划，规定学习书目，自己出作文题，他只是抽出时间给予指点。这样日复一日，年复一年，田野的学习果然有了明显的进步。

经过一段时间的积累，田汉把女儿做的所有作业按日期顺序排列起来，分成类，装订成册，让田野从头到尾地好好看。不看不知道，一看一比大有益处。后来，田野成为了一个出色的文艺工作者。她在回忆自己的成长进步时说："是父亲教我自学立志的，没有父亲的引导，就没有现在的田野！"

10.用音乐丰富孩子的生活——陈鹤琴的教育

著名教育家陈鹤琴在对孩子细心观察的过程中发现,音乐是儿童生来就喜欢的。小孩子刚出生不久,就能"欣赏"音乐了,他会听母亲哼着催眠曲而恬静地入睡。再大一些,他会更喜欢听各种优美的声音。听到节奏欢快的音乐时,他会手舞足蹈;在吵闹中,听到抒情的乐曲时,他会渐渐安静下来。到了两三岁时,一般孩子便能用手脚随着音乐节奏做动作。等到进了幼儿园的时候,他对于音乐的需求范围会变得更大。听见别人唱歌,看见他人奏乐,甚至鸟儿在枝头叽叽喳喳地鸣叫,微风把叶儿吹得哗哗啦啦作响,他都会留意倾听,并常常不由自主地模仿,不时地叫着唱着,哼着个成调的曲了。到了小学,他就更知道怎样利用他那天赋的歌喉和节奏积极、主动地参加各种音乐活动了。平日里无论是游戏、走路或休息,他都会本能地唱着歌,表现出音乐的律动。

陈鹤琴因此得出结论:喜欢音乐是儿童的天性、本能,音乐在儿童生活中占有极重要的地位。为此,他有意识地用音乐来丰富孩子的生活。

陈家居住在上海寓所时,每天晚饭之后的一段时间是一家人最热闹、最快乐的时光。这时候,7个孩子和爸爸妈妈聚在一间屋子里。妈妈和大女儿秀霞弹琴,大家一起唱歌,唱中国歌曲,也唱外国民歌。一首唱罢,一首又起,歌声、琴声汇成了一种和谐欢快的气氛。有时候,孩子们会要求爸爸表演。这时,陈鹤琴就会弹起那把从美国带回来的曼陀铃,唱起在英国曾同黑人一起弹唱过的民歌。孩子们或托腮静听,或轻轻哼唱。陈鹤琴的嗓子并不算太好,但他饱含激情,唱得非常投入，十分具有感染力。陈鹤琴说："家庭中有了歌声，如有了生气一般。试想一个家庭，吃完晚饭后，父母子女团聚一室，同唱同歌，这是何等有趣的事情！一日之间，有了这种团聚，不但于精神上发生了无穷的快乐，感情上也可更加融洽，所以家庭中不可没有乐歌。"

今天，许多家长都非常重视对孩子进行音乐教育，他们认识到了音乐在陶冶情操、开启智力、促进孩子全面发展等方面的作用。然而，压抑限制孩子对音乐的欲望和需要，以及不顾幼儿身心特点，揠苗助长、扼杀兴趣的做法还是屡见不鲜。愿陈鹤琴的儿童音乐教育思想能够带给我们思考和启迪，愿更多的家长能顺应和发展儿童的天性，让音乐伴随儿童健康成长。

延伸阅读：

近现代名人教子格言

教子格言一

轻率地对孩子下断语的人，往往会判断错误！这种人反而比孩子更加幼稚。

——卢梭

教子智慧

片面产生主观，而谬误又常常跟随着片面和主观而来。

在中世纪的欧洲及中国漫长的封建社会中，父母常把孩子当作手中的泥人，认为想把他捏成什么样，他就应该变成什么样。现代不少中国父母自觉不自觉地受封建大家长作风的影响，也认为孩子顺从自己的意愿理所应当。

在这种思想的影响下,有些家长给孩子设计发展方向时,并不考虑或很少考虑孩子的兴趣和爱好。孩子明明喜欢学习天文知识,喜欢锻炼身体,家长却硬要孩子去弹钢琴、搞摄像,并且,他们为此不惜花费高昂代价,置办诸如钢琴、相机之类的高价物品,然后请专家向孩子"传艺"。但结果却不尽如人意,既浪费了金钱,又浪费了感情,还委屈了孩子。因材施教,从心理学的观点看来,就是尊重个性。每个人的个性都不同,即使同卵所生,其个性亦存在着差异。父母应像根雕艺术家那样,根据不同材料,就其形其势,注入艺术的匠心,将它们雕成各种各类、各式各样的艺术品,把不同个性的孩子培养成社会各行各业的有用人才。

教子格言二

压制是一种坏方法,因为它从未真正成功过,而且,父母和孩子还会因为它而心理失常。

——罗素

教子智慧

每个父母都希望自己的孩子懂道理、会做人,将来能在社会上有所作为。但是,有些父母却不跟孩子讲道理,认为孩子小,道理说不通,只有棍子、拳头才能让他记住他应该记住的事情。这样做对培养孩子没有任何好处。

教育孩子采用暴力手段,只会使孩子盲从,有时,孩子吃了苦还不知道是为什么;即使知道父母是为了什么打自己,也不知道自己的行为有什么错。长期这样下去,孩子很可能会失去正常人的人格,甚至在将来也用暴力去对付别人。

其实,孩子虽小,却也知道事物有"好"、"坏"之分。因此,如果父母对孩子进行说服教育，让他懂得做人的原则，他就会变成一个懂道理的人。相反，如果对孩子实行专制式的教育，则会使他不知道什么叫道理。

教子格言三

对于教育小孩子，做父母的应当在小孩子面前取同一态度。要知道，小孩子知识薄弱，以父母之言为言，以父母之意为意。现在他们俩意见不对，互相吵嘴，只会使得小孩子"无所适从"。

——陈鹤琴

教子智慧

孩子犯了错误，表现出可怜分分的样子，有些父母就会对孩子说："只这一次，下不为例。""今天原谅你。"父母一时心软，处罚的事就会半途而废，或允许孩子拒绝处罚，或在孩子犯错误时，故意佯装没有看到。然而，等到下次孩子再犯错误时，精明的孩子会用另一种方式来央求你破戒。这样向孩子让步，就很难让孩子日后做到遵照规定行事。这不但妨碍了原本不难的管教，还会令孩子更加放纵。

父母以威胁的口吻告诫孩子："如果你不听话，我就……"但始终不曾真的执行自己所说过的话，这就如同"狼来了"的故事，假消息听得多了，便不会理会。孩子认为父母只会吓唬人，并不相信会付诸行动。如此一来，不仅不能教好孩子，还会破坏父母在孩子心中的形象。

有时父母有令不行的原因是不想和孩子争下去，想把事情快些做个了结，好继续做自己的事。然而，越是不想找麻烦，以后麻烦就越多，因为这次你没有坚持自己的决定，下次还会争吵，你还会改变主意。父母的行为实际上也是在训练孩子不尊重他们的决定。

所以，父母必须让孩子知道，不论你们在平时多么和蔼，都会坚持管教原则,有奖有罚,言出必行,始终如一。如果你不忍心看到孩子受到严厉惩罚,在当初警告时就必须考虑此项惩罚是否适当,因为话一说出来,就必须落在行动上。

教子格言四

要是你想到达你的目的地,你就必须使用温和一点的态度向人家问话。

——莎士比亚

教子智慧

中国素有礼仪之邦的美称,具备重道尊德、崇尚仁礼、孝长爱幼、谨言慎行等礼貌与礼仪规范。如今,不少家长常常感叹,现在的孩子都是小皇帝、小祖宗,唯我独尊,不懂礼貌。因此,礼貌、礼仪教育也应成为家庭教育的主要内容。

礼貌是人们合乎社会规则的谦虚恭敬的表现,它是通过动作与语言来体现的。因此,家长既要让孩子懂得"应该"有礼貌,又应让孩子懂得"如何做"才能体现出礼貌。

要培养有礼貌的孩子,就要对他们的举止行为制定一个准则,并严格执行,在任何情况下都不能容忍孩子的傲慢无礼、粗鲁庸俗。为此,父母可以为孩子制定一张日常行为评价表,表中列出各项你认为孩子应该好好执行的日常行为准则,比如:准时、彬彬有礼、吃饭时行为得体、不打断别人说话、常用"请"和"谢谢"等礼貌用语、耐心排队、体贴照顾别人等,并给每一行为打分,打分标准从1分到5分。如果孩子的得分偏低,那你就应该通过纠正孩子的不当行为来培养孩子的礼貌意识。

教子格言五

要公正和准确地判断儿童，不应把儿童从他们的生活圈子里硬拉出来以适应我们，而应让我们进入到他们的精神世界里去。

——皮罗果夫

教子智慧

不要总是羡慕别人的地位和荣耀，而要看看是否合适于自己。许多父母从孩子的幼儿时期起，就为孩子设计好了未来的蓝图，什么科学家、文学家、艺术家，眼睛只盯着社会名流的群体。这种盲目追求"名流"的做法，对孩子的成材是没有好处的。

如果父母追求"名流"，目的是让孩子对社会有较大贡献，那是正确的；但如果为了私欲——不管是哪一方面，都是错误的。父母为孩子规划未来时，应该量体裁衣，看看你的孩子是不是干大事的材料，否则，无论你怎么逼迫都是白搭，到头来，既损害了孩子的身心健康，还一事无成。

教子格言六

任何一个孩子都会有发展，这取决于教育方法如何。

——铃木镇一

教子智慧

有时候，人们失败不是因为缺乏自信，也不是因为缺乏时机，更不是因为缺乏才华，而是因为人们在成长的过程中，不断地受到各界的压力，过多的压力容易造成临场的失误。如果你能抱着平静的心态来处理每一件事，轻松却不轻浮地面对，说不定你能达到事半功倍的效果。只有在琴弦不松不紧的时候，才能弹奏出美妙的生命之歌。

一些父母在培养孩子的过程中，总是不断地给孩子施加压力，拿去北大、清华等名牌学校读书当作孩子的目标来刺激孩子的学习积极性,但这种做法并不见得好。

父母应该让孩子自由发展,根据孩子的实际情况,能进什么样的学校就进什么样的学校,不可把孩子的目标定得太高,甚至不该给孩子定目标,让他以一颗平常的心自由发展,或许将来会发展得更好。要知道,任何大学都是伟人、科学巨匠成长的土壤。

教子格言七

使孩子能够做到诚实,这就是教育的开端。

——罗斯金

教子智慧

人的恶行常因未被制止而变本加厉,若还被鼓励,就会进一步加速"成长"。

每个父母都希望自己的孩子是个诚实的人,然而,这种愿望往往会由于自己的忽视而不能实现。所以,不要因为孩子小,就把孩子撒谎不当回事。如果不及时纠正,很可能会影响孩子良好道德品质的形成,这对孩子将来在社会上与人交往、开创事业是没有好处的。

撒谎有善意、恶意之分。为了避免发生事故或引起不必要的麻烦而隐瞒事实真相,叫做善意的撒谎;为了骗取他人的财物或信任而弄虚作假的撒谎,则是恶意的。

孩提时期的撒谎虽然很少带恶意,但是一旦养成了撒谎的习惯,说不定将来就会变成恶意的。有些父母认为孩子还小,说些谎话无伤大雅,甚至觉得孩子撒谎的举动很可爱。岂不知,养成了撒谎的习惯,便会失去做人的美德,与人交往,别人不信任他,他要怎样在社会上立足?

教子格言八

不管你预备走哪一条路，顶顶要紧的是先要为自己做好准备。你不能赤手空拳地开始你的行程，你必须用知识把自己武装起来，必须锻炼出健壮的身体和足够的勇气。

——宋庆龄

教子智慧

一个人做事情不定计划，行吗？大到自己未来的理想，小到具体小事的安排，这些都是计划。如果做事之前心中没有清楚的打算，事情就会做得像一团糟糊。因此，作为一个家长，让孩子从小养成善于制定个人计划的好习惯是非常重要的。

家长应该尽量安排时间帮助孩子制定个人计划，在制定计划时，家长要注意以下几方面：

(1)制定的计划要符合孩子的个人实际。

由于缺乏经验和知识，孩子有时难免会出现心志太高或自信心不足的情况，做父母的应该在一旁给予适当的指导，分析孩子的优缺点，帮助他制定合适的计划。因为，如果定的目标太高，孩子完成不了，就容易灰心丧气，产生懈怠心理，这对他将来的发展是很不利的；而太低的目标则缺乏挑战性，对孩子的发展意义不大。但有一点需要切记，父母给孩子制定计划提出的参考建议，只能供孩子参考，而不应让孩子一定要执行。不尊重孩子的意见换来的后果将是孩子对此计划的消极态度和履行时的敷衍了事。

(2)制定计划的时候要认真考虑，让计划对孩子真正起到帮助作用。

孩子的自控能力远不如成人，所以家长帮助孩子制定的计划要尽量考虑周全，以便于孩子实施。在实施过程中还要密切关注计划的进展,不适当的地方及时与孩子协商,进行调整,以免造成大的影响。因此,家长要对整个过程进行监控,在孩子需要的时候提供必要的帮助,但还是要注意不要过分插手。

(3)当计划完成的时候,家长要对孩子的计划完成情况进行反馈和评价。

负责的家长应该在孩子计划完成的时候告诉他哪里做得好,实现了预定的目标,哪些做得还不够,需要进一步努力,并且帮助他分析成功和失败的原因,提出改进的建议。

在采取这些措施的时候,家长的语气要平和中肯,不能因为孩子没有按大人的期望实现目标就大发雷霆,也不能由于孩子的计划完成得不错就过分地夸大他所取得的成绩。让孩子明白自己的成绩与不足,鼓励他扬长避短,才是家长应有的正确态度。

教子格言九

孩子的世界与成人截然不同,倘不先行理解,一味蛮作,会大碍于孩子的发展。

——鲁迅

教子智慧

许多父母对尊重孩子的人格不理解,小孩子有什么人格呢?其实小孩子也渴望被尊重,怎么会没有人格呢?认为幼儿没有人格的父母,往往不会尊重孩子的人格,也就不容易把孩子教育好。

所谓人格,是指人能作为权利、义务主体的资格。不尊重人格就是不尊重别人的权利和义务,也就是说,父母必须认识到孩子也有自己的权利和义务。

许多父母常以自己的"权威"威慑孩子,甚至在大庭广众之下动之以武力,让孩子当众出丑。不可否认,父母的愿望是好的,是为了教育孩子。但有一个事实你必须明白，你伤害了孩子，让孩子的人格遭到了侮辱。一旦孩子对父母失去了尊重和信任，教育的效果就会大大降低，这样还怎么培养孩子呢？

专家们认为，尊重孩子，同时也是尊重自己。父母尊重孩子的人格，孩子才会尊重父母的人格，在相互尊重中，教育的效果才会明显。

教子格言十

大吃大喝是败家的征兆。

——老舍

教子智慧

如何使用零花钱，才能将这笔钱用得其所，发挥出它的最好效益，这是父母必须教会孩子的。比如，可以引导孩子把零用钱用在购买学习用品、图书资料上，或者用在集邮或养花养草上，还可以引导孩子把部分零用钱用在捐助希望工程等有益的活动上，以培养孩子社会责任感和良好的品行，使孩子既开阔了视野，又陶冶了性情。

父母要结合对孩子使用零用钱的教育，培养孩子初步的自我理财的能力。零用钱对大人来说不多，但对孩子来说却是一笔可观的财富，因此，教育孩子用好零用钱的同时，也要培养孩子以后的理财能力，教会孩子有计划、有选择地花钱。

总之，父母在孩子的零花钱这种"小事"上千万不能疏于管理，放任自流，否则，就会不利于孩子的健康成长，甚至可能会铸成难以挽回的大错。

第三章

富爸爸教子

——树立正确的财富观

教育孩子从小树立正确的财富观,对富爸爸的孩子是一种启示,对穷爸爸的孩子是一种激励,对为人父母者是教子成龙的有效方法,为人子女者也可以从中解读成功的密码!

1.洛克菲勒:不让孩子知道父亲是个富人

提及近现代乃至当代美国史,人们难以避开洛克菲勒这个家族的姓氏:标准石油公司、洛克菲勒基金会、大通银行、现代艺术博物馆、洛克菲勒中心、芝加哥大学、洛克菲勒大学，还有令美利坚合众国悲伤的在"9·11"中倾倒的双塔。

在商界，提起美国洛克菲勒家族的财富盛名，用"家喻户晓，妇孺皆知"来形容绝不为过。这个迄今已繁盛了六代的"世界财富标记"与美国乃至国际政经都有着千丝万缕的联系。

洛克菲勒虽然创造了巨额财富，但他的生活非常俭朴，而且每时每刻都在给他的儿女们灌输他在一贫如洗的儿时形成的价值观。防止他们挥金如土的第一步就是不让他们知道父亲是个富人。洛克菲勒的几个孩子在长大成人之前，从没去过父亲的办公室和炼油厂。

洛克菲勒在家里搞了一套虚拟的市场经济，称他的妻子为"总经理"，要求孩子们认真记账。孩子们靠做家务来挣零花钱：打苍蝇2分钱，削铅笔1角钱，练琴每小时5分钱，修复花瓶则能挣1元钱，一天不吃糖可得2分钱，第二天还不吃奖励1角钱，每拔出菜地里10根杂草可以挣到1分钱，唯一的男孩小约翰劈柴的报酬是每小时1角5分钱，保持院里小路干净每天是1角钱……洛克菲勒为自己能把孩子培养成小小的家务劳动力感到很得意，他曾指着13岁的女儿对别人说："这个小姑娘已经开始挣钱了，你根本想象不到她是怎么挣的。我听说煤气用得仔细，费用就可以降下来，便告诉她，每月从目前的账单上节约下来的钱都归她。于是，她每天晚上四处转悠，看到没有人在用的煤气灯，就去把它关小一点儿。"

为了让孩子们学会相互谦让，他只买一辆自行车给4个孩子。小约翰长大后不好意思地承认说，自己在8岁以前穿的全是裙子，因为他在家里最小，前面3个都是女孩。

洛克菲勒惜金如命，16岁就花一毛钱买了个小本子记下每一笔收入和开支,一生都把账本视为自己最珍贵的纪念物。

1864年9月8日,洛克菲勒同24岁的高中同学劳拉举行婚礼。尽管当时的他已经拥有了巨额的财富,但他买结婚戒指却只花了15.75美元,这笔花销记在"杂项开支"的类目下。洛克菲勒曾欠一位朋友5分的找零钱,朋友让他不必客气,而他却坚持把硬币放进了朋友的口袋里,并郑重地说:"这可是1美元整整一年的利息啊。"

老洛克菲勒说过:"赚钱的能力是上帝赐给我们的一份礼物。"出于对家族的责任感,年迈体衰的老洛克菲勒后来把这种人生观传递给了他唯一的儿子——小约翰·D·洛克菲勒,他就是大卫的父亲。

小洛克菲勒成为家族的掌门人后,不仅接管了家族的石油生意,同时还接管了家族的慈善事业。有时候,小洛克菲勒发现:自己要想在石油生意和慈善事业这两种祖传家业之间找到平衡非常困难,因此,他经常经受着神经失常的煎熬和折磨。小洛克菲勒曾经描述说,他在做生意的时候感觉就像参加一场和自己良心进行比赛的赛跑。大卫表示,父亲所受的宗教思想教育经常使他禁不住产生怀疑:自己在生意场上所做的事情究竟是否正确?

小洛克菲勒在纽约建立了洛克菲勒中心,并设法挽救了美国西部山区的许多古老的红杉。其实,他放弃了很多能把家族事业发扬光大的机会,现在回过头来审视他的一生,他的大半生时间都花在了把家族财富送出去,而不是积聚更多的财富。大卫指出,在大做慈善事业的过程中,父亲"得到了极大的满足,他看到社会上存有许多问题,就想办法帮助解决这些问题"。

小洛克菲勒对保护历史文物和自然环境有着浓厚的兴趣。经过他的努力,英国对北美大陆殖民时代所创建的威廉斯堡古城和法国的凡尔赛宫得以完整地保存了下来。

因此，洛克菲勒家族能有今天的名声，小约翰绝对功不可没。

2.钢铁大王卡内基：最好的遗产是出生贫贱之家

在美国，"钢铁大王"卡内基的名字是个传奇。他与"汽车大王"福特、"石油大王"洛克菲勒等大财阀一样，曾经影响着整个美国的金融。但让世人感到惊讶的是，他在自己事业的最巅峰时期放弃了所有的一切，追求另一种自由、无拘束的生活，并为慈善事业作出了巨大的贡献。纽约著名的卡内基音乐厅是他捐资修建的，匹兹堡的卡内基大学是他建立的，还有遍布在世界各地的"卡内基图书馆"。这就是卡内基，财富对于他而言，从来都不是第一位，享受人生、为社会作出贡献才是他生命的真谛。

1866年12月底的一天，卡内基写下了这样一段备忘录："人生必须有目标，而赚钱是最坏的目标。没有一种偶像崇拜比崇拜财富更坏的了。"可是后来的他却一直沉浸在商海之中。

1886年10月，从小跟卡内基一起长大、一起奋斗的弟弟汤姆去世了，母亲无法承受丧子的悲痛，随后也离开了人间。在这双重打击之下，卡内基连续6个星期持续高烧，在世的亲人一个个离开了他，他第一次感到那样孤单。于是，1887年，年过半百还未结婚的卡内基和订婚多年的未婚妻走进了教堂。可是悲剧并没有就此结束，1889年，卡内基的得力助手琼斯厂长因为高炉爆炸而死，这又是一个沉重打击。

接连几天,卡内基都在思考自己走过的路:从一个小信差、一个贫穷移民的后代,到今天的百万富翁、千万富翁,我手里拿这么多的财富,到底有什么用?小时候的梦想都实现了,可为什么心里却高兴不起来?现在亲人一个个离去,曾经离弃过的朋友也不会再回来了,我赚钱的目的是什么呢?最后,他得出这样一个结论:"富人若不能运用他聚敛财富的才能,在生前将其财富捐献出来为社会谋取福利,那么死了也是不光彩的。"

1990年,他在《财富的福音》一书中宣布:"我不再努力挣更多的财富。"之后,他毅然从他那蓬勃发展的钢铁事业中引退,以5亿美元的价格将卡内基钢铁公司卖给了金融大王摩根。然后,他开始实施他的把财富奉献给社会的伟大计划。

此后直到1919年8月11日卡内基去世的近20年间,他的生活发生了巨大的改变。1901年,即他引退后的第一年,他拿出500万美元为炼钢工人设立了救济和养老基金,以向帮助他取得事业成功的员工们表示感谢。接着,为帮助有志上进而家境贫穷的年轻人,他在纽约市捐款建立了68座图书馆。图书馆建设事业持续了16年,他总共捐资1200万美元,兴办图书馆3500座。

第二年,卡内基在他的第二故乡匹兹堡创办了"卡内基大学",又在美、英各地捐资创办了各种学校和教育机构。这类用于建造教育设施的捐款,达9000万美元之巨。

在随后的几年中,卡内基又设立了若干项基金。他捐资500万美元,设立"舍己救人者基金";捐资3900万美元,设立"大学教授退休基金",以保障教育家的晚年生活;他还设立了"总统退休基金"和"作家基金",对美国总统或作家的晚年给予资助;此外,他向11个国家提供了"卡内基名人基金",并以1000万美元设立"卡内基国际和平财团",专门资助为世界和平作出贡献的人们。

年迈的卡内基夫妇由于多年来一直亲身参与捐献工作，身心都深感疲惫，因而，1911年，卡内基决定再以仅余的1亿5千万美元设立"卡内基公司"，让公司人员代理他们的捐献工作。

对于想创业的年轻人，卡内基说出了这样的话："不要以为富家的子弟得到了好的命运。大多数的纨绔子弟，做了财富的奴隶，他们不能抵制任何诱惑，以至于陷入堕落的境地。要知道，享乐惯了的孩子，绝不是那些出身贫贱的孩子的对手。一些穷苦的孩子，甚至穷苦得连读书的机会也没有的孩子，成人之后却成就了大事业。"所以，"一个年轻人所能继承到的最丰厚的遗产，莫过于出生于贫贱之家"。

3.自力更生——前首富王永庆的子女们

台湾第一代企业家不只比事业版图，更在意儿女够不够优秀，能不能接棒传承。这一点，王永庆做得非常成功。

对王永庆来说，"富不过三代"不是什么令人惊奇的事。他解释说，创立和维持一个企业会遇到很多挑战，要令企业成功，创办人必须排除万难，鞠躬尽瘁；若要企业的成功延续下去，他的继承人则必须同样拥有这种强人特质，甚至要更强、更能干。可是，富裕的生活很容易消磨人的雄心，于是，第一个继承者很可能比创办者意志要弱，第二个更弱，最终企业会因为未能好好接班而衰落。王永庆希望自己的企业能一直经营下去，所以，他特别重视培养子女独立自主的能力,"由低做起"是他培养下一代的引导原则。纵使子女拥有很高的学历,他也会先安排他们担任基层领导职务,一方面训练他们的才能,另一方面又磨练他们的意志。另外,他的子女也会自己创业,这完全体现了王永庆教育子女自力更生的理念。

节俭出名的父亲

在台北市锦州街,有一座漂亮的6层花园大楼,占地1000多平方米,庭院宽阔,绿荫环抱,警卫森严。这个深宅大院正是王永庆的寓所之一。

王永庆是台湾的首富:他是塑胶王国的大王,是企业经营之神,是实现台湾现代化的有功之人,也是台湾到海外办跨国公司的第一人。

因为担心子女在台塑这棵大树的庇荫下缺乏磨练,所以每一个小孩在国小或初中时,都会被王永庆送到英国、美国求学,直到念完研究生才回国。

王永庆本人的节俭相当出名,所以他的儿女们在美国生活也不富裕,因为他提供的学费、生活费都算得很精准,就像管理手下企业一般,总是给得"刚刚好",不让他们有一丝享受奢侈的机会。此外,他和儿女联络都是写信,从不打电话,"因为觉得打电话太贵了"。王雪红的母亲杨娇表示,儿女还必须回信报告花了哪些钱,连买支牙膏也得写上去!

王永庆经常给孩子们写信,一写就是好几大张,大约每隔两周就写一次。王雪红说,父亲在信中多半是写他自己的工作心得,告诉她公司发生了什么事、他如何处理等。父亲特别强调凡事要"追根究底",会告诉她公司发生了什么事,他如何追根究底。这种内容,对当时还是高中生的王雪红而言,自然有些乏味,"而且,爸爸的字很潦草,说实在的,我真的看不懂"。但她仍小心翼翼地把每一封信都保存起来，"两三年前重新翻过，真的很有启发"。

即便是面对孙辈，王永庆也不是含饴弄孙的心情。在美国念大学的外孙（大女儿的儿子）暑假回台塑生产线实习，王永庆要求他每天都要写报告，思考如何改善效率；还有另一个奇特的报告：分析"学费"能有多少产出。

要自己打拼这个世界

王永庆的生活非常俭朴，他对穿着的要求是大方整洁，从不计较衣服的新旧及款式。他生平最喜欢收藏名人字画，然后就是听戏，并常年坚持慢跑锻炼。他的子女似乎也没有感觉到他们的父亲是个富豪。

王永庆共有3个妻子，因此儿女很多，长子王文洋是他最器重的一个。王文洋出生于1951年，毕业于英国伦敦帝国大学物理系，1975年同时获得该校的企业管理硕士和化学博士两个学位。为了培养儿子基层工作的经验，让他融入台塑文化，以便将来更好地接班，王永庆并没有像其他许多大企业家那样，给王文洋委以重任，而是让他从南亚塑胶公司基层的课长做起，并接受最基本的车间训练。这既是台塑员工的必经之路，也是王永庆认为熟悉业务的最佳手段。

王文洋在南亚公司一干就是很多年，并一步一步走向公司管理高层。1984年，他被升任为公司第四事业部经理。王文洋在这个经理岗位上经过10个春秋的磨练，逐渐成为一位管理专才，1994年再次高升为南亚公司协理，负责统筹管理公司各事业部，现为宏仁集团董事长。

二女王雪龄，留学美国，获伯克利大学统计学硕士学位。她后来嫁给了同是伯克利大学校友（该学校电脑博士）的简明仁。两人结婚回到台湾后，放弃了在台塑集团高就的机会，拿出了他们自己仅有的100万元资金,成立了大众电脑公司,这在台湾曾引起一阵轰动。如今,大众电脑公司不仅是新竹科学工业园区的高科技企业,也是一家股票上市公司,经营业绩优异,获利能力在同行中名列前三,简明仁也由此成为了王家女婿中独立创业的典型与代表。

王永庆最出色的还是三女儿王雪红,她不靠父亲的帮助,打拼14年,多年蝉联台湾女企业家首富。她1987年入股姐姐的台湾大众公司;1992年以500万元新台币在一间旧公寓里创办威盛;2000年10月,威盛市值超过其父王永庆经营了46年的台塑,她自己也成为了台湾最富有的女人;威盛2003年以前以"英特尔强有力的挑战者"闻名,近年巨资打造的"中国芯"也在大陆深入人心;威盛之后,她又投资了30多家公司,平均每年近3家。

在男性主导、硬梆梆的科技世界里,王雪红却闯出了属于她的王国。

"每件事我都有些波折,从来没有平顺过。"王雪红笑着说,但她都撑了下了来。

能撑下去,除了基督教信仰,也是父母亲的教育培养出了她的格局、坚持和韧性。

王雪红说,母亲最常给她的教诲就是要忍耐,凡事不要只看眼前,要看长远。

而每天三点钟起床,做毛巾操、写文章的父亲,亲身展现凡事要有毅力、有原则,也对她产生了深远的影响。

王雪红说:"我爸爸很严肃,像老板一样。我常说,神是我第一个老板,他是我第二个老板,我每次见他都正襟危坐,怕讲错话。"

王永庆在培育子女上的成绩,完全不逊于经营事业的成绩。

4.李嘉诚告诉儿子的五条处世哲学

李嘉诚在教育子女方面是很成功的,他的两个儿子在商界都取得了非凡的成就。大儿子李泽钜帮助父亲打理家族传统生意;二儿子李泽楷在新闻媒体、数码港、电讯盈科等业务上也接连取得了令人瞩目的业绩,靠自己的奋斗赢得了"小超人"的美誉。

李嘉诚对孩子的教育可以归纳为以下几点:

(1)做正直的人,要注意考虑对方的利益。

做正直的人,李嘉诚的这种思想由来已久。

1943年,父亲刚刚去世,为了安葬父亲,李嘉诚含泪去买坟地。卖地给李嘉诚的是两个客家人,李嘉诚将买地钱交给他们,并坚持要求去看地。这两个人看李嘉诚是个小孩子,以为好骗,就将一块埋有他人尸骨的坟地卖给了他,并用客家话商量如何掘开这块坟地,将他人尸骨弄走。

可是,李嘉诚听得懂客家话。他震惊地想,世上居然有如此心黑的人,甚至连死去的人都不放过。想到父亲一生光明磊落,即使现在将他安葬在这里,九泉之下的父亲也得不到安眠。

李嘉诚深知这两个人绝对不会退钱给他,就告诉他们不要掘地了,他另找卖主。这次买地葬父的经历,不仅给李嘉诚上了一堂关于人性、关于社会真实面目的教育课,也让他陷入了思考:自己即将走上社会独自创业,在金钱面前,难道真的可以弃道义于不顾吗?李嘉诚暗下决心:不管将来创业的道路如何险恶,不管将来生活的情形如何艰难,一定要做到在生意上不坑害人,在生活上乐于助人,做一个正直的人。

李嘉诚不仅自己坚持做正直的人，也着力培养孩子们这种美德。小儿子李泽楷曾说："我从家父那里学到的东西很多，最主要的是怎样做一个正直的商人，以及如何正确处理与合伙人的关系。"李嘉诚常常教育两个儿子，要注意考虑对方的利益，不要占任何人的便宜。

（2）注重孩子的文化教育。

李嘉诚对孩子的教育开始得很早。当李泽钜和李泽楷八九岁时，每当董事局要开会，他们兄弟俩就会坐在专门为他们设置的小椅子上，接受独特的商业熏陶。不仅如此，李嘉诚还会细心又耐心地在会后鼓励两兄弟提出不懂的问题，然后认真地进行解答。两个儿子称赞父亲是最好的商业教授。

当两个儿子读完小学和中学后，李嘉诚就将他们送到国外留学深造。李嘉诚说，在西方先进国家留学深造，既可以优先吸纳国外先进的科学文化知识，又可以使他们充分运用自己的眼光去看待外面的世界，增长他们的见识，一如俗语所说的"读万卷书不如行万里路"。

家长须知，勤力求学固然重要，但如果只是闭门读书，完全不认识外面的新生事物，那只能成为一个百无一用的书呆子。

（3）教育孩子要勤俭节约，不要过于计较个人得失。

李嘉诚言传身教，为孩子树立勤俭节约、不计较个人得失的榜样。即使成为了巨富，李嘉诚的生活依旧过得十分朴素，带的是廉价的日本表，穿的是十年前的西装，居住的是三十几年前的房子。他要求孩子们也养成勤俭节约的习惯，当孩子在美国留学时，他鼓励孩子勤工俭学，而不是靠家族的财富过奢侈的生活。李嘉诚教育孩子，创业之初，重要的是抓紧机会锻炼自己，使自己学到真正的商业本领，不要过分计较个人的得失。

（4）给孩子磨砺的机会。

为了培养孩子独立处事的能力，让他们更多地积累商业经验，李嘉诚允许两个儿子在大学毕业后，各自在加拿大创业一段时间，以证实自己的才华。当儿子李泽钜在温哥华发展物业的过程中遇到种种困难时，李嘉诚总是信赖儿子的意见，放手让他去处理每一个难题。苦尽甘来后，李泽钜也由此得到了面对各种创业艰辛的信心。

（5）告诉孩子处世哲学。

李嘉诚认为，作为企业家，每时每刻都在与人打交道，注意人们怎么想、怎么做以及做什么十分必要。李嘉诚告诉自己的孩子："工商管理方面要学西方的科学管理知识，但在个人为人处事方面，则要学中国古代的哲学思想。不断修身养性，以谦虚的态度为人处事，以勤劳、忍耐和永恒的意志作为进取人生的战略。"

不仅如此，李嘉诚还教育孩子要做到重信守诺。他说："如果要取得别人的信任，你就必须重承诺，在作出每一个承诺之前，必须经过详细地审查和考虑。一经承诺之后，便要负责到底；即使中途有困难，也要坚守诺言贯彻到底。"

在李嘉诚的培养下，两个儿子在独立处理加拿大世界博览会旧址的庞大发展规划以及策划收购美国哥顿公司"垃圾债卷"等一系列大动作中，都表现出了惊人的胆识和灵敏的商业头脑。李嘉诚曾自豪地说："即使我不在，凭着他们个人的才干和胆识，也足以各自独立生活，并且养家糊口，撑起家业。"

5.马云教子之"三十六计"

从一家小小的翻译社起步,到如今的上市集团阿里巴巴,旗下有淘宝、支付宝、一淘、天猫、聚划算等数个网络营运大鳄,马云经历了一个励志而艰辛的过程,付出了常人难以想象的辛苦,牺牲了很多东西,其中最大的牺牲品便是儿子马超——因创业初期太忙,他和妻子没时间管束儿子,一天天长大的儿子慢慢染上了网瘾,经常几天几夜在网吧里打游戏……不过,喜欢研究古代兵书的马云并没有慌,他巧将三十六计从商界搬到了家庭教育上,成功让儿子走上了正确的道路。

欲擒故纵,巧妙戒除儿子网瘾

2000年,经过不懈努力,马云夫妇实现了他们的财富梦想。然而,在这个时候,后院却起火了——儿子管不住了。马云的儿子马超,是马云事业的"牺牲品"。自从妻子张瑛也辞职下海陪同马云一起打拼后,两人便越来越忙。儿子4岁入托儿所,一扔就是5天,周末才接回家。因为长期缺失亲情,马超的逆反心理非常大。有人问他:"你父母是干什么的?"马超居然答道:"他们是通缉犯,不知道去哪了。"

或许是遗传,马超刚满12岁便对网络产生了极大的兴趣,很快就迷上了网络游戏,跟着同学泡在网吧舍不得回家。见年幼的马超根本不能抵制网络游戏的诱惑,马云开始重视起这个问题来。那时正是网络游戏盛行的时候,盛大、网易都推出了新游戏。按照马云的作风,他不会放过任何赚钱的机会,但他却硬是没有去做网络游戏。他在董事会上是这么说的:"饿死也不做游戏,我不会在网络游戏上投一分钱,我不想看到我的儿子在我做的游戏里面沉迷!"

有一天，马云很晚才回到家，可儿子比他还晚。当时马云很生气，对儿子展开了说教。可在儿子面前，一向能言善辩的他却因为儿子的一句话败下阵来："你们都不在家，我回来了也是一个人，那么无聊，还不如待在网吧里！"

一肚子怒火的马云顿时愧疚无比：如果他能经常陪在儿子身边，儿子染上网瘾的概率一定会小很多。马云觉得欠儿子太多，但如今后悔无用，当务之急还是帮儿子改掉恶习。

"聪明"的马超知道父亲对他有愧疚之情，总以此为挡箭牌。有一次，马云实在看不惯儿子的恶习，史无前例地大骂了他一通，并把一只茶杯朝他砸去，差点砸在他身上。马超吓了一大跳，转身就往外跑，离家出走一天一夜，把马云吓得赶紧报了警，最后在一个天桥底下找到了满脸泪痕的马超。自此之后，马云再不敢碰儿子一下。

虽然在儿子面前一再受挫，但一向有"商界怪才"之称的马云并没有气馁，他思来想去，决定不跟儿子硬碰硬，而是来了一招"欲擒故纵"之计。那时正是暑假，他给了儿子200块钱，然后对他说："我现在允许你和同学玩电脑游戏，玩上三天三夜再回来，但回来的时候必须回答一个问题——找出一个玩游戏的好处。"听完这句话，马超顿时欢呼雀跃。过了3天，马超回来了，猛吃了一顿又大睡了一觉，这才向马云汇报心得："又累又困又饿，身上哪儿都不舒服，钱花光了，但是没想到什么好处。"马云听完，立刻将计就计，反问道："那你还玩？还玩得舍不得回家？"马超这下终于没话说了。

接下来，为让儿子真正远离网络，马云跟妻子商量："你辞职吧，家现在比公司更需要你。你离开公司，少的只是一份薪水；可你不回家，儿子将来变坏了，多少钱都拉不回来。儿子跟钱，挑一样，你要哪个？"妻子辞职，对于公司来说可并不是小事，但为了挽救儿子，马云别无他法。

幸运的是，在母亲的监督下，马超慢慢将网瘾给戒掉了，与父母的关系也亲密了起来。

抛砖引玉，迅速提高英语成绩

在马云眼里，英语特别重要，他曾说过："学好外语除了能让你更好地与世界沟通，还会影响到你的眼光和胸怀。"不过可惜的是，马超的英语成绩在班里一直是吊车尾，他还振振有词地说："我们中国人说中国话，为什么要学英语？我对英语不感兴趣，根本学不好英语。"马云知道马超其实很想学好英语，他所谓的对英语不感兴趣只是他为自己学不好英语找的一个借口。

当时，公司里有一个跳槽进来的销售总监叫刘龙山。有一次，他见到马云接见外宾时，根本不用英语翻译便能谈笑风生，感到十分诧异。尽管刘龙山已年近50，但受到马云的激励，他决定发愤学习。经过几个月的不懈努力，几乎没有任何基础的他居然可以跟马云飙上一段英语。马云对此大为惊讶，也大受启发，决定给儿子来招"抛砖引玉"。

一天，马云以拿东西为由让马超来一趟公司。马超按照吩咐来到会客厅，却发现有一个年近50多的大叔正在大声读英语，那认真劲就像一个学生。马超疑惑地问道："你们也要考英语吗？"大叔回答道："我们不考英语，我们用英语。可惜我现在学稍微有点晚了！"马超继续问道："英语有那么重要吗？"大叔回道："英语太重要了！上次看到马总那一口流利的英语，我真想找个地洞钻进去。"马超知道所谓的马总就是自己的爸爸，他没有想到父亲的英语会那么好。正在这时，马云的秘书走了进来，让马超去办公室。

马超进入办公室，见父亲正与一个外宾寒暄道别，聊得很热乎，那一口流利的英语就像一个美国人在说话，这番情景让马超惊呆了。等外宾走后，马云把一袋外国特产拿给马超，让他告诉妈妈今晚就吃这个。马超顺从地拿着特产回家，一路上，他感慨万千。

回到家后，他向妈妈询问："爸爸的英语怎么那么好？"从妈妈的叙述中，马超得知父亲毕业后，因为英语的优势，被聘为杭州电子工业学院的英语教师。随后，他作为英语翻译首次访问美国，从而得以接触到因特网。回国后，才慢慢打拼出今天的成绩。

马超听完后，感到不可思议，原来父亲的英语如此好，又如此用功，他又怎么可以给父亲丢脸呢？此后，马超学习英语特别用功，期末考试成绩居然提高了17个名次！马云得知后开心不已。

不久，马超又向父亲主动提出要到外国看看外面的世界，增强自己的口语水平。儿子的要求正中马云的下怀，他其实早就想让儿子出去闯闯了，读万卷书不如行万里路，想成功，就必须有独立与不凡的历练。但如果自己为儿子安排，儿子一定会有逆反情绪，因此，他用了"抛砖引玉"的计策，慢慢把马超对学习英语的兴趣给激发了出来。

之后，马云陆续安排马超到英国、美国、澳大利亚、泰国等许多国家游学，目的就是让儿子和世界各国的孩子交流，除了练习外语，还能开阔和培养国际化视野。

釜底抽薪，自食其力现奇效

2008年，马超进入大学。在外界看来，马云应该训练儿子往接班人的方向发展，但他并没有这么做。相反，他开明地让马超自己选择专业。马超根据自己的兴趣，选择了计算机专业。

不过，新的问题又出现了。在荷尔蒙大量释放的年龄，马超对异性产生了强烈的兴趣。一个学期里，他追求了不下5个女生，为了夺得英语系系花的芳心，他还花大手笔给人家送去了9999朵蓝色妖姬。一时间，马超"花花公子"的声名在外。他认为，父亲几十亿的身家，以后迟早要归他，他一辈子也花不完。

马云听闻儿子"风流韵事"之后，心里很不是滋味。每个月丰厚的零用钱是马云用来"补偿"儿子的，既然如今钱让儿子堕落，那么，他就只有来一招"釜底抽薪"了。马云把马超叫到跟前："马超，如今你是个成年人了，你有几个女朋友我不管，你花天酒地我也不管，因为这是你自己的事。但是有一个问题我一定得说清楚，你必须得花你自己的钱去享受，而不是用我的。"从此后，马云严格控制马超的花销，除了学习、生活的基本开销，他一分钱也不多给马超。

　　花钱大手大脚的习惯已经养成，为了继续"享受"生活，马超开始四处向同学朋友借钱。有一次，他听到有人议论他："那人是个富二代，不过家产都被他败光了，只能四处借钱。"马超没想到自己在别人眼里竟是这样的不堪，暗暗说："我要证明给你们看看，我才不是靠父母。通过自己的努力大赚一笔，到时想花就花，谁都管不了！"

　　有"骨气"的马超行动了起来，但事情没有他想的那么容易。他好不容易从同学那找到一份发传单的兼职，100元一天。马超原以为这个工作很轻松，但没想到那些传单背在身上重极了，忙完一天，除掉吃饭、喝汽水的钱，只剩下一半。而且，如此辛苦的工作，并不是天天都有得做。而这个时候，他以前的"好哥们"纷纷向他要债，有人甚至说了很难听的话："我说哥们儿，你到底是不是马云的儿子？不会是在诓我们吧？"

　　马超听后心里一阵凄凉，女朋友看他越来越寒酸，也离他而去……马超悲哀地总结道：原来，以前那些虚华的友谊与爱情全都是假的，一文不值。

　　失意的马超为了还债，不得不省吃俭用，苦心寻思着如何赚大钱，以血前耻。

　　有一天，他在宿舍做作业，一个舍友逛淘宝页面的时候，突然自言自语地说道："为什么淘宝的页面上就没游戏呢？"说者无心，听者有意，马超深知，淘宝之所以不做游戏，是因为他当初沉迷游戏所致。而现在，如果父亲的公司还不做游戏，岂不是亏大了？

接下来，他把目光瞄准在了网游上，展开了深入的调查研究，每天都是教室、宿舍、图书馆三点一线。经过一段时间的苦学后，马云对父亲的公司推出网游胸有成竹，设计出了好几个游戏方案。马超将这个想法汇报给了父亲，马云听完分析，露出了赞许的眼神，他看得出儿子已经变成熟，知道主动思考问题了。他早就想推出网游了，最近还在董事会上提过几个方案，没想到儿子竟主动请缨！马云喜出望外，大胆启用马超做公司的网游顾问，为公司开发网游。

马超接过任务，认真地做了起来。他将自己所学充分地运用到工作中，迅速为淘宝开启了游戏联运平台，其中的《神仙道》、《火影世界》等一炮打响！网游一经推出，利润马上就来了。马超也因此分得了一份不小的利润，赚到了人生的第一桶金。但赚到钱的马超并没像从前一样想着快快去挥霍，因为他已经深知金钱的价值与意义，他向马云说道："我要拿着这些钱做投资，赚更多的钱，将来再慢慢花！"

在董事会上，马超受到了董事们的一致表扬，他们直夸马总调教有方，"有其父必有其子"。

马云感概万千，直言："教育子女是一门大学问，它需要头脑，需要策略，比经营事业更需要智慧和激情。"

6.李开复的教子秘方:规矩越少越好

李开复年少时,父母对他的管教既开明又严格。在他5岁的时候,父母就让课业表现优异的他自己决定是要继续念幼儿园还是升小学;11岁时就让他离开台湾,到美国求学。他描述自己自小就顽皮,但母亲王雅清对他这个幺儿很是慈爱,从不曾因为他顽皮犯的小错而处罚他。但有一次,在他向长辈夸口自己考试总是满分,"连99分都没有看过"之后,为了要他戒骄,在他有一次没考到满分时,母亲不惜以家法狠打了他一顿。父母既爱他,又不放松地管教,让他成为了少数能够融合中西方文化的全球知名企业高级经理人之一。

30岁那一年,李开复自己也成了父亲,他承袭了父母对他的教育观,敢于让孩子独立自主地做决定。对于一对千金的教养,他舍中国传统的教养观,不以教出"乖巧"的孩子为目标,而认为"积极"是教养中最重要的事。他认为对孩子的教养,"规矩要越少越好",这样才能"培养出自律而非他律的孩子"。

他在接受《商业周刊》的独家专访时,以"吾家有女初长成"的喜悦口吻,分享教养一对千金的心路历程:大女儿李德宁精通文学诗歌,小女儿李德亭自信活泼,擅于创作。他也坦诚分享了身为父母可能会经历的迷惑、曾经犯的错误,以及作为一个父亲对子女的期望。

以下是访谈摘要:

教养子女有许多需要重视的原则,但如果我只能挑选其中最重要的一件事,我会说是培养孩子的积极性。有了积极性,其他的特质如理智、快乐、自信等,就可以自然而然随之掌握。

主要的理由是因为今天的世界已经不一样了,那些消极被动只是听话或害怕处罚(的孩子)，他们进入社会往往会觉得非常迷茫，不知所措，会习惯性地需要别人告诉他们怎么做；但当一个孩子有积极性的时候，无论是读书，还是实践学习如何找工作、找兴趣，其他的事他都可以自己安排。当你有了积极性之后，你就可以自己设计了。

虽然我们做父母的都想要呵护子女一辈子，但培养他们积极独立的能力是非常重要的。当然，并不是说当孩子三岁的时候，你就让他独立。当孩子还分不清楚对与错的时候，父母还是要辅导的，但是父母要学着慢慢放手，慢慢地，让孩子自己去决策。

只是听话不是优点

许多父母希望孩子乖，如果乖就是听话，听话就是要你做什么你就做什么，从这个观点来看，我不希望我的孩子太乖，我希望他们有独立思考的能力。做最乖的小孩，绝非是我培养小孩的目标。但如果乖是善体人意、懂礼貌，这些我觉得还是不错的。

不听我们的话，是因为他们知道，他们有权利来跟我们讨论一些事情。中国人总是把"听话"当作一个孩子的优点，但是我希望我的孩子不要只做听话的孩子，我要他们成为讲理的孩子。听话的孩子可能只是盲从，而不见得懂道理；讲理的孩子会在你有理时听话，那不就是我们所要的吗？

孩子越大，规矩要越少

虽然我相信启发式教育，但是我也相信孩子需要管教，需要规矩。我对"规矩"的定律有四个：

(1)定好规矩，但是首先把规矩的道理讲清楚，不是盲目地服从。

(2)在规矩内，孩子有完全的自由。

(3)违背了规矩，孩子将受到提前讲明的惩罚。

(4)规矩越少，越能起到启发的作用。

如果你不告诉他原因，孩子不会因为你说的一件事是对的或是错的就深深地记在心里。设立规矩却又不讲为什么，一方面，小孩子就无法学习自律；另一方面，孩子会把父母定位为独裁者，没有通融的余地。如果你定了一个他无法接受的规矩，那么，他不是认为你不好，就是会叛逆性地想去做什么。

这些规矩，如果你把它定得像坐牢那般死硬，一旦孩子违背了就要受到处罚，那么，孩子听话就会变成一个他律性的，而非自律性的。他律性的规矩恰恰会让孩子变成消极被动的，只有自律性的才可能变成积极主动。

我觉得孩子越小的时候，可能越需要这些所谓的规矩。但随着孩子逐渐长大，父母应该学着信任孩子。违规要惩罚，但规矩要越少越好。

创造不需要处罚孩子的环境

不过，处罚还是会的。我大女儿比较小的时候，大概是六七岁的时候，在计算机上与陌生人讲话。我们那时与她约定，如果她在网络上与陌生人讲话，或是上了一些比较不好的网站，被我们发现，就可能……比如说，两天不可以用计算机。这是她们比较小的时候，现在已经不管那么多了。

但我觉得，任何惩罚都应该尽量不要做。我宁愿让她没有犯错的机会，而不是让她犯错、被发现，然后受到惩罚。

每一次孩子违背规矩受到惩罚，对她的心灵其实都是一种打击。孩子违背规矩，可能有很多理由：也许她抱着侥幸的心态；也许她认为这件事只要不被捉到就可以做；也许她认为，规矩是你定的，她并没有同意。不管是什么理由，最后孩子违规是成功了还是失败了，被捉到或没被捉到，对她都是负面的打击。

所以，什么是我们在乎的？那就是宁愿营造一个环境，让她没有机会犯错。比如说，我们会把计算机放在家庭厅里，位置就在厨房、餐厅、客厅中间，每天我跟我太太，总有一个人会在这3个地方走来走去。这并不是监视，我们也不会走到她跟前，看她正在做什么事，但她知道我们在她旁边。

7.潘石屹教子：当老爸比当老板更费心

从一个商业巨擘变身成为育儿专家，潘石屹走过很多弯路，甚至公开发出过"当老爸比当老板更费心"的感慨。

中年得子，初为人父的磨合期

1998年，香港明德医院。

随着一声清脆的啼哭声，35岁的潘石屹终于迎来了期盼已久的儿子。他用激动而颤抖的双手亲自为孩子剪断脐带，抱着孩子亲了又亲，一股热流顿时袭遍全身。

当初，潘石屹与妻子张欣认识不久便闪婚，彼此了解、磨合不够，再加上不同的生活经历和成长背景，夫妻俩经常吵架，矛盾一次比一次严重。最后，为了挽救婚姻，张欣做出了退让，甘愿放弃蒸蒸日上的事业，回到家中怀孕生子。妻子的宽容和大度让潘石屹十分感动，为此，他特地给孩子取名潘让。

然而，从一个拥有亿万身家的房地产老总，突然变身成为一个整天围着奶瓶、尿不湿打转的奶爸，一时间，潘石屹很不适应。

有一次，潘让醒来突然大哭，潘石屹一个人在家手忙脚乱地哄了半天也不见好，最后，他无比烦躁地将儿子扔在床上，用命令的语气说："停，别哭了，有什么事等你妈回来再说。"可那么小的孩子哪里听得懂他的话，反而哭得更厉害了。潘石屹无奈，只好再次抱起儿子，可没想到刚一抱上身，只听"噗噗"几声，儿子竟然拉屎了，拉得潘石屹身上到处都是。再看儿子，竟不哭了，一双黑溜溜的眼睛盯着他，充满了无辜。潘石屹哭笑不得，只好认栽："这生的哪里是儿子，分明是个小祖宗。"

看着孩子一天天长大，潘石屹觉得既欣慰又忧心：他既想给儿子最好的人生，又担心孩子会恃宠而骄，成为纨绔子弟；他想让儿子受到最好的教育，成为社会栋梁，却又不忍扼杀他纯真的童年……潘石屹对此纠结不已。

有一次，潘石屹带着潘让去北京动物园玩，正巧旁边也有一个父亲抱着三四岁的儿子在虎山参观。看着一群老虎正在扑食活鸡，那个父亲对儿子说："看看，鸡没用，只能被吃掉。你将来是要做老虎还是做鸡？"那个孩子坚定地说："我要做老虎，我不要被吃掉！"说完，还模仿老虎"嗷嗷"叫了几声。这一场景，让潘石屹陷入了沉思：这么小的孩子，就要教育他去抢去争，难道我们把孩子带到这个世界，就是为了让他们参与这么残酷的争夺吗？可是，联想到自己在商场上所经历的险恶和辛苦，他又不得不承认，现实社会的竞争是残酷的，如果孩子从小就软弱怕事，长大后又如何能在社会上立足呢？

就在他还没有规划好如何当好一个父亲时，一年多以后，第二个儿子也来到了人世。"让则宽阔，少则丰富。"承接大儿子的名字，潘石屹给小儿子取名潘少。也许在他的潜意识里，他还是希望两个儿子能够拥有温暖而快乐的人生。

为了当好一个称职的父亲，潘石屹买回了大量育儿、家教类书籍，每天有空就翻开来阅读，遇到重点还会认真地记在笔记本上。朋友们见他如此认真，都笑话他说："潘总平时在商场上叱咤风云，做事雷厉风行，极具魄力，没想到当了父亲以后却变得如此婆婆妈妈。"

然而，让潘石屹没有想到的是，这些书上写的教育方法在现实中几乎行不通。有一次，两个儿子为抢一个玩具火车大打出手，潘石屹按照书上教的，给他们讲"孔融让梨"的故事，可两个小家伙根本听不进去，一人抓着小火车的一角不愿放手。最后，潘石屹想了一个办法，让潘让和潘少一人站一边当"站长"，自己则当火车驾驶员，引导小火车在他们之间来回行驶。最后，两个孩子终于破涕为笑，可潘石屹却累得满头大汗。

张欣得知此事后，笑得前仰后合："没想到在员工面前无比威严的潘总，如今竟会被两个小毛头整得如此凄惨。"潘石屹苦笑着叹了口气，说："在公司，我只用发布命令，自会有人执行，可谓是'治大国如烹小鲜'。可这两个孩子，说理听不懂，又打不得骂不得，真是让我束手无策。看来，教育孩子也是一门技术活啊！"

注重培养孩子的兴趣爱好，不按"教条主义"行事

转眼，大儿子潘让就到了上学的年龄。为了让儿子早早与国际接轨，潘石屹将他送到了一所国际学校进行封闭式学习。但国际学校沿袭的是国外的教育模式，不让学生死记硬背，连乘法口诀也不背，因此，潘让的基础知识十分差劲。

为了让潘让学习乘法口诀，潘石屹趴在桌上亲自给儿子画了一个口诀表，没想到儿子两分钟就从网上下载了一个，还说："现在到处都有电脑、计算器，谁还去苦背这些东西。"潘石屹白辛苦一场，越发为儿子的未来担忧。眼看着小儿子潘少也快上小学了，应该给孩子什么样的教育让潘石屹头疼不已。他请教了很多教育专家，可得到的回答却各不一致，公说公有理，婆说婆有理，潘石屹更糊涂了。

就在潘石屹苦苦思索不得其解的时候，他突然发现潘让对中国文学十分感兴趣。每次从学校回来,小潘让都会拿着家里的唐诗宋词选集让父母给他讲解,遇到优美的文句,他还会自觉地背下来。潘石屹突然灵光一闪:"兴趣是最好的老师,何不因势利导,让他多学一点文学知识呢?"于是,潘石屹特地买来各种适合儿童的文学绘本给潘让阅读。果然,本身就擅长英文的潘让在中文上也有了很大进步,在当年的期末考试中,他成为了全校中英文双语考试双料冠军。经过此事,潘石屹顿时醒悟:对于孩子的早期教育,父母不应越俎代庖,而要让孩子成为自己的主角,他们的事情他们做主,也许能收到更多意想不到的效果。因此,平日里,他特别注重培养孩子的兴趣爱好,从不强行送他们去各种培优班,而是花大量时间陪他们去户外开阔视野。

小儿子潘少小时候独立性较差,无论父母怎么劝说,他总是不敢一个人睡觉。为此,潘石屹和张欣十分头疼。有一天,潘少趁大人不注意,偷偷溜进书房,用彩笔在一幅即将在深圳开工的小区草图上肆意涂抹。待张欣和潘石屹进来一看,一张黑白的建筑草图已经变成了五颜六色:红的太阳,绿的草地,还有蓝色的天空。见儿子"闯了祸",张欣紧张极了,正准备替儿子求情,却见潘石屹拿着图纸哈哈大笑了起来。随即,他转身又拿出一张白纸,在上面画了一个房间,里面有一张小床。然后,他将画拿到儿子面前,启发他说:"如果这是你的房间,你希望里面有什么呢?"潘少不假思索地拿起画笔,边画边说:"我要米老鼠陪着我玩,还要奥特曼保护我。"小家伙稚嫩的线条画得并不像,但潘石屹却认真地将这幅画收了起来。

到了晚上,潘少正准备如往常一样跟着父母一起到大房间睡觉,潘石屹却一把拉住了他,故作神秘地将他带到他自己的小房间门口,变戏法似的打开灯——房间里居然有一个大大的米老鼠公仔,还有一个奥特曼的模型,连它们的摆放位置都和潘少画的一模一样。"你看,你喜欢的米老鼠和奥特曼都在这里,他们等着和你一同进入梦乡呢!"小潘少惊讶极了,欢呼着跑进去,紧紧搂着米老鼠说:"太好了,我今天就和它们在这里睡觉。"看到小儿子终于克服了一个人睡觉的恐惧,潘石屹心中也长舒了一口气。

从那以后,潘石屹有空便和孩子们一起读书、写字、画画,不仅增进了父子间的感情、提高了孩子们的动手能力,更给他们提供了奇思妙想的空间。

有一次,潘石屹带两个儿子去海南旅游。大儿子潘让特别喜欢那里的海,那天晚上,他特地画了一幅海边的城堡,对潘石屹说:"爸爸,如果你能在这里建一幢像这城堡一样美的房子,一定很漂亮。"孩子的话让潘石屹突然来了灵感。他一回到北京,便与公司负责设计的人讨论这一项目的可行性。两个月后,"博鳌蓝色海岸"破土动工,整个项目从设计上打破了房子在人们刻板印象中的束缚,将"取景"、"交流"和"亲近自然"放在首位,轰动了整个房地产界。

后来,张欣在家教书里看到了这样一段话:"3岁的孩子已经有了视觉形象方面的意识,他们有很棒的灵感,能用纸笔创造出自己心目中美丽的东西。有针对性的绘图方式可以使小捣蛋乖乖地待在自己的房间中不乱跑,听父母的话每天按时睡觉。它还适用于其他各种情形,当你想要孩子做什么或者不做什么时,你都可以用这种特殊的方式来约束孩子的行为……"潘石屹的教育方法竟与书上不谋而合,张欣不禁对丈夫的眼光和教育方式更加信服。

言传身教,大人的行为最重要

在外人看来,潘石屹的孩子可算是含着金汤匙长大的,是不折不扣的富二代;然而,在穷苦人家出身的潘石屹看来,过于优越的家庭环境对孩子的成长并非完全有利。随着两个孩子一天天长大,他们对外界的接触也渐渐多了起来。很多人得知他们是潘石屹的儿子,都对他们极其亲热,希望借此巴结潘石屹。时间一长,两个孩子就养成了骄奢、跋扈的坏毛病,事事想争第一,一遇到不顺心的事就大吵大闹,这让潘石屹十分担心。

2008年春,潘让和潘少参加学校组织的春游活动,母亲张欣早早就起来为两个孩子准备了可口的盒饭,可晚上两个孩子回家后,却气呼呼地说:"爸爸妈妈太小气了,别人家的孩子出门都是拿着百元大钞去西餐厅,只有我们带着盒饭。真丢人!"再看他们的盒饭,竟原封不动地带了回来。原来,为了不在同学们面前丢面子,他们竟谎称父母给的零花钱掉了,向老师借了几百元钱到高档餐厅吃饭。见两个儿子如此浪费,潘石屹十分生气,对他们大发脾气,并表示这些钱会按月从他们以后的零花钱中扣除。潘让和潘少从未见过父亲在家发这么大的火,吓得躲在张欣的怀中不敢出声。张欣对丈夫的发怒也十分不解:"我们又不缺钱,孩子花点钱吃饭,值得发这么大的脾气吗?"潘石屹反驳说:"由俭入奢易,由奢入俭难,这么小就知道攀比,如果以后孩子们长大了,自己的能力不能维持这样的生活水准,怎么办?"

当天晚上,潘石屹将两个儿子叫到跟前,语重心长地说:"孩子们,正是因为你们出生在富有的家庭,更需要在生活中学会节省。父母创造出来的财富不能跟着你们一辈子,从小就大手大脚,对将来人生的成长是很不利的。自己带盒饭,并不是吝啬,而是一种合理的节约。有时候,贫穷反而能成为将来的财富。"

见孩子们不解,潘石屹干脆讲起了自己当年的故事:"爸爸刚到海南创业的时候,没有钱住宾馆,晚上只能睡在天涯海角的沙滩上,又担心衣裤被流浪汉偷走，每晚临睡前，我都先在沙滩上挖一个深坑，把衣裤埋进去，睡到上面压着才放心。第二天穿上衣服，身上的沙子渐渐沥沥直往下掉。"潘石屹说得风趣，可孩子们听了却难过得低下了头……

为了让孩子们更深刻地理解节约的重要性，这一年暑假，潘石屹特地将两个儿子带回了甘肃天水老家，让他们零距离体验贫困地区孩子的生活。在那里生活了一个多星期，两个孩子这才惊讶地发现，自己少吃一个冰淇淋或少买一样玩具，却能让山里的孩子多上一个月的学！看着那些孩子们缺衣少穿，连一日三餐都吃不饱，潘让和潘少不禁为平日里大手大脚地花钱汗颜不已。

潘石屹知道，无论对孩子如何教导，大人的行为是最重要的。因此，潘石屹给自己规定：除非特殊应酬，不抽烟，不喝酒，不喝咖啡，不吃海鲜，只喝白开水。在潘石屹的言传身教下，潘让和弟弟自觉建立了一个储蓄账户，将平日里的零花钱全部攒了起来，定期寄往贫困山区的小学。他们还约法三章：能在家吃家常便饭，就不在外面吃；每次进商店只买一件玩具；过年只收100元压岁钱。有一次，潘石屹在家举行自助餐会，邀请朋友前来聚餐。小哥俩吃多少取多少，用过的盘子永远都是干干净净的，不剩下一点食物。受邀参加聚会的中国互动媒体集团的CEO洪晃见到后，羡慕地说："这两个孩子真懂事，我真想把这两个盘子带回家给我闺女看看，让她也受受教育。"

2010年秋，潘让入初中。开学典礼上，老师特地邀请潘石屹上台做演讲，可潘石屹几经斟酌之后，还是婉拒了。张欣很不解，问他："你以前参加过的演讲多得数不过来，可为什么却不愿意在儿子的学校演讲呢？"潘石屹解释道："正因为是儿子的学校，我才拒绝的。你想,如果让大家都知道他是潘石屹的儿子,老师和同学就会对他另眼相待,那么以后如果他在学校犯了错,也许老师就会说:'你真丢你爸的脸。'如果他在学校获得了什么奖,同学们也会议论纷纷:'难怪,他是潘石屹的儿子嘛!'无论哪种情况,对他都是不公平的。"潘让和潘少渐渐理解了父亲的一片苦心,在外面时刻保持低调、谦让的作风。有一次,潘少的一个小伙伴对他说:"告诉你一个大新闻,你和潘石屹的儿子名字一样!"潘少却十分低调:"是吗?潘石屹是谁?"在他们身上,几乎难以看到纨绔子弟的不良习惯。

潘石屹在北京的山里有一栋房子。2012年5月1日劳动节,他特地带着一家人来到山里居住。在那里,一家四口人分工合作,砍柴、摘菜、生火做饭,忙得不亦乐乎。傍晚,看到自己参与制作的一大桌丰盛的农家菜,两个孩子虽然累得满头大汗,却显得无比兴奋,饭量也比平常大了许多。

看着孩子们狼吞虎咽地吃着粗糙的农家饭,潘石屹欣慰地对张欣说:"今后,无论他们是贫穷还是富有,只要他们有一颗积极向上的心,一副健康的体魄,我就满足了。"

8.巴菲特父子谈富二代

时至今日,巴菲特还住在美国内布拉斯加州奥马哈自己50多年前用3万多美元买下的老房子里,开着他的蓝色林肯轿车,家中既没有顾问，也没有仆人。在办公室里，员工们经常看到巴菲特以爆米花、薯条和樱桃可乐作为午餐。

实际上，像老父亲一样，巴菲特的儿女们也都不是财迷。与那些富家子弟比起来，小巴菲特们的生活过得非常朴素，他们住得舒适而不奢侈。

小巴菲特们只从父亲那里继承了少部分的钱，并从事着各自钟爱的事业，各有各的精彩。不过，有一点是相同的，他们都在运用手中的财富去帮助更多的人。

长子是"对世界最友好"的环保型农民

霍华德·巴菲特是巴菲特的长子，出生于1954年。霍华德和父亲很像，戴着一副上世纪70年代风格的运动型眼镜。在"股神"的3个孩子中，霍华德无疑是"对世界最友好"的一个，因为他对农业、环保、公共事业可谓倾其所有。

2006年，巴菲特宣布把约400亿美元的财产捐赠给5个慈善基金会，其中，绝大部分给了盖茨夫妇基金会，而其他4个是巴菲特前妻及其子女的基金会。

获得父亲赠予小部分财产供他行善后，霍华德在非洲各地奔走，尝试协助贫困农民生产足够的农作物，让家人得以温饱，进而缓解非洲大陆的缺粮困境。2009年，霍华德名下的基金会斥资约3800万美元推动各项计划，包括开发抗病虫害的甘薯、鼓励盗猎者转业务农、提供小额信贷，以及协助农民把栽种的作物卖给联合国救助饥荒机构。其中最雄心勃勃的计划是让非洲农民能够免费使用美国孟山都公司开发的抗旱玉米生物技术。

巴菲特从未到过非洲，针对儿子艰苦的生活方式，他感叹："我受不了那种生活。"

霍华德在32岁那年卖了祖父给他的股票，买了一台推土机，开始从事他的开凿挖掘事业。后来,霍华德加入伊利诺州谷物加工处理大厂Archer Daniels Midland公司董事会,并成为公司的副总裁,开启了他关注农业的全球视角。

霍华德致力于对抗全球饥饿的志向,源自于有一回他到非洲出差,正准备拍摄迁徙中的羚羊与斑马,突然看到贫穷的农民放火清理土地,在地上留下了烧焦的痕迹。于是,霍华德领悟到,要保护非洲的生态环境,就得先解决广大人民的粮食问题。

霍华德是一名共和党人,他曾担任过一届道格拉斯县委员会主席,任职期间积极倡导帮助穷人,并身体力行举行活动。1990年,他请篮球明星迈克尔·乔丹到奥马哈进行为期两天的比赛。为了这个计划,霍华德准备了18个月,当他把长长的活动安排表拿给乔丹看时,乔丹说:"老兄,我不会做这么多事的。"霍华德说:"你要逼我跳河呀!"好在乔丹只是开玩笑,他接受了霍华德的安排。排得满满的两天的活动结束后,那次篮球赛共为青少年机构筹集到了4.7万美元。

有意思的是,霍华德似乎不愿意接受新科技,他从来不用电子邮件。

对于谁是自己接班人的问题,巴菲特曾承诺霍华德会出任伯克希尔·哈撒维公司董事长职位,使公司文化不变,并表示剩余工作至少将分给两个人:一个是行政总裁,另一个是负责处理投资的人或集团。就对慈善事业的热情而言,霍华德应是一个好的接班人。

长女是家庭主妇,但并非无所事事

巴菲特的长女苏茜·巴菲特出生于1953年,虽然是老大,但苏茜并没有得到父亲巴菲特的特殊关爱。童年给苏茜留下了不少有趣的回忆。苏茜上小学时,同学们讨论自己的父亲靠什么谋生,苏茜说:"我的父亲是一名证券分析师。"结果同学们都以为巴菲特是检修报警系统的。

小时候的苏茜无法向同伴讲清楚自己父亲的职业，长大后的苏茜向记者坦言，自己仍不知道父亲具体做些什么。苏茜说："他不会在房间里走来走去，说买哪些股票最值得之类的话，我从不知道他在买什么股票，他可能会问我喜欢吃什么牌子的糖果，或诸如此类的问题。"

虽然对父亲的工作不甚关心，但身为大女儿，苏茜很关心父亲的感情生活，她还为父亲主持了第二次婚礼。巴菲特的第一任妻子苏珊·汤普森在2004年7月因心脏病突发去世，享年72岁。2006年8月30日，巴菲特76岁生日的当天，他与女友孟克斯结婚。他们的婚礼非常简单，仅持续了15分钟，在苏茜家中举行。

苏茜是一个很低调的人，她先在《新公众》杂志社工作过一段时间，接着很快又在华盛顿哥伦比亚特区担任《美国新闻与世界报道》栏目编辑的行政助理，虽然只有525美元的月薪，但她很爱这份工作。

现在，苏茜住在奥马哈，离巴菲特的住处只有10个街区远。她虽然是一名家庭主妇，但并不是一个无所事事的阔太太，她的大部分精力都投入到了慈善事业上。

幼子"在舞蹈、鼓声和歌声中的旅行"

生于1958年的老三皮特·巴菲特可谓为音乐而生，姐姐苏茜说："皮特很轻松地就学会了一些乐器。7岁时，他连乐谱都不会认，但他坐在钢琴前开始弹奏时，比我这个已经上了8年钢琴课的姐姐弹得还要好。"

皮特没有浪费如此好的音乐天赋，他在音乐中获得了物质和精神的双丰收。现在，皮特是一位著名的音乐家兼生意人，他创作音乐并靠此来获得财富。

最值得一提的是，1991年，皮特为凯文·科斯特纳导演的第63届奥斯卡最佳影片《与狼共舞》中的舞蹈场景配乐，而且，该片还获得了第63届奥斯卡最佳音乐和最佳音响奖。凭借《与狼共舞》，在1999年，皮特·巴菲特又火了一把，他创作的"灵魂在舞蹈、鼓声和歌声中的旅行"由美国公共广播公司播出，并在全美巡回演出。

除了配乐，皮特的大部分生意是为杜邦公司、英菲尼迪公司、美国有线新闻网络以及利瓦伊施特劳斯等公司录制商业广告中读起来朗朗上口且配有音乐的广告语。对于自己的音乐事业，父亲巴菲特很支持，皮特说父亲经常打电话给他，参观他的音乐产业，并喜欢听到有关他音乐事业的任何消息。

目前，皮特和妻子詹尼弗一起管理他们的基金会，他们对他们的早期教育计划非常自豪。

三个孩子都不是读书的料

巴菲特是哥伦比亚大学经济学硕士，学成毕业时，他获得了最高成绩A+。然而，小巴菲特们似乎都不是读书的料。他们三人都考取了大学，但都在毕业拿到学位前就退学了。长女苏茜是从加州大学退学的；霍华德在奥古斯坦那大学念了1年，又在加州大学待了1年。霍华德说："我在中学就念得不轻松，到我进了大学之后，觉得更辛苦了。"而小儿子皮特也只在斯坦福大学念了1年半。

作为20世纪50年代出生的人，小巴菲特们说，他们的父亲并不是名人。苏茜说："我们并不是和世界上第二富有的人一起长大的，我们生活得很平常。"十几岁的时候，苏茜、霍华德经常为了争用家里的车而打架。

面对成功的父亲，虽然小巴菲特们都有自己的"不满"，但多表现出了宽容和理解；而随着年龄的增长，巴菲特在面对自己的孩子时也不再如往常一样"有原则"了。

小巴菲特们都曾在关键时刻吃过父亲"原则"的苦头。巴菲特曾给霍华德买下了他现在经营的农场，而霍华德必须按期缴纳租金，否则就立即收回,这对于退学不久的霍华德来说,艰难可想而知。艰难的处境往往更能锻炼人, 巴菲特一家的朋友迈克尔·延瑞评价霍华德说:"他非常聪明,在政治上具有高度的敏锐感,但更为重要的是,他继承了他父亲身上那种诚实、正直的美好品质。"

巴菲特对小儿子皮特音乐事业的支持绝对限于金钱之外。当年,皮特搬到密尔沃基市前,开口向父亲借钱,这是皮特唯一一次向父亲借钱,却被拒绝了,巴菲特的理由是"钱会让我们纯洁的父子关系变得复杂"。后来,皮特气愤地去银行贷了款。他说:"在还贷的过程中,我学到的远比从父亲那里接受无息贷款多得多。现在想来,父亲的观点对极了。"

巴菲特父子谈富二代

"家庭给了他们豪华的环境却贫乏的人生,他们不是生来嘴里就有金汤匙,而是生来背上便插着金匕首。唯有实实在在挣得自己的报酬,才能让自己真正尊重自己。"

巴菲特的家教是:父母唯一应为孩子做的就是找到孩子的热情所在,并鼓励他全力以赴地去追求,将这份热情发挥得淋漓尽致。找出热情所在是一个辛苦又玄妙的过程,需要很大的自由空间,父母若施加压力,只会适得其反。父母只需要告诉孩子,做选择时不要考量地位或收入,只问心中的真诚和共鸣。

巴菲特教孩子的六点:

(1)如果你想人生多彩多姿,就试着学所有有兴趣的事。

(2)感觉迷失时不是你迷路了,而是找到正途前的必然之路。

(3)对志向的渴望可以引领我们完成引以为傲的成就。

(4)审视自己的内心是最好的投资。

(5)愿望未能实现时,好好仔细思考什么是自己真的要的。

(6)能力+热情+努力+坚持=成功。

皮特·巴菲特说："当我决定以音乐作为人生志向时，父亲对我说：'皮特，你和我做的其实是一模一样的事，音乐就是你的画布，投资是我的画布。我每天都乐于去画几笔。'我每天都在为自己所选择的人生而奋斗，父亲对这点的认可是我最棒的礼物。"

"当愿望未能实现时，我们要看得更远，想得更深，更要仔细思考什么才是自己真正想要的，什么才能让自己真正快乐的。有时，没能实现愿望反而是种解脱。"

9.俞敏洪:好心态比学习成绩更重要

俞敏洪认为：孩子的成功与否，与父母对孩子的家庭教育是否正确息息相关。我们教孩子教的是人品和道德，是否把孩子的人品和道德教育好，是孩子一辈子成功与否的关键。只要他是被尊重的人物，他的一辈子就会活得特别顺利。

他对媒体发表了关于教育孩子的言论，摘录如下：

父母亲可以想一下，你们是想做一个备受欢迎的人，还是一个处处被防范的人？好多家长无形中都在教孩子小家子气，教孩子占便宜，教孩子怎样想办法超过别人，把别人踩在脚下，最后的结果是，孩子不明白怎样在这个世界上生存。你给孩子什么东西，孩子未来就是什么样的人。

我女儿学习水平现在处于中等，但我从来不以此作为她是否要努力的标准。我老婆是女儿不进前5名就生气；而我则刚刚相反，如果我女儿排在第15名，我会高兴地对她说："你看你们班40个同学，你15名，后面还有25个人，你多厉害！"

从孩子一辈子的角度来说，你的孩子分数是高是低，是进北大还是进普通大学，没有任何本质的区别。真正能把孩子一辈子距离拉大的，是与他为人处事有关系的人品问题。人品的树立来自于榜样的力量，父母作为孩子的榜样是不能逃避的。我们要求孩子的东西没有效果，是因为父母没有做到。比如说，家长一边打麻将，一边呵斥孩子去学习，这样，孩子当然不会愿意去学习。当父亲说："老子没出息，你也想跟老子一样没出息吗？"孩子就会想：你说你没出息，那打麻将时我看你也挺开心的，你没上大学也挺开心的，为什么非要我上大学呢？

父母是孩子最好的榜样，但我在树立榜样方面遇到了很多问题。我的工作是要用电脑的，但是我一打开电脑，我女儿就会以为我在做其他的事情。虽然我对女儿讲我是在工作，但是她不相信。没办法，后来只要我女儿学习，我就拿一本书在她旁边看，这样一来，就有一个规矩感在里面，榜样起到了一个非常重要的作用。

10.柳传志：不允许子女进联想

1998年，还在北大读二年级的柳青拿到了康柏公司的奖学金，去那里的市场部暑期实习，而这家公司是联想强劲的竞争对手。学计算机专业的她从来没想过去联想实习，因为她知道联想有个不能违反的"天条":子女不得在公司任职,哪怕是实习也不行。

她早就习惯了父亲的这种要求。朋友有时候会托她找联想办点事,每次她都会先问父亲,这件事情是否违反联想的"天条"。

在柳青看来,无论是在办公室还是在家里,父亲柳传志都是个表里如一的人。"说到做到"是联想非常重要的"天条",父亲从来都是这么要求自己的。"以前无论是工作还是生活,每当我爸提出目标的时候,我妈就会挑战他。不过,时间长了她也发现,我爸确实是已经考虑清楚了,而且留有余地。"柳青开始做投资之后,父亲给她的最大忠告也就是不要光看被投资人说了什么,更要看他做了什么。这个原则对她有很大的帮助,让她少走了很多弯路。

"我小时候挨父亲的批评,经常都是因为说好了要去做一件事情最后却没做,他发现了就会很生气。"柳青小时候,有一次全家出游,说好9点钟出门,她和母亲有点磨蹭,父亲就着急了,一个劲儿地催促她们。

柳青和老公都是搞投资的,要在世界各地飞来飞去,所以,他们的3个年幼的孩子经常要委托给双方的父母照顾,事情既多又杂。这时,父亲柳传志就会把自己在联想的那股子劲头带到家里。他委托自己的司机"任总"作为大家庭的"后勤CEO",还专门为后勤设计了一套完整的管理流程和考评体系。每个季度,家庭成员都会按照KPI(关键绩效指标考核法)给司机和阿姨打分,加权计算出得分,然后任总召集所有后勤人员一起吃饭,根据得分给他们发奖金。

有一年圣诞节的时候,柳青对自己家的阿姨的表现很满意,想直接给她发点奖金。结果柳传志却说这么做不行,既然家里已经有了制度,也给了任总授权,发奖金这件事就必须得到任总的批准才行。即使在家里,他仍然是个较真的老头儿。

柳青记得最深的一句话是她父亲总是对她说"要想人前显贵,

就得人后受罪"。

以下为柳传志公开分享70年人生感触。

媒体：您如何评价您的子女？有什么好的教育方式可以分享吗？

柳传志：我对他们的评价是比较优秀，他们自己嘴上说是还行，心里怎么想的就不知道了。总之是处于还行、优秀、比较优秀之间。所谓比较优秀，我觉得人品很重要。他们难免会在外面说是我的子女，我跟他们提过要求，如果他们觉得让别人知道他们是我的孩子是在给我加分，那就说，这些地方我觉得他们还是注意了的。

至于教育孩子，我认为，当你希望孩子成为什么样人的时候，如果他的性格不是这个特点，硬来是不行的。

可以把各种好书和你的体会告诉他们，给他介绍他自己认为合适的朋友，但是他愿意学成什么样都是他自己的选择。

媒体：您对于子女进入自己的公司工作有何想法，完全不允许进入还是随意？

柳传志：刚办公司不久，那个年代正是学电脑最热的时候，所以孩子们学计算机，将来他们学完后如果进公司来，主要考虑的还是管理上会有问题。比如，父亲在公司里担任比较重要的职务，总裁、副总裁等，孩子进来之后会不好管理，当时还没有想到更深远的意义。

现在想得比较深远，假定（儿子）柳林在公司里，我觉得甚至会影响到其他年轻同志的发展或者心理。因为当我觉得用公平的方式对待儿子的时候，他自己也许会觉得苛刻，他的妈妈也许会觉得苛刻，而其他同志则可能觉得他有优势，所以，最好就是不进来。这样发展（让子女进入联想）还容易产生以我为主创办的公司要让儿子接班的感觉，其实还真没有。现在看来，不进来还是非常好的。

媒体：您对子女的未来有过什么规划吗？

柳传志:由不得我规划,我太太、柳林、柳青他们对我有比较大的意见。当年规划大学在中国念,大学完后到国外念,在国外工作一段时间再回来。我给他们说的是希望你们回来,他们应当体会出了"希望"两字的分量挺重,知道如果不按照这个希望做,我会很失望。

没想到他们回国以后,我又说不让他们进联想。但那时候的IT行业要不就是联想的供应商等上下游企业,要不就是竞争对手,他们没地儿待,只好转行做别的。好在后来他们很高兴地进入了其他领域,干得也不错。

这点可能就是做父母的替孩子太做主了,学电脑,要回中国,但又不能在联想工作,这是一个矛盾。当时的行业又不像现在是很宽泛的IT行业,这种愧疚我很诚恳地向他们表示过。

延伸阅读:

成功企业家的教子格言

第一招:把孩子的时间变成硬性任务

教育孩子,情感至上。因为在关爱面前,金钱就显得无能为力了。

——安德鲁·卡内基(美国"钢铁大王")

第二招:满足孩子的精神需要

孩子从小到大,一直没有受到特殊待遇,我很少给他特别的感觉。孩子懂得父母的辛苦,懂得行善的重要性,这是我最宽慰的。

——刘永行(东方希望集团董事长)

第三招:尊重孩子的意愿

要尊重孩子,理解孩子。

——王锡良(上海立易贸易有限公司总经理)

第四招：对孩子，亮出你的赞美功

赞美是孩子成长的精神维生素。

——郭中平（正向教育机构创办人）

第五招：赞美需要具体多样

让孩子在肯定中长大。

——徐亚芬（浙江万里教育集团董事长）

第六招：不要强"子"所难

不以"是否听话"作为衡量孩子的标准。

——黄鸣（皇明太阳能集团董事长）

第七招：多往孩子的好处想

要相信孩子，多鼓励孩子。

——傅法同（上海童威建筑有限公司总经理）

第八招：按照孩子的步伐前进

孩子应当有自己的生活选择。

——郭凡生（慧聪集团董事长）

第九招：让你对孩子的爱无处不在

打没有用，让他一辈子都要记得，这是最重要的。

——辜仲谅（中信金控总经理）

第十招：多向孩子请教

我把孩子当老师。

——庄修齐（心灵海国际教育集体营运长）

第十一招：信守对孩子的承诺

教育孩子，诚信为本。

——冯志铭（山西光彩惠民机电机工学校董事长）

第十二招：设身处地，从孩子的角度出发

平等对待孩子，将心比心对待孩子。

——黄鸣(皇明太阳能集团董事长)

第十三招:设法激发、加固孩子的梦想

要告诉孩子:有梦想就会实现!

　　　　　　　　——易发久(影响力教育培训集团总裁)

第十四招:指导孩子制定有效目标

　　　　没有孩子愿意偷懒,只不过他们欠缺诱人的目标。

　　　　　　　　——安东尼·罗宾(美国安东尼罗宾机构总裁)

第十五招:指导孩子定奖罚制度

对孩子的管束不是天天去管,关键是了解他的思维过程。

　　　　　　　　——杨卓舒(卓达集团总裁)

第十六招:让孩了成为责任者

生活简单,责任感要强。

　　　　　　　　——徐传化(传化集团董事局主席)

第十七招:让孩子知道钱来之不易

让子孙后代牢记:把你所有的钱当作"辛苦钱"。

　　　　　　　　——约翰·洛克菲勒(洛克菲勒财团创始人)

第十八招:家庭成功激励会

我比较欣赏美国的教育方式——重视对人的素质教育。

　　　　　　　　——荣海(西安海星集团总裁)

第十九招:变你不能为你能

别光会挑毛病,要能寻求改进之道。

　　　　　　　　——亨利·福特(美国福特汽车创办人)

第二十招:记录孩子的点滴成功

成功滋生成功。

　　　　　　　　——安东尼·罗宾(美国安东尼·罗宾机构总裁)

第四章

优良风范

——革命领袖的教子课

他们是戎马半生的革命领袖,是万人景仰的政治名人,但同时,他们也是爸爸。他们爱自己的孩子,他们在子女家庭教育方面的优良风范和高超艺术,值得我们长久学习和体会。

1.全能造就——毛泽东家教二三事

1927年,毛泽东为组织秋收起义而离开家乡,那时他的儿子毛岸英只有5岁。3年后,杨开慧同志不幸被国民党逮捕,8岁的毛岸英也被带入了监狱。不久,杨开慧被杀,毛岸英在被折磨得骨瘦如柴后放出了监狱。出狱后的毛岸英像"三毛"一样在上海街头到处流浪,不同的是,他没有偷过东西,没有当过别人的"干儿子"。1936年,上海地下党组织找到了毛岸英,设法把他送到了苏联学习。

后来,毛泽东同志听说儿子学习认真,进步很快,甚为高兴。他专门给儿子写了一封信,鼓励他的进取精神,建议他趁着年纪尚轻,多学习自然科学,少谈些政治。政治是要谈的,但目前应以潜心多学习科学为宜,社会科学辅之;将来可倒置过来,以社会科学为主,自然科学为辅。总之,注意科学,只有科学是真学问,将来用处无穷。

毛泽东同志不希望孩子有依赖父母的思想,他对毛岸英兄弟说:"你们有你们的前程,或好或坏,决定于你们自己的努力及你们的直接环境,我不想干涉你们。我的意见只当作建议,由你们自己考虑决定。"

1946年年初,毛岸英从苏联回到延安。离别18年的父子团聚,当然很令人高兴,可是毛泽东同志并没有把毛岸英留在身边,他对毛岸英说:"你在苏联大学毕业了,还参加过苏联卫国战争,可是你还没有上过中国这个革命大学。你对中国的情况了解得很少,缺乏实践,这一课应当补上。你应该到农村去拜农民为师,在那里可以学到在外国学不到的许多有益的东西。"

按着父亲的意见,毛岸英带上小米、菜种和行李,来到了吴家枣园。在这里,他住在农民家里,和农民一起吃饭,一起劳动,学会了许多农活。回到延安后,毛泽东见到毛岸英高兴地说:"白胖子变成黑胖子了,身体结实了。"他一握上毛岸英结满老茧的双手,又说:"你的学习成绩不错嘛!不过,今后还得继续锻炼。""热爱劳动吧,没有一种力量能像劳动,即集体、友爱、自由的劳动的力量那样使人成为伟大和聪明的人。"

毛泽东对孩子们的教育是非常严格的，对最小的女儿李讷也不例外。

1947年，李讷才7岁，便跟当兵的一样行军，一样风餐露宿，一样经受飞机轰炸，听惯了子弹的咆哮，闻够了硝烟的辛辣。行军之余，她举着小搪瓷杯，和众多战士一样，排队从大铁锅里领一份黑豆。在戎马倥偬的战争生活的间隙，李讷头扎花头巾，腰系绳子，"隆格里格"地唱一曲《打渔杀家》。

我国三年困难时期，毛泽东的两个女儿正上学，吃住都在学校。一天，李讷从学校回家告诉父亲毛泽东："我的（粮食）'定量'老是不够吃，菜少，全是盐水煮的，油水还不够，上课肚子老是咕噜噜叫。在学校，我一顿能吃3个馒头。"毛泽东听完女儿的诉说后，语重心长地告诉她："困难是暂时的，要和全国人民共渡难关。"

1963年初，李讷在给父亲的信中汇报了自己的思想，谈起课程中学到《庄子·秋水》篇的体会，认为其中的主人公河伯（传说中的黄河水神）鼠目寸光、自高自大，是不可取的。毛泽东看了这封信后，深为女儿的进步感到高兴，他立即回信予以鼓励，信中这样写道："李讷娃：刚发一信，就接了你的信。你痛苦、忧伤，是极好的事，从此你就有希望了。痛苦，忧伤，表示你认真想事，争上游，鼓干劲。一定不要转到翘尾巴、自以为是、孤僻、看不起人的反面去，主动权就在你的手里。没人管你，靠你自己管自己，这就好了，这是大学比中学的好处。中学也有两种人，有社会经验的孩子，有娇生惯养的所谓干部子弟，你就吃了这个亏。现在好了，干部子弟翘尾巴的，吃不开了，尾巴翘不成了，痛苦来了，改变态度也就来了，这就好了。读了秋水篇，好，你不会再做河伯了，为你祝贺！"

1958年初，李讷因患急性盲肠炎打针，针头断在了肌肉里，连续做了两次手术。手术不顺利，引起伤口感染，李讷发烧，毛泽东为此非常担心。为了解除李讷的思想负担，毛泽东挥笔草书一信，信中写道："李讷：念你。害病严重时，心旌摇摇，悲观袭来，信心动荡……意志可以克服病痛。一定要锻炼意志。你以为如何？……"信末还抄录诗一首："青海长云暗雪山，孤城遥望玉门关。黄沙百战穿金甲，不斩楼兰誓不还。"毛泽东要李讷充分体验意志的力量，通过与疾病作斗争，使自己的意志更加坚强。

相关链接：

毛泽东家教拾锦

毛泽东同志对子女要求很严格，期望也很高。他对子女的教育很有特点，对于我们教育后代颇有启发。

(1)教育子女应从小抓起。毛岸英、毛岸青小时候吃饭将饭粒掉在桌上，毛泽东会立即让孩子捡起来吃掉，并时常给他们朗诵"锄禾日当午，汗滴禾下土。谁知盘中餐，粒粒皆辛苦"，以这首古诗教育孩子从小养成勤俭节约的好习惯。

(2)示范是最好的语言。他要求子女多读书，读好书，他自己也经常手不释卷。"明月一夜为良友，诗书半榻是严师。"这副对联是毛泽东读书生活的生动写照。他勉励孩子养成扎实求实的好学风，并要求说仅知道书本上的知识只是半个知识分子，加上实践知识才算是完全的知识分子，要把读书当作心灵的健美操。

(3)苦其心志，劳其筋骨。他说：体者，载知识之车而寓道德之舍也。所以，他经常鼓励孩子到室外活动，锻炼身体，从小的锻炼可使孩子们长得结实，为后来能经受住生活磨炼打下坚实的基础。同时，他以自己俭朴的生活作风教育着孩子。

(4)毛泽东同志告诫子女要自立自强，"学人之长，克己之短"，不要依赖父母，要靠个人努力闯出自己的前途。

2.应知重理想，更为世界谋——陈毅与孩子交流

一代儒将陈毅元帅，不但是战功赫赫的开国元勋、叱咤风云的外交家、才情勃发的诗人，还是一位严于家教的模范父亲。

陈毅与夫人张茜育有3子1女，3个儿子都是根据其出生地取名的。长子陈昊苏，1942年3月生于新四军在苏北的根据地；二子陈丹淮，1943年9月降生于淮南黄花塘；幼子陈晓鲁，1946年诞生于山东解放区；因为陈毅早就想要个女儿，但直到1951年9月小女儿才降生，所以，为姗姗来迟的小女取名陈姗姗。

陈毅在给子女的信中说："我作为父亲，总是希望你们4个能成为有学问、有品德的人，这点心事，老放不下去。"陈毅为儿女的教育花了许多心血，几个子女也未辜负父亲的教诲，都成为了对国家社会有用的人才。

"应知重理想，更为世界谋"

陈毅在一首《示儿女》诗中说："应知重理想，更为世界谋。"还语重心长地向孩子们指出："读书没有理想是空的，花盆难载万年松。"

1958年，陈昊苏16岁生日时，陈毅思考了许久，最后郑重地把一套《毛泽东选集》作为生日礼物赠送给了他。陈毅在《选集》的扉页上题词："读毛主席著作，要学习他的高尚品格、敏锐思想、艰苦作风和他一生为人民服务的伟大精神。"1963年，陈昊苏在中国科技大学入了党，

陈毅获悉后,非常高兴。这年8月19日到23日,他在繁忙的国务活动中,抽出时间专门找陈昊苏作了4次长时间的谈话,介绍了自己家庭的历史,谈了自己如何找到党和如何确立共产主义理想的过程,又讲了艰苦岁月里,有些人经受不起考验离开了革命队伍……最后,陈毅对儿子说:"你能得到组织批准入党,不是一件容易的事情,这说明你在政治上有很大的进步。但是,入党后,下决心坚决干到底,更不是一件容易的事,特别是革命的转折关头。所以,你现在要多学点马列主义毛主席著作,站稳立场,经受住考验。"

陈毅的一言一行给子女们以深刻的教育。他们经常回忆建国初的一件事:当时他们的外公从武汉到上海看望女儿、女婿,在陈家住了一阵子,那时国家还是供给制,干部的生活费由公家负担。父亲考虑到外公长住在家里影响不好,便动员他早点回去。老人家刚开始有点不理解,认为女婿是上海市的市长、野战军的司令员,自己在上海多住几天有什么关系呢?父亲恳切地对外公说:"共产党与国民党不同。国民党时,谁当了大官,亲戚朋友找上门来,都可以当官,骑在人民头上作威作福;我们是共产党,职位越高,越要以身作则,严格要求自己,只有这样,人民才能拥护我们,国家才能兴旺。"一席话把外公说得连连点头,不久,他就高高兴兴地回家去了。这件事使陈毅的子女对共产党为人民谋利益的宗旨认识得更清楚了。

"汝是无产者,勤俭是吾宗"

陈毅的生活非常简朴。1963年春天,陈毅的母亲不幸去世,陈毅处在极度悲痛之中,但因公务活动,不能回家乡奔丧,他便给大哥孟熙写了一封信。信中说:"我已遵嘱寄600元作母亲后事料理费,又每月寄60元给父亲作开销。全国仍在克服困难中,希本此精神不要再省方补贴,至要至要。否则,蒙格外照顾,于心不安,且难逃'五反'。希大哥、三弟、三姐、漱秋不要怪我。我一生都想努力克己、守纪律、不愿累公家,此是实言语也。"陈毅当时身为国务院副总理兼外交部长,全家人住在中南海的几间普通平房里,一个很小的套间是他的办公室兼卧室。他平时衣着朴素,除了外事活动和开会之外,夏天总是一身旧布衣,冬天就是一身咖啡灯芯绒罩衣,袖口处还打着补丁。

陈毅要求孩子们从小养成勤俭朴素的生活作风。他家几个孩子的衣服总是大的穿了小的穿,"新三年,旧三年,缝缝补补又三年"。老三陈晓鲁岁数虽小,可是个子长得快,衣服轮到他穿时,往往不仅破旧,还很不合身。有一次,陈晓鲁用手摸着盖不住腿肚子的裤子,跟陈毅的秘书说:"叔叔,我就穿这么短的衣服过年吗?"孩子们平时上学和普通孩子一样,即使是风雪交加的数九寒冬,也都是骑自行车去学校,从未乘坐过陈毅使用的小汽车。有一年,京城青年盛行滑冰,孩子们吵着要买滑冰鞋,陈毅给陈昊苏写信说:"冰鞋你兄弟三人可以各买一双。姗姗还小,明年再买。"同时,他告诫子女:"勿学纨绔儿,变成白痴聋。少年当切戒,阿飞客里空。"

"生命世代续,知识无尽头"

1961年夏天,陈丹淮高中毕业,考入哈尔滨军事工程学院。陈丹淮临行前,陈毅写下了著名的《示丹淮,并告昊苏、小鲁、小姗》一诗,赠送给孩子们。诗前有序:"1961年7月,小丹远行就学,余适因公南行,匆匆言别,不及细谈。写诗送行,情见于辞,不尽依依。望牢牢紧记,并告诸儿女。"诗中写道:"深夜拂纸笔,灯下细沉吟。再写几行诗,略表父子情。""汝要学马列,政治多用功。汝要学技术,专业应精通。身体要健康,品德重谦恭。工作与学习,善始而善终。""应知学问难,在乎点滴勤。尤其难上难,锻炼品德纯。""生命世代续,知识无尽头。科学重实际,理论启新猷。""接班望汝等,及早作划筹。天地早有情,少年莫浪投。"字里行间,透出了陈毅的殷殷期盼之情。

陈毅教育子女,十分注意讲究方法。有一次,他给陈晓鲁讲解毛泽东的《沁园春·咏雪》,边传授知识,边灌输道理。他说:"'数风流人物,还看今朝',贯穿着一条历史唯物主义的原理,就是毛主席说的'人民,只有人民,才是创造世界历史的动力'。你要牢记这一点,长大了要老老实实地为人民服务。"

当孩子们对父亲的严格要求有怨言时,陈毅往往晓之以理、动之以情。他在给陈丹淮的一封信中这样写道:"责备你严,比宽待好处多。不从严格出发,就什么事也办不好;反之,一切从宽大、谅解、自己为自己辩护出发,结果害处太多。古人常云:火性烈,死于火者极少;水性柔,死于水者比比皆是。汝应深知此理。"

"不要空言不事事,不要近视无远谋。"这是陈毅元帅宝贵的教子经。

3.摆事实、讲道理——刘少奇家书

翻阅20世纪五六十年代刘少奇的生平卷宗,可以发现,这一时期,刘少奇与子女们书信往来频繁。在这些书信中,刘少奇针对子女在思想、工作、生活、学习中遇到的问题,通过耐心细致地举事例、摆事实、讲道理,与之交流与探讨,使子女得到教育和启迪。

个人利益应该服从集体利益

在年轻人树立正确世界观的过程中,往往会遇到如何处理个人利益与集体、国家利益,眼前利益与长远利益的问题。对此,刘少奇告诫子女,个人利益、暂时利益是要照顾的,但在同整体利益、长远利益有矛盾时,就要牺牲一些暂时的、个人的利益。有时就要吃点亏，这叫有远见、有理想。

留学苏联的长子刘允斌学业即将结束时，刘少奇特意写信对他说："祖国和人民等待着你的归来。在个人利益和党的利益发生冲突的时候，我相信你一定能无条件地牺牲个人的利益而服从党和国家的利益。"

在父亲的教导下，刘允斌作出了顾全大局的选择，回到祖国，投身于原子能科技研究事业中。在自述和写给子女的信中，刘少奇语重心长地指出："如果把名利当作理想，这理想是庸俗的，青年要有高尚的理想，就是为了6亿人民的幸福，宁肯自己吃亏，当建设时期的游击队、侦察兵，做建设时期的开路先锋，不怕吃苦，准备在野外干几十年，最后人民会信任你们。""你能如此做，你就会获得成功，而你个人所需要的一切，也将会获得满足。"

他的这些话虽然通俗，却诠释了深刻的道理：个人利益应该服从集体利益，在为集体利益作出贡献的同时，个人的价值和幸福感也得到了实现。

重视批评和自我批评

刘少奇在以正确的权力观、地位观、利益观来约束自己行为的同时，也严格要求子女，告诫他们千万不要因为自己是国家领导人的子女就搞特殊化，而要自觉抵制各种特权思想的侵蚀，自立自强，通过自己的勤劳和奋斗获得事业成功，创造美好生活。他认为：干部子弟容易骄傲，特权思想重，恰是这些人首先应该到农村去锻炼，不然会有变坏的危险。

育人于勤劳节俭、艰苦奋斗之中一直是中华民族家庭教育的一个优良传统。刘少奇认为：勤俭是一种美德。"学校和家庭要从小培养孩子的劳动观念和集体主义思想。"

在家庭教育中，刘少奇始终注意这一点，他身体力行，厉行节约,给子女和亲属们作出表率,并要求他们也这样做。刘允若在苏联学习期间,刘少奇夫妇给他寄去一双新鞋,在信中还特意嘱咐他:"把上次买的大半号的鞋给允斌或托人带回。"实际上,孩子们从小就已经习惯了家中这条不成文的规定:每人每年只能买一双新鞋。王光美亲生的4个孩子中,刘源是唯一的男孩,但他在生活上没有丝毫的特殊。他用的铁皮铅笔盒是姐姐传给他的,后来连盖都盖不上了,就用一根橡皮筋勒着,继续使用。

批评与自我批评是中国共产党的三大作风之一。在批评与自我批评面前,谁也不能例外。"良药苦口利于病,忠言逆耳利于行"。刘少奇一贯重视批评和自我批评,认为这是"我们民主生活的一种极重要的表现",把能够接受人民的批评监督作为一个好党员、好干部的重要标志,同时,他也以这一标准来规范子女的行为,教育子女要通过接受批评和监督来提高自己。

针对刘允若留苏学习期间因为周围老师和同学的批评而产生不满情绪,刘少奇在写给他的信中引用了鲁迅的名言"横眉冷对千夫指,俯首甘为孺子牛",引导他克服不满情绪,改掉只能听人奉承赞扬、不能受人批评监督的毛病,保持谦逊的态度和自我批评的精神。

因材施教,就事说理

当子女在成长过程中出现问题时,刘少奇总是平等地、设身处地地与他们进行思想沟通与交流,并由此了解每个孩子的特点和思想状况,因材施教,就事说理。每当在外地工作的子女们回来,刘少奇都会请他们讲所见所闻,谈所思所想,及时帮助解决子女们遇到的各类问题和困惑。

在与子女的沟通交流中,刘少奇尽量使用浅显易懂的语言,将大道理化为涓涓细流,在潜移默化中达到说服教育的目的。为了帮助子女明确无产阶级价值观的准确内涵,刘少奇在家书中多次使用了"吃小亏、占大便宜"的表述。他在1955年5月写给刘允若的信中指出:"不要怕自己吃亏,不要去占别人的便宜。""要肯于为大家的事情吃一点亏。"1960年1月,刘少奇再次详细阐述这一观点,并指出,占小便宜,吃大亏;吃点小亏,占大便宜,这是合乎马列主义、无产阶级世界观的。

由于交流对象是子女,刘少奇采用了"吃亏"、"占便宜"这样通俗的提法,使子女更易理解和接受。在刘少奇与子女的交流中,这样的例子还有很多。事实证明,这样的交流、教育方式,取得了事半功倍的效果。

如何管理和教育自己的家庭,可以从一个侧面体现领导干部的精神境界和思想水准。通过这一封封真切质朴的家书,我们感受到的是刘少奇作为一个父亲对子女的浓浓情意和殷殷期望。

4.周总理侄子讲述伯伯的故事

周总理一生没有子女,周秉钧是周总理弟弟周恩寿(字同宇)的孩子,他们兄妹从小就和周恩来一起住在中南海西花厅。"伯父把我们当成他自己的小孩,我们家孩子多,他把每月工资分一半来抚养我们。"

周总理实在繁忙,所以教育孩子的担子就落在了邓颖超身上。在周秉钧看来,七妈教他们做人最关键的一条是,作为伯伯的晚辈,不能有特殊的感觉和要求,要做一个无差别的普通人。(周恩来在家族同辈中排第七，因此，孩子们都称呼邓颖超"七妈"。）

周秉钧兄妹小学是在"八一小学"海淀新校区读的，两人都住校，周六才回西花厅。在放暑假的前一个周末，周秉钧回到西花厅，但玩得太疯了，忘了跟七妈说下周放假，让她去学校将行李和铺盖运回来。

在放假当天，周秉钧才意识到自己犯了一个大错误。"一拨拨的同学被家长接走了，且大多是用小车。到了傍晚，全校几乎没人了，妹妹急得哭了起来，但已经没有办法再叫七妈派人过来了。"由于没有家里的电话，周秉钧情急之下，只好给七妈写信，让她第二天派汽车过来接。周秉钧说："当时信封上写的是中南海西花厅邓颖超收，拿到传达室时，传达室老大爷吃惊地说：'嗬，小伙子，你敢往这写信！'但还是帮忙把信给发了。"

第二天下午，烈日炎炎，西花厅的一名卫士踩着自行车过来了，他在海淀区雇了两辆三轮车到"八一小学"接周秉钧兄妹。"我和秉宜坐一辆，一辆放行李，卫士与车夫骑了一个多小时，才把我们接到中南海西北门。"周秉钧到家后，邓颖超在门口迎接他并向他道歉说："秉钧，对不起，我忘记你们放暑假了，让你们回来晚了一天。但是，你写信让我用车去接你们，是不行的！汽车是国家给你伯伯工作用的，你们是普通学生，不能享受，懂吗？"七妈一番话，让周秉钧兄妹记住了一辈子。

周秉钧回忆说，小时候只坐过一次伯伯的公务车，那是他跟随伯伯去颐和园看望正在养病的七妈。

1973年6月，周秉钧从广东梅州赶到北京参加一个军队的党员代表大会，选举参加中共十大的空军代表。在会议召开的前一天，他来到西花厅看望伯伯和七妈，不想中途衣服被雨淋湿。"七妈一见，忙请服务员霍爱梅拿来伯伯的衬衣便裤给我换上，把军装拿去烘干，说：'下着雨，你怎么还来？'我说：'我带了些荔枝，放久了就不新鲜了。'七妈看到荔枝说：'这么早在北京能吃上这么新鲜的荔枝，真难得。你给你妈妈拿去了吗？'我说各有五斤，她才放心。接着，她又问来京开什么会？我说是选举空军参加党的十大代表。"周秉钧回忆道。谈到此处，周秉钧笑道："当时广东流传，说增城的荔枝好，特别有一棵已有好几百年的历史，结的荔枝又大又甜，每年都要采摘些给中南海送去，但从伯母的这句话看来，传说是假的。"

就在周秉钧起身准备离开的时候，邓颖超看到雨势越来越大，就让周秉钧稍等一会，要叫车送他。"我说不用，但七妈坚持要用车送我，说'不能因为淋了雨导致感冒，影响开会'。"周秉钧后来了解到，送他的这辆车并不是伯伯和七妈的，而是七妈从中南海交通科租来的，租金照付，油费照掏。

"我向她要车，她不给；她给我叫车，不坐还不行。"周秉钧回忆起这两次关于"车"的经历，不自觉地陷入了沉思。

令周秉钧印象深刻的除了借车的事情，还有钱的问题。周秉钧说："伯伯七妈生活中非常节俭，但对于该花的钱从不吝啬。我也有两次向七妈拿钱的经历。"

1974年"五一"节后不久，周秉钧休假结束，接到部队的电报，要他直接去杭州空军疗养院参加飞行员健康疗养。"本来我已经把回部队的车票买好了，还剩20元左右，足够路上之用，但若去疗养一个月，钱无论如何是不够的。去向七妈告别时，七妈讲：'你们飞行体力消耗大，疗养一下很有好处，要珍惜这个机会。'"这时，周秉钧向邓颖超提出要些钱，邓颖超问："做什么用？"听完解释后，邓颖超笑了，点着周秉钧的鼻子说："计划不周！你需要多少？""50元吧。"邓颖超便让卫士长张树迎给周秉钧拿了50元来。这是周秉钧在无奈之下唯一一次向邓颖超伸手。

但不到两年后，邓颖超又主动交给了周秉钧100元钱，他不要，可又无法回绝。那是周总理逝世时，周秉钧夫妇利用探亲假回到北京参加悼念活动。回部队前，他向邓颖超辞行，"七妈问我工资有多少，我说是60元，七妈又问飞机票多少钱，我说每人91元。七妈没说什么就回到了卧室。"不一会儿，秘书赵炜拿来100元钱，说："按规定，从外地来参加追悼会的亲属，旅差费可以由公家解决，但你七妈说不要公家报销，由她给你们解决一部分。"周秉钧不肯接，并说："我们的钱够用，而且这个时候，我怎么能拿七妈的钱？"赵炜又说："你七妈已经说了，你还能让她收回去吗？"

"我无奈不得不收下老人家的心意，但却别有一番滋味在心头，也另有一份意义在其中。"周秉钧说。

1955年秋，周秉钧升入中学后，便搬回了自己家住。生活在西花厅的6年时光里，周秉钧受伯伯的教诲较少，"他工作太忙，对我们这些孩子的教育主要是七妈在做"，但离开西花厅后的一次谈话改变了周秉钧的人生轨迹。

1961年夏，周秉钧正紧张地准备高考，姐姐突然在一个周六告诉他，第二天去伯伯家里一趟，要谈一件重要的事情。"姐姐也不告诉我到底是什么事，我就想肯定是一件大事。"

"我永远记得6月25日这一天。"这天上午，周秉钧来到西花厅，一直等到午饭时间，周总理才回来，谈话是在饭桌上进行的。

"高考打算报哪个学校？"

"清华无线电系。"

"准备得怎么样了？"

"问题不大。"

突然，周总理把话题一转："想不想参军？"

周秉钧毫不犹豫地回答："想，我从小就想当兵！现在正在参加空军选拔飞行员的体检和考核。这次选拔千里挑一，很难通过，所以就没有和您说。"

"现在进行得怎样了？"

"还算顺利，区、市体检都通过了，现在只差到空军总医院去做专业检查了。"

"有把握吗？"周总理笑着问。

"有！即使当不成飞行员，也可以到海军去。"

这时，周总理突然又问了一句："万一不合格，去服兵役怎么样？"

"行！去服兵役。"周秉钧爽快地回答。

周总理接着说："直接不参加高考怎么样？你以为一个人非上大学不可吗？不，不上大学同样可以得到很多知识，甚至能学到很多大学里学不到的东西。我就没有上过大学。"周秉钧答应了周总理的指示，表示愿意放弃高考。

"今年农村又受了灾，需要劳动力，所以复员军人都回农村从事农业生产了。咱们城市青年应征参军，这样就可以少抽或不抽农村劳动力服兵役，这不就等于是在支援农业生产吗？所以，今年要增加城市征兵额，减少农村征兵数。城市青年参军，减少了城市人口，也可以减轻农村的负担。"

最终,周秉钧如愿以偿地成为了一名空军飞行学员。周秉钧告诉记者,后来知道,当时周总理还专门吩咐过卫士长及卫士,"秉钧参军一事谁都不能插手!否则他肯定是个特殊兵!"但是周总理为何如此郑重其事地动员他参军,周秉钧一直不太明白背景,一直到去了航校,军委空军司令部军校部的张孔修副部长见到他,说:"你就是总理动员参军的侄子?"周秉钧这才知道,原来,在当年召开的恢复生产发展的会议上,周总理讲话希望干部们带头送子女参军,以保证农村劳动力。他说:"不要以为我没有儿子才这样说,我有侄子,我还可以动员两个。"会后,他果然兑现了自己的诺言,"我是其中之一,另一个就是当年和我们一起住在西花厅的龙桂辉(长征时,周总理的警卫员龙飞虎之子)。他比我大很多,都已经做到部长秘书了,却还是被伯伯动员参了军。"周秉钧说。

参军后,周秉钧每年都会照一张相寄给父母和周总理、邓颖超。第一张是1961年9月在张家口学习滑翔时和同学的合影,之后每年一张单人照。谈到这里,周秉钧告诉记者:"后来七妈对我说:'几年来,你的照片伯伯看了都说:还是个学生,不像军人。'"

"直到我参军8年后的1969年的相片,伯伯才说,这像个军人啦,而当时的我已经是在广东守卫南疆领空的一名名副其实的空中卫士了!""军队磨练了我的意志,让我有很强的事业成就感。"回想起50年前的那次谈话,以及自己的军旅生涯,周秉钧坦言从来没有后悔听周总理的教诲而放弃高考去参军。

5.要接班，不要接"官"——朱德的教子信条

朱德家庭教育观的形成，来源于对他所经历的社会现实的深刻剖析，对自身成长历程的深刻反思，以及对家庭教育重要性的深刻认识。培养无产阶级革命事业的接班人，是朱德家庭教育观的精神实质。归纳起来，主要体现在如下几个方面。

(1)消除特权思想。

朱德功勋卓著，但不骄不躁。他告诫子女，躺在老一辈的功劳簿上，就会变成资产阶级的少爷。所以，他杜绝子女利用父亲的职位便利享受任何特权，为家人规定了"三不准"：不准搭乘他使用的小汽车；不准亲友相求；不准讲究吃、穿、住、玩。

朱德规定，儿女们上班，孙子们上学，一律不得用自己的车子接送。他认为，小汽车是党和国家分配的工作用车，不是私有财产，除了本人工作使用外，家里任何人都不能使用，否则会使他们滋生出享乐思想和特权思想。从用车这样的小事中，朱德掂出了很重的分量，他的生活原则和做人准则从不含糊，容不得半点私情。

他认为，共产党的领导人不是要威风、摆架子的"老爷"，而是人民的公仆，所以，他们的子女不是"公子小姐"，只是普通群众的一员。领导人手中的权力不是用来谋取个人私利，而是用来为人民服务的。他教育后辈要做普通群众，帮助子女树立正确的人生观。女儿朱敏后来谈到："正因为当初父亲没让我享受特殊的生活，让我和普通人一样生活和工作，才使我今天能拥有普通人幸福的生活和普通人那金子般的平常心。"

朱德指出，革命家庭必须摆脱资产阶级特权，革命家庭的子女必须要和工农子弟一样，靠自己去生活，去工作，去创造自己的未

来。临终前,他对身边的工作人员说:"我有2万元的存款,这笔钱,不要分给孩子们,不要动用,告诉康克清同志,把它交给组织,作为我的党费。"

(2)要接班,不要接"官"。

在长期探索如何教育子女、培养接班人的过程中,朱德逐渐形成了自己的观点:要接班,不要接"官"。接班,是接革命的班,接为人民服务的班,如果忘掉了人民,心里想的是当官,就会脱离群众,早晚有一天会被人民打倒。要想接好班,就必须掌握为人民服务的本领,实实在在地干工作。

朱德审时度势地看到,新中国成立之初急需各方面的建设人才,为此,他鼓励儿孙们要努力掌握一门专业技术,成为有用的专门人才。第二个外孙分配到工厂工作后,朱德很高兴地说:"当工人好啊,就是要当工人农民。不要想当'官',要当个好工人。"大外孙初中毕业后,朱德建议他到黑龙江生产建设兵团务农,结果大外孙被分配去养猪,由于力气不够,把猪食洒了一身。他一生气,给家里写了一封信,要求调回北京。朱德知道后,马上回信进行了严肃的教育:"干什么都是为人民服务,养猪也是为人民服务,怕脏、怕苦不愿养猪,说明没有树立起为人民服务的思想。为人民服务就不要怕吃苦。劳动没有贵贱高低之分,想调回来是逃兵思想。"

他指出,下乡插队的,要虚心接收农民的再教育,做一个有社会主义觉悟的有文化的劳动者;进工厂的,要在厂里吃住,多和工人接触,接受工人阶级的再教育。"走与工农相结合的道路,是关系到青年人能否接好班的大问题,应该很好地在农村锻炼,虚心向群众学习,才能有丰富的知识、宽阔的胸怀、坚强的革命意志,才能真正成为无产阶级革命事业的接班人。"

（3）深入基层，贴近群众。

我党长期的革命和建设实践证明：党的领导干部如果不接触实际，就容易犯主观主义错误；多接触人民，才能了解他们的疾苦，对他们有真挚的感情。在党中央作出中央委员一年应有三分之一的时间在基层的规定后，朱德尽管已是七八十岁高龄，但仍带头执行了这一规定，每年抽出许多时间到全国各地调查研究，视察工作。在条件允许的情况下，他会带着孩子们去外地视察，看看工厂、农村，看看工人怎样做工、农民怎样种地。出行期间，他会要求孩子们每天写日记，把所学所看都记录下来，回来后还要组织学习讨论，汇报考察心得。

朱德主张年轻人不应总呆在大机关里，"一个人浮在上面时间久了，只会做官、做老爷"，不了解下面的情况，对工作没有好处，应该放到基层去锻炼。儿子朱琦抗战时期右腿负伤致残，朱德并不因为是自己的儿子就把朱琦留在身边，安排到一个舒适的工作岗位；相反，他教育朱琦要服从党组织的需要，勉励他到基层与广大群众一起工作和生活，从头学起，踏踏实实地干下去，掌握一门技术，学会管理工作的经验。在朱德的勉励下，原先在部队领导岗位上的朱琦转业到了铁路机务段当练习生，学做火车司机。1965年，朱德致信朱琦，勉励他要经常下去"蹲点"，"向群众看齐，同吃、同住、同劳动，深入到群众中去，才能真正了解社会主义如何建设、如何完成，才能想出很多办法，同群众一起创造出许多新的办法，推向前进"。

（4）艰苦奋斗，勤俭持家。

建国后，青年一代中出现了受资产阶级思想影响的腐化堕落现象。他们不知道过去的艰苦，也比不出今天的幸福，甚至说："你们是生活在旧时代，应该受苦；我们生活在新社会，应该享福。"针对这种观点，朱德指出，"这是一种最危险的现象"，"对于一些尚未成年的少年儿童,应该加强勤俭教育,特别是对于一些家庭生活比较富裕的少年儿童来说,这方面的教育更为迫切需要"。

1963年12月26日,朱德给朱敏题词:"……勤俭建国,勤俭持家,勤俭办一切事业,做一个又红又专的接班人。"3个"勤俭"体现了朱德自己的生活态度和对儿女们的要求。

朱德主张勤俭持家应当从勤劳生产、厉行节约、有计划地安排家务开支这三方面来努力。他以身作则,在孙辈们很小的时候,就带领他们一起耕耘劳作,把镢头、铁锹、锄头等工具发到每个人的手上,手把手地教他们垦土、种菜。通过这种方式,朱德教育孩子们学会自食其力,体验劳动的成就和乐趣,并逐渐培养出了他们对土地的热爱和对劳动人民的感情。

朱德严格控制家庭日常开销,从不允许孩子们乱花钱。孙子们添置必要的衣服和用具,都要征得爷爷奶奶的同意,并一一记账,制定一个开支表,每月伙食费、水电费、书报费、衣物费、杂支等项目非常细致清楚。

6.谢觉哉教子"志当存高远"

"最好不是在夕阳西下的时候去幻想什么,而是要在旭日初升的时候投入工作。"这是谢觉哉同志生前经常教育子女的一句话。他的一生就是这样度过的,他也希望自己的子女们能有这种为革命事业献身的志向。

最小的儿子谢亚旭小时候经常拿着木头枪冲来冲去。有一次，谢觉哉问他："你要干什么？"小儿子自豪地说："我长大了要当个解放军！"谢觉哉又问："你为什么要当兵呢？"天真的小儿子马上口齿伶俐地回答道："爸爸活到两百岁，我拿枪保卫爸爸。""哈哈……"谢觉哉大笑着摸摸儿子的小脑袋，对他说："当解放军不是为了保卫我，我只不过是你的爸爸，有什么好保卫的呢？应该保卫祖国。"

从此以后，谢觉哉更加注意对这个孩子进行立志教育，启发儿子首先要想到人民的需要、时代的需要，党和人民的利益是志向之基点，不能把自己的志向看成纯粹的个人志愿。

孩子长大了，也渐渐地明白了"志当存高远"的道理，意识到应该以人民利益为重，全心全意为人民服务。

谢觉哉不仅重视教育孩子树立远大志向，还帮助孩子坚定志向，磨练孩子的意志，培养孩子增加战胜困难的勇气。

谢亚旭下乡劳动时，乡下的艰苦使他产生了怕苦的思想，谢觉哉拿出谢亚旭4岁那年游泳时为他写的诗鼓励他："亚旭四岁零，入海揽头颈，沙软溪可爱，海水成难忍，是谁放的盐，孩子要追问。"谢亚旭读到这首父亲为自己写的诗，内心很受触动，深深地体会到了只有不怕风浪才能学会游泳，只有不怕困难才能成为主宰自己的主人。

1971年元旦刚过，谢亚旭终于如愿以偿地参了军。可就在这时，父亲病了，哥哥姐姐都在广东、新疆、内蒙古等地工作，无法赶回来照顾父亲，如果自己入伍，丢下患病的父亲怎么办呢？谢觉哉的爱人王定国同志也考虑：谢觉哉长期生病住院，需要有个孩子留在身边照应，而且谢亚旭是他最喜欢的儿子。于是，她向谢觉哉建议：能不能让谢亚旭在近处当兵或当工人。谢觉哉对夫人说："青年人志在四方,父母要支持孩子实现革命理想,还是让他到艰苦的地方去吧。"
王定国同志知道丈夫一向严格要求子女,只好同意了。

7.宋嘉树教女"敢为天下先"

宋嘉树在教育子女时表现出的"敢为天下先"的精神,受到了当
今父母的称道。

宋氏夫妇共养育了6个子女,他们的3个女儿——宋霭龄、宋庆龄、
宋美龄,在中国近代史上具有特殊的地位。宋嘉树教子坚持三个最基
本的思想:一是"不计毁誉,务必古先";二是男女都一样;三是和孩子
们做朋友。

宋嘉树追随孙中山先生革命,首先在自己的家庭开辟了一块没
有封建主义樊篱的乐园,使3个女儿有幸在民主、平等、先进的生活
环境中健康成长。

宋霭龄和宋美龄天资聪颖,大胆泼辣,在她们只有5岁时,宋嘉树
就送她们到寄宿学校中的女塾读书。宋庆龄与姐姐和妹妹一样聪
明,却不像姐妹那样大胆泼辣、锋芒毕露。7岁时,父亲也送她到中西
女塾读书。宋霭龄13岁时,宋嘉树夫妇便把她孤身一人送到美国求
学,使宋霭龄成为了中国近代史上最早赴美国接受高等教育的女子
之一。

1908年,宋氏夫妇又把宋庆龄和宋美龄送到美国接受教育,当
时,宋美龄年仅11岁。宋嘉树使这三姐妹在早期教育上占了先,在接
受西方教育上占了先,在女子接受高等教育上占了先。

宋霭龄极富音乐和表演方面的才华，宋氏夫妇便努力做大女儿表演的最佳"搭档"。在傍晚时分，常常是由宋夫人熟练而凝神地弹奏钢琴，几个兄弟姐妹围在一起，听宋嘉树和大女儿的男女声二重唱。静听着父亲那纯美洪亮的嗓音随着琴声哼出的美国南方民歌，宋霭龄、宋庆龄和弟妹们从心底升腾起对父母的崇拜、敬仰和热爱。

宋庆龄生性稳重、腼腆，和姐妹兄弟们在一起时，她总是最文静的一个。不过，宋嘉树为孩子们营造的生活环境和气氛，也使小庆龄于天性之外受到了补益。在假期里，三姐妹和小兄弟们在院子里玩耍，常常爬过院墙到别人的田地里嬉戏；他们在田野里奔跑，采集花草，捕捉虫鸟，无拘无束地尽情欢笑。

有一次，姐妹兄弟玩"拉黄包车"的游戏，宋霭龄装作黄包车夫，宋庆龄扮成乘客，小妹小弟跟在身后又蹦又跳。正玩得开心时，不料"车夫"拉车用力过猛，双手失去控制，一下把"乘客"抛了出去。"车夫"愣在那里傻了眼，知道自己闯了祸；"乘客"又疼痛又委屈，满脸不高兴。这件事被宋嘉树知道了，他慈爱地对宋霭龄说："做游戏也要有分寸，'黄包车夫'可不光是使力气呀！伤了乘客还怎么拉生意呢？"小霭龄不好意思地笑了。接着，宋嘉树又对宋庆龄说："我们的'乘客'这样宽宏大量，这样勇敢坚强，真是了不起！"小庆龄得到了父亲的夸赞和鼓励，脸上的阴云立刻就散去了。长大以后，宋庆龄真的成为了一位既富有爱心和宽容，又敢于同邪恶势力作斗争的伟大女性！

8.任弼时子女：父亲的责备都是循循善诱的

任弼时的子女回忆父亲时有一个共同的感受，那就是："父亲待子女非常和蔼，从未发过怒。每次叫我们的名字时，他总是和风细雨的。就连我们犯错误，他也是循循善诱，耐心讲解。"在家里，女儿任远征怕母亲，不怕父亲。父亲很少对孩子们发脾气，就连孩子们淘气时，他也总是循循善诱地教育。

1948年春，任远征一家随中央进驻西柏坡。那时，朱德父亲和康克清母亲就住在附近。母亲常带着任远征和弟弟任远远到康克清母亲那里去玩。一次，在回家的路上，任远征想出了一个"点子"，对弟弟说："我们躲到父亲母亲的卧室，吓吓母亲吧！"弟弟觉得挺好玩，就同意了。她让弟弟藏在床底下，自己躲到门后的灯绳下。母亲和康克清母亲进屋后，母亲先来拉灯绳。摸着摸着，她摸到了远征的脑袋，吓得大叫一声。远征一看形势不妙，立刻拉开灯，从母亲身边逃了出去。弟弟因为躲在床底下，逃得慢，被母亲抓住打了两下屁股。父亲回来后，远征和弟弟不敢进屋，但又想知道他的反应，便在门外躲着听，一会儿凑近，一会儿退后，门板也跟着"吱溜吱溜"地响，暴露了孩子们的"行踪"。父亲走出来，看了远征两眼，就把他们牵进屋里，笑呵呵地说："你们可不能这么吓唬母亲！人吓人可是会吓死人的！"然后又讲了一些道理，并没有训斥孩子们。孩子们悬着的心放下了，以后也不敢再吓唬母亲了。

入住景山东街之后，家里常常有人打电话来。任远征从小性子直，知道什么就说什么，别人问她电话号码，她总会一五一十地说出来。弟弟为此急得大叫："不能说！保密！"后来，任弼时也听说了这事，他倒一点没有责怪任远征，反而很耐心地教她："是不能说的，如果有人找父亲，说父亲不在就行了。"

尽管任弼时对待孩子总是十分亲切，但在有些事情上，他从不放松，那就是要求他们好好学习。任远远7岁时，任弼时特地给他题词："小孩子要用功读书，现在不学，将来没用。"任弼时常说："现在我们打天下，将来靠你们建设天下。"在他的影响下，孩子们都选择了技术专业，没有学政治。因为任弼时让他们懂得，要建设新中国，首先需要掌握科学技术。

任弼时在培养孩子共产主义道德品质的过程中，不仅注意职业革命家的职业道德和社会公德，还十分注重家庭美德的培育，为我们树立了光辉的榜样。

1947年，解放区进行大规模的土地改革，农会委员忙着领导贫雇农斗地主、分田地，孩子们也跟在一边凑热闹，喊口号，跳秧歌。一天，6岁的任远远乐呵呵地捏着一只会发出吱吱声的小皮老鼠，连蹦带跳地回到家里。

当时，任弼时正聚精会神地伏案工作，突然听到这吱吱的叫声，抬头一看，只见儿子手中拿着一只小玩具，正站在他的桌子前边。任弼时问儿子："这个玩具是从哪里来的？"儿子天真地回答说："农会主席送给我的，是地主家的浮财。"任弼时和蔼地问："村里贫农伯伯的孩子都分到这样的玩具了吗？"儿子回答："就这么一个，分给我了。"

任弼时认为，孩子应该从小懂得不能随便拿公家的东西。如果小时候就贪便宜，长大以后就很难做到公私分明。于是，他就问儿子："咱们'三大纪律、八项注意'中有一条是不拿群众一针一线，你还记得吗？"儿子申辩着说："不是我自己拿的，是农会主席送给我的！"任弼时耐心地启发他说："送给你的就应该要吗？"

儿子想了想平时父亲讲的解放军叔叔是怎样执行三大纪律八项注意的故事，终于意识到了自己的过错。他恋恋不舍地捏了两下小皮老鼠，但看到父亲坚定期待的目光，他最后还是狠了狠心，跑着把小皮老鼠还给了农会。

任弼时望着儿子的背影，高兴地喊着："儿子，你还要向农会主席检讨咧！"儿子一边往前跑，一边回答："我知道了。"儿子到农会大院里退还了玩具，并按父亲的嘱咐，向农会主席道了歉。

任弼时虽然政务繁忙、工作紧张，身体又不好，但总会抽空给孩子们讲革命传统故事和革命道理，关心他们的政治进步和学习情况。他经常检查孩子们的作业，并告诉他们："人活着就要学习，要苦读书、勤读书，千万不要读死书。"每当孩子们放学归来，他总要问问孩子们的学习情况，教育孩子们明确学习目的，掌握学习方法。

1948年10月，他给正在晋绥解放区上中学的任远志写信，要求她在学习过程中首先应该确立信心，学习中决不能眼高手低，决不能因为许多功课已经学过就不用心。

1949年11月，他给在苏联学习的任远芳写信说："中国已经从帝国主义和国民党手中解放出来了，新的人民政府在北京成立了。中国人民今后的任务是恢复和发展工农业，为此需要许许多多各种各样的专家和干部。望你更加努力学习，并在苏联完成学业之后，成为一名优秀的专家。"

他在给任远远的信中写道："以前对你说过，学习要靠自己努力，要自己掌握时间去学习。你们这辈学成后，主要是用在建设事业上，建设事业要靠有知识的人去建设。学好做一个工程师或医生，必须先学好数学、物理、化学,此外还要学通本国语并会一国外语。有了文化基础,更便于你去学科学。"

大女儿任远志回忆起父亲时,深情地说:"4年零3个月,父亲和我的短暂相聚,是我永生难忘的幸福岁月。一生中,父亲给我书写的12封信件,我都完好地保存着。里面的每句话,我都能够倒背如流。它不仅指引着我的一生,将来也会传承下去,影响鞭策我的后代。"

9.邓小平和他的孩子们

邓小平的大女儿邓林出生在最为艰苦的1941年,生下后即被送到老乡家养育。邓林4岁时,邓小平夫妇委托一二九师政治部副主任蔡树藩的夫人陈书莲将她带到了延安,因为前方太艰苦,实在无法带孩子、养孩子。邓林到延安后,进了延安保育院,在相当长的时间内一直由陈书莲代为照看。后来,蔡树藩和陈书莲就成了邓林的干爸和干妈。

邓小平的大儿子邓朴方,1944年出生在太行山辽县的麻田村。出生后因为妈妈没有奶,无法抚养,被送到麻田村河对岸的一个农民家哺养。

因此,邓林、邓朴方、邓楠这三个在战火中出生的孩子都是生下来后送到太行山的老乡家抚养的,他们都是由太行山老百姓的奶水和小米粥喂养长大的。

邓小平是一个严肃严谨的人,可跟孩子们在一起时,他总是束手无策,家中经常吵吵嚷嚷,非常热闹,很少有个安静的时候。这样一个家庭气氛的形成，自然是父母对孩子"纵容"的结果。在家中，孩子们都亲昵地叫父亲"老爷子"。孩子们说："老爷子，看我们多热闹，跟我们一起聊聊天嘛。"邓小平会说："哪有那么多说的。"有时，看孩子们闹得太不成样子，邓小平也会说一句："胡说八道！"就算是斥责了。不过，平时在对孩子们的思想品德教育方面，邓小平夫妇绝不含糊。邓小平和卓琳常常给孩子们（包括解放后出生的毛毛和飞飞）讲太行山，讲太行山的山，讲太行山的水，讲太行山的老乡，讲太行山那金黄色的柿子和赤红的大枣，讲太行山那一段艰苦的战斗生活……令孩子们对太行山产生了一种不同一般的神往。解放后，邓家一大家子老老少少全身上下的毛衣毛裤，全是卓琳凭自己在1943年太行山区"生产救灾"运动中练就的那一手又巧又快的毛线纺织技术编织而成的。

无论是在战争年代，还是在建国以后，邓小平都十分关爱孩子，而且特别注重培养孩子们多方面的兴趣。他在法国时养成了一个爱好，那就是看足球。建国后，每逢有足球赛，他就会想办法挤出时间，带孩子们去看。1973年，他刚刚被解除软禁，还未出来工作，适值一个外国球队来中国比赛，他就和"文化大革命"前一样，带着孩子们去看球赛。他还喜欢听京戏，最喜欢须生的言派和青衣的程派。邓家住得离怀仁堂很近，因此只要怀仁堂演戏，他就会带着孩子们前去听戏，让孩子们在如醉如痴的艺术欣赏中了解许多历史故事，孩子们至今还记得那些戏文中美妙的词句！至于卓琳，她总想用点科学的方法教养孩子。在解放战争中，随着战线不断向前推进，他们也不断向前搬家。她常在屋顶上放一个大铁皮盆，里面放上水，先让太阳把水晒一上午，再把孩子们脱光，让他们也晒一会儿太阳，然后让孩子跳进水中，一边嬉戏，一边洗澡。卓琳说，这叫日光浴。

邓小平工作很忙，所以教育孩子的大部分事情都是卓琳在做。除生活上的照顾外，卓琳还特别注意从小给孩子们灌输科学知识。孩子们平时上学都是住校，每到周末回家，吃完饭后，全家便围坐在餐桌前，听妈妈"讲授"各种各样的知识，诸如核裂变、连锁反应等。尽管毛毛和飞飞听不懂，但他们也得坐在那儿听。孩子们一边听，一边插嘴议论，有时还会争论不休。因此，这张餐桌，几十年来成了邓小平家的"自由论坛"。也许因为母亲曾是北京大学物理系学生的原因，5个孩子中，邓朴方、邓楠和邓质方三人都相继选择了物理这门专业，而且考上的也都是北大物理系。

邓小平关爱子女，同样疼爱孙子孙女。1989年11月9日，邓小平像往常一样按时起床，准时而又有规律地吃完早饭后，便坐下来看书、看报、看文件。下午3点，中国共产党第十三届中央委员会第五次会议进行表决，通过了邓小平辞去中共中央军事委员会主席的请求。这是邓小平退休的第一天。全家人忙碌了整整一下午，到了吃晚饭的时间，4个孙子孙女一齐跑去请爷爷，他们送给爷爷一个亲手赶制的贺卡，上面贴有4朵美丽的蝴蝶花，代表他们4个孙辈，卡上端端正正地写着："愿爷爷永远和我们一样年轻！"他们几人轮流上前亲爷爷，才3岁的小孙子亲了爷爷一脸的口水，逗得全家人哈哈大笑。

10.先人后己，实事求是——彭德怀教育孩子

彭德怀教育孩子的故事，和他指挥打胜仗的故事一样，充满了趣味。

一天,彭总从外地带回两件雨衣。她的侄女彭刚看见雨衣高兴得不得了,她早就盼着叔父能给她买件雨衣了,这次叔父竟然一下买了两件,她可以随便穿了。可没想到,彭总拿着雨衣先去了左权同志的女儿那里。彭刚见此情景,不禁生起气来,她低着头,心里埋怨着叔叔。彭总到了左权女儿的身边,伸手把两件雨衣递过去,让她先挑一件自己喜欢的。开始时,她不好意思,说:"彭刚也没有,就先让她挑吧!"彭总说:"没关系,谁先挑都可以。"经过再三劝说,左权同志的女儿随便挑了一件。

　　彭总拿着剩下的那件雨衣,兴冲冲地来到彭刚身边,他看着侄女背着身子生气的样子,便扶着她的肩膀小声说:"哟,这怎么啦?什么事使你这个小鬼不高兴了?"然后,把手里的雨衣举了起来,说:"你看,这雨衣是给你的,多好看,喜欢不喜欢?"彭刚把身子扭到另一边,生气地说:"人家挑剩下的才给我,我不要!"

　　彭总见侄女这副样子,没有发火,他又上前凑近一点,弯下身子耐心地对侄女说:"你不是不晓得,她的爸爸在1942年指挥部队与日本鬼子作战中牺牲了,妈妈又不在身边,多可怜啊。我们要照顾她才是,怎么能挑挑拣拣呢?遇事先人后己,互敬互让,才光荣哩!"

　　彭刚听了叔叔的这番话,小脸很快露出了笑容,收下了雨衣。

　　1959年7月,在庐山会议上,彭德怀因为给毛泽东写了一封信,谈了自己对国内形势的不同看法,而受到了错误的批判。不久,彭德怀搬出了中南海,住到了吴家花园。在那里,彭德怀亲自开荒种菜,挖塘养鱼种藕,把一个残垣断壁、草木凋零的荒园,改造成了一个真正的花园。侄女梅魁看到伯父年纪大了,劳动有些吃力,便劝他说:"你不能这样不顾身体啊!"彭德怀说:"孩子,劳动对我来说是需要的,再说国家还很困难,我不能为党工作,还可以为人民减轻一点负担啊！"

彭德怀住的地方叫挂甲屯，这里的老乡世世代代喝土井里的水。为了方便百姓，他把自己院子里的水接到了街上，使家家户户用上了自来水。老乡们住的房子有的是土坯垒的，遇到下雨，他就会戴着草帽，卷起裤腿，走街串户，看看这家屋顶漏不漏，问问那家房子牢不牢，并让房子有危险的人家搬到自己院里来住。谁家的孩子病了，他总要去看看；谁家的孩子结婚，他也会跑去祝贺；谁家老人去世，他也要去悼念……伯父的行动，使梅魁受到了很大的教育。

一天，彭总带着彭梅魁走到院子的墙跟前，指着墙外的一棵树问她："梅魁，你看这树为什么没有叶子？"

梅魁知道是因为自然灾害，老乡生活困难，把树叶打下来吃了，但她不知道怎么回答才好，只好望着伯伯，不开口。走了几步，彭德怀又问："你们厂里有没有人得浮肿病？"梅魁说："没有。"其实，她没照实说。

彭德怀又带她到自己的茄子地里，指着茄棵对她说："茄子不开虚花，小孩不讲假话。"然后又用手指着自己的前额说："我这个老头子就像小孩子一样不说假话。我要实事求是，坚持真理。梅魁啊，我希望你长大以后，不要追求名利，搞那些吹牛拍马、投机取巧的事。要做老实人，心里装着人民，时刻想到人民的疾苦啊！"

对于伯父的教导，彭梅魁感动得热泪盈眶。她激动地说："伯父，我一定向你学习，不说假话。"

第 五 章

名人和名人的老爸们

这些好老爸有的默默无闻,但培养出了扬名天下的人才;有的则自己就是世界名人,在教育孩子方面也颇有一套。不管这些故事是令人感动或给人以启发,它们都真实地再现了父亲对孩子深沉的关爱,显示了父亲在孩子成长过程中的巨大影响力!

1.马克思:成功来自父母的尊重与支持

马克思是一位伟大的共产主义者,他所获得的成就很大程度上要归功于父母成功的家教。马克思出生在一个民主的家庭,良好的氛围熏陶了他的心灵，更重要的是，父母的尊重与支持是推动他获得成功的巨大动力。

卡尔·马克思的父母都是犹太人。父亲亨利希·马克思是名律师，在当地是一名德高望重的知名人士，同时也是崇拜卢梭等启蒙思想家的稳健的自由主义者；母亲出生在一个荷兰家庭，她对丈夫和孩子始终怀着温柔的爱。马克思在兄弟姐妹中排行第三，父亲亨利希曾希望这个智慧过人的三儿子将来能继承自己的事业。

马克思小时候和兄弟姐妹们玩耍，常常以统帅者的身份自居。马克思的一个妹妹后来回忆道："我们不敢违背卡尔的命令。作为交换，卡尔会说一些你所喜欢的话。"

亨利希特别关心儿子马克思的前途，他希望马克思能像他一样，做一名法学家。中学毕业后，在父亲的安排下，马克思考入了波恩大学的法律系，那里的学习氛围不太浓厚，对此，父亲不大满意。第二年，他又把马克思转学到了柏林大学。

可是，不管是在波恩大学，还是在柏林大学，马克思都没有按照父亲的意愿一门心思地攻读法律，而是倾心于诗歌的写作和哲学的研究。为了说服父亲，取得父亲的理解和支持，马克思婉转地写信给父亲表白自己的选择："我懂得，写诗只应当成为一种附带的事情，我应该研究法律，但我想先在哲学上试试自己的力量。"

为了说明自己的志向，马克思要求提前回到特利尔探亲，以便向父亲倾吐自己"心中的不安"，感受一下"在父亲身边的温暖和爱"，但他的这一要求遭到了父亲的严厉拒绝。再三考虑之后，亨利希只允许马克思提前10天回家探亲。

马克思终于回到了父亲的身边，向父亲详详细细地讲述了自己的学习情况和研究方向。马克思说："我在哲学家雷马路斯身上花费了很多时间和精力。我在阅读他的《论动物的艺术本能》一书时，感受到了极大的喜悦。这几年,我又研究了亚里士多德、康德、培根、费尔巴哈等人的著作,写了许多摘要,也记下了自己的读后感。可以说,我已经一头扎进了哲学的怀抱之中,深深地被哲学所迷住了。"

亨利希侧头听着,追问一句:"我想问你,你为什么要学哲学呢?请你告诉我。"

马克思不假思索地回答道:"爸爸,哲学是广阔的海洋,它可以提供给人们较大的回旋余地。更重要的是,通过哲学的研究,我想研究人生,研究社会,研究世界的昨天和明天。这对一个科学研究者来说,该是最有意义的吧!爸爸,您应该支持和尊重我的选择。"

听完儿子述说,亨利希的脸上漾出了喜悦,他不再坚持让儿子当一个法学家了,他高兴地对儿子说:"孩子,就照你选择的路走下去吧!不过,我还要提醒你,要清醒而实际地看待生活,要有真才实学,充分发挥自己由大自然母亲所慷慨赐予的才能。"

2.站在长辈肩上长大的科学巨匠——钱伟长

钱伟长与钱三强、钱学森一起被敬爱的周恩来总理称为"三钱"。从此,"三钱"就成了为国作出巨大贡献的科学家的代名词,"中国三钱"成了我国科学界的骄傲。

钱伟长之所以能成长为国家的栋梁之材,得益于长辈对他潜移默化的影响。他是站在长辈肩上长大的科学巨匠。

书香门第

钱伟长的祖父钱承沛,字季臣,是清朝末年的秀才,家境贫寒。

祖父小时候非常聪明，人们称他为"神童"。他喜爱读书，寒暑不辍。夏天夜里，蚊子很多，钱承沛就把双脚放在一个酒瓮中，认真读书。16岁的时候，钱承沛在县试中以第一名的成绩考中了秀才。

钱家有重视家庭教育的优良传统。钱承沛平时带儿子出门，总会随时教他们认字。比如，在外面见到桥，他就会问儿子是否认识"桥"字，又问"桥"字是什么偏旁，再问要是把"木"字旁换成"马"字旁，念什么，等等。钱承沛出门，临走前总要嘱咐儿子读书，回来要检查。他对子女从不疾言厉色，即便子女偶有过失，他也是温婉提醒，希望孩子能自己悔悟。

到钱伟长父亲这一辈，也特别重视对子女的教育。钱伟长的四叔钱穆非常喜欢侄儿钱伟长，钱伟长的名字就是四叔钱穆亲自给他起的。

耳濡目染

1913年10月9日，钱伟长出生于江苏无锡鸿声镇七房桥村。祖父和父亲都是贫穷的乡村教师，生活虽清贫，对学问却孜孜以求。在长辈营造的琴棋书画的氛围里，钱伟长领略着华夏文化的精妙，陶醉于中国历史和文化之中。每到夏天，长辈们都要将省吃俭用购置的四部备要、二十四史和欧美名著等拿出来晾晒，童年的钱伟长是这个活动的积极参与者。六叔钱艺的诗词和书法、八叔钱文擅长的笔记与杂文都深深地影响着钱伟长，滋润着钱伟长。尤其是八叔要他每隔两天交一篇作文，这种训练使钱伟长日后进入学校后，国文课经常能获高分。父叔四人都精于围棋，钱伟长自幼就是个热心的观战者，潜移默化中也悟到了一些棋艺，以至在往后的学校围棋赛中，他居然靠儿时的"功底"每每得胜，常获冠军。下围棋是钱伟长终生的业余爱好，耄耋之年的钱伟长仍痴迷于棋道。

钱伟长永远不会忘记，父亲在细雨蒙蒙中，送自己上学的情景。

父子合撑一把破伞,坐着船。父亲面色蜡黄,一边咳嗽,一边断断续续吃力地说:"时世艰难,你今天能进苏州中学,机会难得!那里名师荟萃,你当学点儿真正的本事。咱们家虽然困难,但总会尽力让你读完高中。你在困境中读书学习,要愤发有为,莫让大好的时光虚掷啊……"

父亲的这一席话,钱伟长每每想起,都像一场春雨,滋润着他的心田,给了他无穷的求学进取的力量。

潜移默化

著名的国学大师钱穆在钱伟长的成长过程中起着精神导师和衣食父母的重要作用。

在钱家,钱伟长是家里的长孙。他的祖母特别喜欢他,甚至有些溺爱,自己很少管教,也不许别人管教。而钱伟长从小又特别贪玩,不好好读书学习。父亲钱挚生怕母亲对钱伟长宠爱过分,而使之变得娇弱,无法成才。经过商议,他们决定由老四钱穆出面,将钱伟长带到自己任校长的后宅小学做住宿生,过着半独立的生活,以对他进行生活的磨练,也想借此收收他那贪玩的心。

当时,钱穆的文化程度并不太高,只读了中学,毕业后就参加了教育工作。他全靠自己刻苦读书,自学成才。刚开始,他在小学教书,后来又到无锡第三师范、苏州中学任教,最后,到北京大学、清华大学当教授,学术上卓有成就,被人们称为"博通四部,著作等身"的"国学大师"。钱伟长一直跟随在四叔身边读书学习,四叔的经历和刻苦自学的精神给钱伟长以极大的激励。在四叔钱穆的教育和影响下,钱伟长也渐渐地喜欢上了读书学习。

四叔经常和钱伟长闲聊,四叔钱穆是个很有学问的人,闲聊中,钱伟长获得了许多在书本上没有看到的学问和知识,极大地开阔了眼界,增长了知识。当年,钱伟长投考清华大学,考卷上有一道题目问《二十四史》的作者、注者和卷数，许多考生都被难住了，唯独钱伟长做出了完美的回答。这正是平时与四叔闲谈中获得的知识。

成人后的钱伟长一直感恩四叔钱穆的无私帮助和言传身教。

3.伽利略父亲的教子法

伽利略是伟大的意大利物理学家和天文学家，科学革命的先驱。历史上，他首先在科学实验的基础上融会贯通了数学、物理学和天文学三门知识，扩大、加深并改变了人类对物质运动和宇宙的认识。为了证实和传播哥白尼的日心说，伽利略献出了毕生精力。因此，他晚年受到了教会迫害，被终身监禁。他以系统的实验和观察推翻了以亚里士多德为代表的、纯属思辨的传统的自然观，开创了以实验事实为根据并具有严密逻辑体系的近代科学。因此，他被称为"近代科学之父"。他的工作，为牛顿的理论体系的建立奠定了基础。

1564年2月15日，伽利略诞生于意大利北部城市比萨。在父母的疼爱和呵护下，伽利略一天天长大，虽然才4岁，可他却常常像个小大人似的，缠着妈妈问这问那，对所有的东西都很感兴趣。

在小伽利略眼里，爸爸是最了不起的人。他们全家人常常在傍晚时分围坐在客厅里，听爸爸演奏小提琴。随着音乐的节拍，小伽利略总是不由自主地晃动着脑袋，两只眼睛一眨不眨，无限崇拜地盯着父亲。

"爸爸，我想学小提琴。"终于有一天，伽利略忍不住央求父亲。

"学小提琴?伽利略,那可不是件容易的事!"父亲想,小伽利略一定是心血来潮。

"爸爸,我不怕。"小伽利略坚定地回答,"我养的那只小白猫,学爬树的时候,不也摔了好多次吗?我知道,要想学会干一件事,就要付出努力。"

父亲惊奇地看了一眼儿子,一个4岁的小孩子,居然从猫学爬树这样的小事中,体会到了学习必须付出艰辛的努力这样的道理,可真是不简单。

"嗯,那你保证到时候不哭鼻子?"父亲故意让自己的语气听起来更轻松些。

"我保证,爸爸。"伽利略挺了挺单薄的小胸脯,毫不犹豫地大声说。

可是,懂得道理是一回事,真正实践起来又是另一回事。学琴没几天,伽利略稚嫩的手指就被琴弦磨出了血泡。妈妈看见,心疼极了,劝他说:"伽利略,算了吧。你还这么小,哪能吃得了这样的苦呢?"

伽利略没说话,甚至连头都没抬一下,只是一遍又一遍地拉着爸爸留给他的练习曲目。他倔强地想:"我一定要和爸爸拉得一样好听,让爸爸妈妈看看,我说到做到。"

很快,伽利略的音乐天赋就显露了出来。他对音乐的悟性之高,令父亲文森西奥不得不佩服。没多久,他已经能够像父亲一样,演奏出许多复杂的乐章,而且丝毫不比父亲逊色。此后,傍晚时分全家人的聚会,常常是父子二人轮流演奏。

学会了拉小提琴,伽利略并不满足,他又发现了新的兴趣目标——数学。这事还要从他5岁时说起。

伽利略5岁时,文森西奥因为生意上的事要去一趟佛罗伦萨,便决定顺便带儿子去参观那儿的博物馆。结果，达·芬奇、米开朗基罗等大师的绘画、雕塑作品，强烈地震撼了伽利略的心灵。回到比萨后，他开始学习绘画。为了让伽利略更好地掌握基本的绘画技法，文森西奥找来了许多几何图形的物体。没想到伽利略不仅绘画技艺突飞猛进，对这些几何图形的迷恋也是日甚一日。

他问文森西奥："爸爸，这些几何图形到底有什么用呢？"

"为什么这样问呢，伽利略？"文森西奥一时弄不清伽利略又在想什么。

"爸爸，我觉得挺奇怪的。画画的时候，我发现好多东西，比如房子、马车、书桌什么的，好像都与几何图形有关。"

"有关？怎么有关？"

"嗯，就是说，它们都是各种几何图形组成的，可似乎又没这么简单。只是我想来想去也想不明白，除了这个，它们还能有什么复杂的关系呢？"

文森西奥看着紧皱双眉的伽利略，内心十分欣慰。儿子比一般的孩子更加善于观察，善于思考，而且对学习有着浓厚的兴趣，将来一定会有出息。

"伽利略，你的问题我无法回答。"想了想，文森西奥问道，"不过，你愿意学习数学吗？也许你学了数学，就能明白你说的这种复杂关系了。而且，你还会发现许多更有意思、更有用的东西。"

"真的？"伽利略乐得蹦了起来，高声叫道，"我愿意，当然，我愿意！"

自那以后，文森西奥正式开始教伽利略学习数学，这本来也是文森西奥的特长。

虽然在一般人看来，数学本身是枯燥无味的，可伽利略的兴趣却明显高涨。他常常会为了寻求一道数学题的解法而绞尽脑汁、废寝忘食,他似乎随时都在思考,随时都准备思考,而这种习惯无疑对他以后的科学研究工作大有裨益。

转眼间,伽利略7岁了。在音乐、绘画、数学方面,他都已经小有造诣。他做任何事情,都不只是简单地模仿,而总是问"为什么",常常能够举一反三。

这时候,伽利略已经有了两个妹妹。作为家里的长子,他必须替母亲分担照顾妹妹们的责任,这使得他非常烦恼,因为妹妹们总是缠着他,照顾她们要花去他相当多的精力,以至于没有时间来思考他想思考的问题。

有一次,全家去看木偶戏,他发现妹妹们对木偶十分着迷。他想:"我为什么不自己给妹妹们做一些木偶呢?如果她们喜欢玩木偶,我不就可以有更多的时间做自己的事了吗?"

于是,他极力回想着木偶的样子,琢磨着怎么能够使那些木偶动起来。当时,他在台下只是远远地看着,似乎每个木偶上都有好几条线,演员们就是通过这几条线来控制木偶的。

伽利略找来木头、刀、线等工具,花了三天三夜的时间,手不知被划破了多少次,终于做出了第一个木偶。他给木偶描上脸谱,拿给妹妹们看。果然,两个妹妹欢呼雀跃,立刻就被这个新玩具吸引了。但伽利略却并不怎么高兴,因为这个木偶动起来显得很僵硬,只能做一些简单的动作。有什么地方不对呢?他又琢磨开了。

"你看看我是怎么走路的,伽利略。"文森西奥有意启发他。伽利略怔怔地看着父亲在客厅里走了两个来回,恍然大悟道:"我知道了,人有关节!"

伽利略一把从妹妹手中夺过木偶,立刻动手改进,果然比之前灵活多了!

这次成功的改进让伽利略一发不可收拾,他开始用碎布头代替木头，接着做了好几个木偶，还替妹妹们编了一出木偶戏，给她们每个人安排了几个角色。这样一来，他也就有更多的时间安心思考自己的问题了。不过，他也从此迷上了手工制作，常常自己动手做一些东西。

1572年，伽利略8岁。他个子不高，还有一点儿胖，但这并没有影响到他那细腻的观察力和敏捷的思维力。

一天晚饭后，文森西奥带着全家人到比萨广场散步，伽利略和妹妹们高兴地在广场上奔跑、跳跃。

突然，伽利略跑到文森西奥身边，指着比萨斜塔好奇地问："爸爸，那座塔怎么是斜的？"

"哦，你是说比萨斜塔。当初建造这座塔的时候，由于某种计算上的错误，塔还没建成就已经倾斜了。"文森西奥随口说。

"那它为什么不会倒呢？"伽利略显然不满意父亲的回答。

"这个，我也说不好。不过，这座塔已经成为世界建筑史上的奇迹了。"

"等我长大了，我一定要揭开这个谜！"伽利略充满自信地说着，转身又跑开了。

望着伽利略远去的背影，文森西奥夫妇俩讨论了起来。文森西奥说："亲爱的，你不觉得咱们的儿子是个天才吗？他总是比别的孩子观察得更仔细，思考得更多。"

"是呀，现在他的问题越来越多，也越来越难回答了。"母亲裘丽娅微笑着说，"再过几年，咱们应该让他到佛罗伦萨去上学，听说那儿的瓦布罗萨的卡马多斯修道院还不错。"

修道院是天主教培训神父的学院，不过，当时没有世俗的普通学校，请不起家教的孩子只能到修道院去学习，因为除了宗教教义，修道院也传授一些算术、拉丁文知识。

"对,要不然,伽利略整天学些数学、音乐之类的,就算成为数学家、音乐家,又有什么用呢?"文森西奥说。

伽利略并不知道父母对自己的安排,此时的他正睁着一双好奇的眼睛,仔细地观察着身边的一切。他对天空的事物尤其感到不可理解,他常常想,白天的时候,月亮、星星都到哪儿去了?为什么天一黑,月亮、星星就亮了?为什么有时候月亮是圆圆的,有时候却是弯弯的?他希望从书中找到答案,可是书中没有答案。他想起那年做木偶的事,自己不就是通过观察,解决了木偶运动不灵活的问题吗?他相信自己可以用同样的办法,解决天空留给他的疑问。

"对,我要从今天开始,对天空进行观察。"伽利略暗暗地下定决心。

天渐渐黑了,伽利略趁家里人都睡着了,悄悄地溜出家门,坐在地上,抬头仰望苍穹。周围静极了,只有星星的眼睛眨呀眨,他仰得脖子都酸了,望得眼睛都疼了,却还是什么都没发现。

一连几天,伽利略白天黑夜地仰望天空,晚上就算冻得瑟瑟发抖,也不肯进屋睡觉。到第五天夜里,他终于抵不住困意,坐在门口睡着了,父亲这才发现了伽利略的秘密。

几天的观察使伽利略明白,光靠好奇心和肉眼的观察,除了能看到天空的一些小变化外,根本不可能破解天空的奥秘。如果能够像小鸟那样飞上天,近距离地看一看月亮和星星,不就什么都能解决了吗?

伽利略问父亲:"小鸟为什么能够在天上飞来飞去,而人却只能在地上走呢?"

"你认为呢?"对伽利略的问题,文森西奥已经有些回答不上来了,所以常常反问伽利略。因为这样的一问一答,总是能让伽利略一步一步地深入思考,从而自己找到一些答案,尽管这些答案不一定都正确。

伽利略沉思片刻，说道："我想，那是因为所有的鸟都有翅膀，而人没有。"于是，伽利略决定给自己安上翅膀，也体验一次飞翔的感觉，最好能飞上天，飞到月亮和星星上去，探索出天空的秘密。

他找来一些竹子，将其划成片，扎成一对巨大的翅膀。他把翅膀绑在两只胳膊上，使自己看起来就像一个滑稽的怪物。两个妹妹好奇地看着他忙来忙去，见他这副模样，笑得前仰后翻。

伽利略完全沉浸在自己的想象中，全然不理会两个妹妹。他使劲地挥动着两只绑着翅膀的胳膊，嘴里大声地喊着："飞起来了，飞起来了!"可是直到两只胳膊变得酸疼，再也挥舞不起来，他的脚底下依然纹丝未动。

伽利略丧气极了，为什么有了翅膀还是飞不起来？"哥哥，你跑一跑再飞，像放风筝一样。"大妹妹提醒他道。

"对呀，我怎么就没想到呢？"伽利略狠狠地拍了一下自己的脑袋，站起来又试，但结果还是不行。

"哥哥，你站到高处再飞。"小妹妹提醒他。

"对，这次一定行。"伽利略觉得他找到了问题的症结所在。

他爬上窗台，纵身往下一跳，一边还不忘使劲挥舞着翅膀。可这次，他还是没有飞起来，反而重重地摔在了地上，疼得他眼泪都快掉下来了。

这一幕正好被文森西奥看见了。他扶起伽利略，语重心长地说："孩子，光有奇思妙想，没有知识做根基，就只能是不切实际的幻想。"

伽利略若有所思地点点头。他倒并没觉得自己白做了这个实验，因为，至少他现在知道，单凭一对翅膀，人是不可能飞上天的。

观察天空和学飞的经历表明,伽利略勇敢地用实践检验着自己的奇思妙想。不过,他最大的收获就是逐渐明白了知识的重要性。

爱提问题是许多小孩子的天性。对于年幼的孩子,父母大都能够轻松地回答他们提出的问题,但随着知识的积累和思维方式的变化,孩子难免会提出一些父母知识水平之外的问题。这个时候,父母很可能不能给出一个准确的答案,但一定要鼓励孩子思考,引导他们自己去寻找答案。伽利略的父亲正是用这样的方法,指引着孩子成长的方向。

4.文天祥父亲的教子法

"人生自古谁无死,留取丹心照汗青。"

我国南宋杰出的民族英雄、诗人文天祥,一片丹心为百姓,在民族危急关头,宁死不屈,谱写了一曲中华正义之歌,受到后人的敬仰。文天祥作为封建士大夫,之所以有如此之深的同情百姓、热爱国家的感情,与他幼年时期父亲对他的影响是分不开的。

文天祥的父亲文仪学识渊博,名闻乡里,但他不喜欢做官,只愿意在家乡以教书为乐。在文天祥、文壁兄弟二人懂事时,文仪认真地教两个孩子读书、写字。文仪很疼爱两个孩子,但对他们的学习却从不因此而有丝毫放松。一次,兄弟俩没有完成文仪交待的背诵任务,被文仪毫不客气地惩罚了一顿,兄弟俩吓得再也不敢怠慢,只要父亲安排写字和背诵,他们就会认认真真地、用心地完成任务。

为了扩大孩子的知识面,文仪请私塾的名师到家里给文天祥兄弟俩授课。后来由于家庭经济拮据，请不起名师，文仪便亲自给孩子授课。白天授课，晚上闲暇时间，文仪便要求孩子背诵，并要达到能理解课文的程度。为了提高孩子对课文的领悟能力，文仪不厌其烦，遇到孩子不懂的地方，就一遍遍地仔细耐心讲解，直到孩子理解、领悟为止。在教孩子读书写字的同时，他还要求孩子把课文中的重点、难点、格言、警句等都一一抄写下来，贴在书斋的墙壁上，以便每天都能看到。

几年时间，文仪家里收藏的书几乎都被文天祥读遍了。文仪拿出家中为数不多的钱去买书给孩子读；没钱的时候，文仪就去典当自己的衣服，换钱给孩子买书。文仪教孩子读书在当地被传为佳话。每当听到文家书声朗朗时，乡民们就知道，孩子们又在读书了。

5.盖茨之父的育儿经：一杯凉水泼出一个首富

如何将一个叛逆男孩培养成微软公司创始人、全球首富以及美国最大慈善机构创始人？比尔·盖茨的父亲老比尔·盖茨的答案是："逼"他成熟，然后给他充分的自由和支持，但要适时加以引导和敦促。

"泼"醒儿子

老盖茨是比尔·盖茨夫妇慈善基金会的联席董事长，曾经参加过第二次世界大战，同时，他也是一名律师、非营利组织志愿者以及3个孩子的父亲。

在美国《华尔街日报》的一次专访中，老盖茨首次对外讲述了自己和儿子的故事。

一贯低调的老盖茨从不夸耀自己在儿子成功道路上扮演的角色。他在2005年一次慈善组织领导人会议演说中说："作为一个父亲,我从未想过那个在我住所里长大、吃我的食物、用我的名字、还爱顶嘴的小子有一天会成为我的老板,但这确实发生了。"

实际上,改变盖茨这个"问题少年"人生轨迹的正是老盖茨。

老盖茨和妻子玛丽育有3个孩子:大女儿克丽丝蒂、儿子盖茨和小女儿莉比。盖茨从小就表现出了极高的学习兴趣和天赋,小小年纪就通读《世界大百科全书》。为鼓励他阅读,老盖茨夫妇在这方面毫不吝啬,只要是他想看的书,一律买下。

到11岁时,盖茨开始向父母抛出千奇百怪的问题,为难他们。在老盖茨看来,"这挺有意思,相当不错",却给母亲玛丽带来了困扰。另外,步入青春期的盖茨试图摆脱母亲的控制,对保持房间整洁、准时吃饭、别咬铅笔头等要求产生了抵触情绪,母子之间时常发生争执。

"他那时很招人烦。"妹妹莉比回忆说。老盖茨在采访中也承认,11岁后的盖茨成了让家长头疼的孩子。

母子矛盾在盖茨12岁的一天彻底激化,盖茨在餐桌上对着母亲粗鲁地大喊大叫,言辞中满是讥讽和孩子气的自以为是。一向冷静的矛盾调停者老盖茨这次终于怒了,他端起一杯凉水,泼到儿子脸上。

喊叫停止了,回过神来的盖茨对父亲说:"谢谢淋浴。"

给予独立

盖茨一家对这次"泼水事件"记忆深刻,它不仅是盖茨人生的一个重要转折点,让"愤青"一夜之间变得成熟,也改变了老盖茨对子女教育的看法。

在孩子们眼中，以律师为业的老盖茨在家也保持着严谨、冷静的作风，不易亲近。"他回到家里，坐下休息，然后吃晚餐，从来没有发生过'给我一个拥抱'之类的场景。"克丽丝蒂回忆说，但盖茨顶撞母亲的行为让他严重"失控"了。

这件事后，老盖茨夫妇带儿子去接受了心理咨询。盖茨告诉心理医生："我想与父母争夺控制权。"医生认为，盖茨最终会赢得这场争取独立的"战争"，因此，最好的做法就是老盖茨夫妇让他独立。

老盖茨夫妇最终接受了医生的建议。考虑到私立学校能给孩子更多自由发展的空间，他们便替盖茨在一所私立中学报了名。正是在这所学校里，盖茨结识了改变他一生的重要"伙伴"——电脑。

13岁的盖茨享有绝大多数同龄人享受不到的自由，父母允许他晚上独自去华盛顿大学用电脑，在假期四处旅游、打工。他曾在华盛顿州首府奥林匹亚当过州议会服务生，在首都华盛顿当过国会服务生。高中时，他还休学了一段时间，跑到华盛顿州南部的一座发电厂做电脑程序设计员。

在这段"无拘无束"的自由成长期，盖茨认识了后来与他一起创办微软的保罗·艾伦。两人第一次合作的成果是一款统计道路车流量的计算机软件。

1975年，身为哈佛大学三年级学生的盖茨决定退学，与艾伦共同创业。儿子的决定令老盖茨夫妇震惊不已。

最终，老盖茨夫妇勉强同意了儿子的选择，支持他去新墨西哥州创业。

全力支持

创立微软后，盖茨决定将公司迁回西雅图，主要"吸引力"就是父母的全力支持。他自己也在离父母家不远的一所住宅里安顿了下来。

母亲玛丽为忙于事业的盖茨雇了一个保姆，负责为他打扫房间，保证他参加重要会议时能有件干净衬衣穿。

老盖茨则给予儿子事业上的支持。他利用自己当律师建立起来的社会关系，向西雅图的商业人士大力"推销"微软；他所在的律师公司成为了微软当时最大的客户；1980年，他施展自己的口才，说服儿子的大学同学史蒂夫·鲍尔默辍学加入微软，他后来成为了微软的首席执行官。

在微软公司准备上市前，盖茨担心上市会分散员工精力。老盖茨安抚儿子的紧张情绪，解除他的后顾之忧。最终，微软成功上市，盖茨一夜之间成为亿万富翁。

劝于"从善"

儿子一夜成名后，老盖茨夫妇又要面临另一项挑战：劝说盖茨把钱用于慈善事业。盖茨当时只想专心发展微软的事业，不愿分散精力做慈善。为此，在老盖茨的办公室里，盖茨和母亲玛丽在"泼水事件"多年后再次发生争吵。

最终，玛丽成功说服儿子在微软内部为慈善机构"联合劝募会"募捐。之后，盖茨又跟随母亲加入了"联合劝募会"董事会。

随着盖茨的财富不断增加，西雅图地区慈善机构向他发出的求助申请越来越多。盖茨原本打算等自己60岁退休后再一心投身慈善事业，但1994年母亲患乳腺癌去世，此事加速了他投身慈善的步伐。

玛丽的葬礼结束后，已年过七旬的老盖茨向儿子提议创建一个正式的慈善机构，由他负责申请审查和拨款。

一个星期后，盖茨拿出1亿美元作为起步资金，创建"比尔和梅琳达·盖茨基金会"，老盖茨是最初的管理者之一。在自家厨房餐桌上，老盖茨签出了基金会第一张支票，向西雅图一个癌症治疗项目捐赠8万美元。

慈善基金会创立至今的十多年间，老盖茨每天都会出现在基金会办公室，精心打理儿子的慈善事业。

6.国家功勋和优秀的父亲——邓稼先

我国著名核物理学家，原子弹的开拓者、创始人之一，1999年中共中央、中央军委、国务院"二弹一星"元勋奖获得者邓稼先，是在中西合璧的家庭里接受教育成长起来的。父亲凛然的民族气节，对儿子的郑重嘱托，严格不失慈爱、正统不失活泼的教育，给了邓稼先一块成长的沃土，使他像一棵茁壮的树木直参蓝天。值得一提的是，邓稼先自己也是一位成功的父亲：他用自己有力的手，托起了女儿事业上的一片蓝天。

家学渊源，中西合璧

邓稼先于1924年6月25日诞生在安徽省怀宁县白麟坂已有200多年历史的邓石如的宅第，是邓石如的六世孙。

邓石如被推崇为清代篆刻、书法第一大家，号"完白山人"。其宅第是典型的南方木结构房屋，房内挂满了名家字画，古色古香。现在，这里作为清代文物景点之一供人参观，而邓石如的墨宝则珍藏在故宫博物馆及安徽省博物馆内。

在这灵山秀水、文墨濡染的环境中出生的邓稼先，几个月后由温顺善良、勤俭贤惠的母亲王淑蠲带着从老家来到父亲工作的北平。这是精华集萃的经济文化中心。这时，少年时代在老家读诗文、画山水，后赴美国哥伦比亚大学攻读美学和美术史的父亲邓以蛰已是清华大学的教授。他安在北京的家不算考究，但院子宽敞，种有古朴苍劲的龙爪槐和清香宜人的丁香。这里是邓稼先幼年玩耍成长的天堂。

邓稼先5岁上学，在家附近的武定候胡同小学读一年级。课余，父亲命他去陆老先生家馆中借读，特请王老先生教孩子们读《左传》、《论语》、《诗经》、《尔雅》，并经常在书房里让儿子背诵古书给他听。这使邓以蛰的挚友张奚若不解：受过欧美文化熏陶的好友居然让孩子背这些东西？邓以蛰笑着说："我不过是让孩子知道一下中国文化里有些什么东西，这是有好处的。"这时，邓稼先猛然发觉穿蓝色中式短褂的父亲的眼神已由原先的严肃化为慈祥。

学贯中西的邓以蛰浓厚的儒家学者气质中透出一股翩翩的西洋风度。他不但让儿子念四书五经，同时还将外国名著介绍给儿子。对儿子的英语教育尤其严格，亲自当启蒙老师，指导正确的学习方法。他要求严格，但不用孔孟伦常的严规厉矩束缚孩子的心性。空时，他会和儿子下棋、放风筝，像朋友似的谈天说地。他的心时刻牵挂在孩子身上，就连出访意、英、法等国时还写信与夫人谈教育："我们是小孩子们亲爱的父母，而不是他们的阎王……"他就是这样汲取西方教育精华，用于家教的。

转辗逃亡，奋发学理

1935年，邓稼先考入志成中学，认识了高他二两级的杨振宁。在杨的影响下，他对物理产生了浓厚的兴趣。邓以蛰见儿子喜欢数学，便延师教导，邓稼先常常做题到深夜。这时正是邓稼先对人生与社会刚有认识之时，却碰上了1937年的七七事变，日寇的入侵打乱了他平静的读书生活，强烈的民族屈辱感激荡着他的心。

当时，日本侵略者一旦占领中国某地，便会强迫学生拿着小旗庆祝。夺了我国土地还让我国学生庆祝？邓稼先怒火填膺，气愤之下，三两下便将旗帜撕烂，掷在路旁。

当晚，校长来家说："日本人在查，很快会有人告发。还是快走吧！到大后方昆明去。"为了安全起见，邓稼先只能离开。临行前，一直看着墙上挂着的《完白山人放鹤图》的父亲缓缓将目光移到儿子身上，以一种他从没见过的目光久久地注视着他："稼先，我只有一句话，以后你记住：一定要学科学，不要像我一样学文。学科学对国家才是有用的！"这句话牢记在邓稼先的心中，使他在多年以后成为国家科学事业的中流砥柱，建立不可磨灭的功勋。

翌日，姐弟俩南下经香港到河内，转辗来到昆明，进入父亲替他选择好的九中读书。邓稼先在逃亡中读完了中学，1941年考上西南联大物理系，1948年10月赴美，成为普渡大学物理系研究生。

功成愿了，死而无憾

1950年，邓稼先拿到了博士学位，此时正值新中国建立，他立刻决定回国将自己的才华献给祖国。回国后，他在中科院原子能研究所一干就是8年，后经钱三强点将，于1958年被调入第二机械工业部任九院理论部主任，开始了长达28年的研制核武器的漫长历程，是核武器研究的奠基人、开拓者之一。

1962年，他领导起草第一颗原子弹理论方案，参与、指导了核试验爆炸模拟试验，探索氢弹设计原理。原子弹成功后，他又致力于核武器的实战化、高性能小型化研究。

邓稼先长期在大西北原子弹基地工作，与家人长年分开，后又逢十年动乱，学校没怎么上课，所以，1977年恢复高考时，在内蒙插队、后返京在箱子厂当了4年工人的女儿典典没学过物理，连牛顿定律都不知道。想要在短时间内补习中学课程，连老师都说没法补，刚好有工作要留京3个月的邓稼先决定亲自上阵。

女儿下班回家一吃完饭后，邓稼先便让她马上睡觉，因为夜里11

点要起来学习数学、物理等课程。父女拼命3个月，一步跨过5年的课程。一次大院放电影，典典心烦，说："这么吵，还怎么复习？"父亲便念："结庐在人境，而无车马喧。问君何能尔，心远地自偏。"听了父亲的话，典典便渐渐静了下来。这一年，姐弟俩同时考入大学。1985年，典典去美国读研究生。

由于殚精竭虑，再加上受核辐射影响，邓稼先患了癌症。在生命的最后时刻，他挣扎着给中共中央写了建议书，写好后颤抖着手交给妻子，让她转交，并叮嘱："它比你的命还重要！"

1986年7月20日，领导急召邓稼先在美国读书的女儿回来，让他们父女见最后一面。父亲看到女儿穿着简朴，满意地点了点头。后问起女儿在美国的生活和看法，女儿说她不喜欢奢华的生活，她追求的是人生的价值。听到这番话，他笑了。几天后，这位伟大的国家功勋和优秀的父亲溘然而逝。临死时，他只说了四个字："死而无憾。"

7. "留学教父"俞敏洪：父母成就了我

关于父母对自己的影响，俞敏洪是这样说的：

我出生在江苏江阴一个普通的农家，父亲是当地一名小有名气的木匠。老人家年轻时对建房造梁较为精通，方圆十里，只要有人要建房子，一般都会请他去帮忙架造房梁。父亲帮人干活儿，人家免不了要请他喝酒，他很容易就会喝醉。喝醉后一高兴，常常豪爽地连工钱都不要了。

没人建房时，父亲就在家里做一些椅子、凳子、八仙桌等简单的家具去卖。但是他生性粗放，不善做细致活，自然做不了精细家具。所以，他做的家具在市场上一般卖不出好价钱，有时干脆就送人；卖出去的家具出毛病后，别人还要送回来让他修理。在我的印象中，父亲修家具的时间比做家具的时间还要多，可他对此毫不烦怨，总是乐呵呵的，大有乐在其中的感觉。

父亲一生为人宽厚，从不计较个人利益，更不会为此而与别人发生争执和冲突，只是一门心思地过着自己悠闲、平静的日子。直到去世那天，父亲还自己喝着小酒。

与父亲相比，母亲的宽厚毫不逊色。记得那时，村里有人家断了炊，母亲一定是第一个把自己家剩下的粮食分出一部分送过去的人。有时候，母亲对别人的帮助甚至达到了"忘我"的地步！有一次，村里家家户户都在晒粮食，傍晚，天突然下起了大雨。母亲带领全家拼命帮助别人把粮食往回搬，反倒让自己家的粮食被大雨浇了个透。母亲的宽厚和无私，令村里的人非常佩服。

受父母的熏陶，我自幼便养成了宽厚的性格。虽然成绩一般，但我热爱劳动，从小学一年级开始，一直负责打扫教室卫生。在北大读书时，我每天为宿舍打扫卫生、提开水，而且一干就是4年。所以，我们宿舍从来没有排过值日，我也从不觉得干这些额外活是多么吃亏的事。

父亲捡砖建房启示我

小时候，父亲每次帮别人建完房子，都会把别人不要的碎砖烂瓦捡回来，或一块两块，或三块五块。平时外出，他看见路边的破砖碎石，也会捡起来带回家。久而久之，我家院子里就乱七八糟地堆了一大堆破碎砖瓦和石块。起初，我搞不清这东西有什么用，只觉得本来就不大的院子被它占了一大片，显得很拥挤、凌乱。后来有一天，我见父亲在院子一角的空地上左测右量，开沟挖槽，和泥砌墙。没过多久，他居然用那堆东西左拼右凑，建起了一间小屋，还分成了两部分。最后，父亲把养在露天里到处乱跑的猪、羊赶进了小屋，再把院子打扫干净。从此，我们家就有了让全村人都羡慕的干净整洁的院子和漂亮的猪舍、羊圈。

说实话，那时我们家穷得几乎连吃饭都成问题，自然没钱为猪羊买砖建房，但父亲没有放弃，他日复一日地捡破砖碎瓦，终于实现了自己的梦想。当时，我只觉得父亲很了不起，一个人就能建成一间房子。随着我渐渐长大，逐步认识到父亲的举动揭示了一个道理：无论干什么事，首先必须确立正确的目标，然后要付诸行动，要有耐心和毅力克服行动中所遇到的困难。后来，这件事在我心中化成了一种精神，一直激励着我。

所以，我做事一般都先问自己两个问题：一是做这件事的目标是什么，因为盲目做事就像捡了一堆砖头而不知道怎么用一样，只会浪费自己的生命；二是需要多少努力才能做成这件事，也就是需要捡多少"砖"才能建好"房子"。之后就是保持足够的耐心，因为"砖头"不是一天就能捡够的。

到目前为止，我个人经历了三件大事。第一件是高考，目标明确，要上大学。前两年我没考上，说明我的"砖头"没有捡够，第三年我拼命把"砖头"捡够，终于进了北大。第二件是我背英语单词，目标明确，成为中国最好的英语词汇老师之一。为了实现这个目标，我一个一个地背。在不断遗忘的痛苦中，我眼前总能浮现出父亲捡砖头的样子，每当此时，我都会暗暗告诉自己，继续努力！最后，我终于成了一名不错的词汇老师。第三件是我做新东方，目标明确，要做中国最好的英语培训机构之一。然后，我开始给学生上课，平均每天上6～10个小时，十几年如一日。每上一次课，我就感觉多捡了一块"砖头"，梦想着把新东方这栋"房子"建起来。到今天为止，我还在努力着，而且已经看到了新东方这座"房子"能够建好的希望。

母亲教我锲而不舍

我从小就知道要克服生活中的艰辛，需要坚韧和锲而不舍，这也是母亲用行动告诉我的。

尽管母亲很疼爱我，但从来不宠我。也许她太理解生活的艰难，所以，她从小就训练我敢于面对困难、吃苦耐劳的精神。我几岁时就跟着父母到农田里干活，插秧、割稻子、撒猪粪，样样都干，从没有过被娇宠的感觉。有时父母下地干活，我就在家做饭、炒菜、洗衣服。每天放学回到家，我要忙着割草、喂猪、放羊。有一次下大雪，家里没有喂羊的草，母亲便让我到野外将雪拨开，把雪底下的青草一点一点地割回来。我割了整整一天，挨冻、辛苦可想而知！

母亲是个具有锲而不舍精神的人。后来我能上大学，成为老师，也要感谢母亲。小时候，母亲经常对我说："农村太苦了，你要好好念书，将来能当个先生也不错。"所以，我从小就对老师这个职业充满向往，我认为这是一个崇高的职业。还好，我从小就喜欢读书，从不厌学。1978年，我参加高考，结果落榜了，准备回农村种地，可母亲不死心，她鼓励我复读。再次参加高考，不料又落榜了。面对连续两次失败，我打算放弃，但母亲不同意，她亲自找到补习班的班主任，老师被感动了，答应收下我。母亲从城里回来的那天晚上，刚好下大雨，她一路摔倒了好几次。当我看到满身泥水的母亲时，眼泪夺眶而出，并暗暗发誓，这一年我必须拼命学，决不辜负母亲的希望！一年后，我终于考上了北大。

我的父母都是农民，在教育子女方面，他们讲不出深奥的道理，但正是他们朴实无华的身教成就了我的性格，也成就了我的学业和事业。

8.丘吉尔父母的教子经——宽容和理解

就算世界上所有的人都认为你的孩子不行，但身为父母的你却不能这样认为,历史上有太多的例子可以佐证这一点,丘吉尔的成功便是一个很好的例子——父母的宽容和理解,以及对家庭和事业的责任感,给他提供了学习的榜样,树立了奋斗目标,也培育了他对祖国的历史责任感,这些都是丘吉尔一生孜孜不倦地追求和建功立业的强大驱动力。

丘吉尔出身于声名显赫的贵族家庭。他的祖先马尔巴罗公爵是英国历史上著名的军事统帅,是安妮女王统治时期英国政界权倾一时的风云人物;他的父亲伦道夫勋爵是19世纪末英国的杰出政治家,曾任索尔兹伯里内阁的财政大臣。

幼年时的丘吉尔是一个顽皮的孩子,他经常把小伙伴们组织起来,自己充当头目,向其他人发号施令,有时也向小伙伴们讲述自己从大人那里听来的故事。官场上的大人们都说丘吉尔是个有个性的孩子,将来或许会有些作为。他的父母看到丘吉尔的所作所为,并不担心什么,因为他从不损坏别人和自己的东西。

上学时的丘吉尔,学习成绩出乎意料的差。他没有耐心去研究那些枯燥的拉丁语和自然科学的公式、定理,但他在学习本民族语言方面却有着特殊的兴趣,并表现了出众的能力。在历史和哲学方面,他学得饶有兴趣。后来,他以勉强及格的平均成绩挤进了哈罗公学(专门培养英国贵族和有钱人家子弟的学校)。进入哈罗公学后,他依然故我,好在哈罗公学强调英语写作,这才勉强允许他把本校的课程学完。

丘吉尔的学习成绩差,曾被学校老师多次警告。而他的父母认为，丘吉尔的智力是优良的，英语写作和演讲也非同一般，分数并不能说明什么，假如专业与他的特长相符，兴许会好起来。于是，他的父母丢掉了贵族家庭的包袱，送他进了桑赫斯特军校，丘吉尔由此成了一名骑兵士官生。桑赫斯特军校是一所极普通的士官学校，有身份的人的孩子一般不会进这所学校。正是在这个上流社会子弟们瞧不起的地方，丘吉尔过得如鱼得水。军校毕业时，丘吉尔的成绩在班上名列前茅。

毕业后，丘吉尔以一家报社记者的身份前去遥远的古巴，采访和报道当地叛军与殖民地当局之间的游击战争。回国后，他又被派往印度服役。他善于支配时间，善于自学。在这期间，母亲从英国寄去了一部年鉴，这部年鉴收录了有关英国政治及世界情况的丰富材料。丘吉尔每天津津有味地研读，并认真记笔记，从中掌握了大量有用的知识。特别是对那些重要的议会辩论文章，他不但反复揣摩玩味，还把自己对有关问题的分析、评论与议会讲演人的观点对比，有意锻炼自己的雄辩能力。

在印度服役期间，他写了一本有浪漫情调的小说，在伦敦和纽约同时出版。3个月后，他又出版了一本有他自己冒险史的描写南北战事的畅销书。几本书的连续问世，使他名声大噪，一时间，他成了英国人心目中的英雄。

1899年，丘吉尔从印度退役回国，开始投身于他向往已久的政治生活。他竞选成功，在下议院中占据了一席之地。他的贵族家庭门第以及他的浪漫冒险史，使他这个下议院中最年轻的议员成了备受欢迎的政治新星。他那出类拔萃的演讲才华，充满激情的创造性见解，优雅果决的翩翩风度，使议会大厅里的听众屏息静气，心驰神往，千百人被弄得如痴如狂。几乎所有的政界人士都认为这个年轻人将会鹏程万里，前途无量，丘吉尔本人对此似乎也深信不疑，一副踌躇满志的派头。

果然,几经波折,丘吉尔终于如愿以偿,以33岁的年纪登上了内阁大臣的宝座。

9.戴尔父亲的教子经——深入社会、注重实践

迈克尔·戴尔是美国《财富》杂志评选出的500强企业总裁中最年轻的一位。戴尔的成功,与他父亲让他从小就参加各种社会实践活动是分不开的。

戴尔从小就喜欢摆弄各种玩具。父亲为他买回的小汽车、小飞机等玩具,他玩不了多久就会拆得七零八落。对此,父亲没有批评指责他,而是鼓励他拆散玩具后要弄清玩具的构造与机械原理。戴尔稍大一些后,父亲就常把他带到电脑操作室或修理处,让他观看和动手维修电脑,培养他对电脑的浓厚兴趣。到戴尔14岁时,父亲为他买了一台电脑。戴尔为了全面了解电脑组装和运行原理,将新买的电脑全部解体,反复仔细琢磨后再组装好。

后来,在父亲的帮助和支持下,戴尔不断地购买电脑零部件,改装成新的功能更强大的电脑。在初中毕业时,戴尔已能十分熟练地改装电脑,并且以低价购进零件,再把升级后的电脑卖出去。如此不断地动手实践,到18岁高中毕业时,戴尔成功创办了自己的"戴尔电脑公司"。

戴尔的父亲要求戴尔经常参加其他社会实践活动。在戴尔13岁时,父亲就鼓励他参加集邮活动。为了购买邮票,父亲鼓励他利用假

期与同伴去餐馆打工，让他亲身体验赚钱的不易；还让他参加集邮拍卖会，使他亲眼看到拍卖人赚到大笔金钱。15岁时，戴尔进行了他的第一次生意冒险：通过刊登"戴尔集邮社"广告，拍卖邮票，结果大获成功。

此外，父亲还要戴尔利用暑假推销《休斯顿邮报》，并要求他从推销过程中寻找窍门。经过一段时间的观察，戴尔发现，刚结婚和刚搬进新房的人几乎都会订阅邮报。于是，戴尔通过"结婚登记处"和"银行贷款处"找到这两种人的名单和地址，并向他们推销，结果订户大增，他也因此获得了不菲的收入。

较早地深入社会、注重实践，是戴尔成功的决定性条件，也使他成功的时间比同龄人整整提前了十年，而这完全得益于父亲的正确引导和良好教育。

反观我国目前的家庭教育，许多家长忽视了孩子的社会实践活动，不重视对孩子动手能力的培养，甚至认为孩子参加课外活动会影响学习成绩，对孩子的全部教育工作就是配合学校进行书本知识的灌输，让孩子花费大量时间和精力去记忆现成的知识，训练孩子的解题技巧和应试能力，致使孩子对动手制作和其他社会实践活动缺乏兴趣，结果使很多孩子高分低能，模仿能力强，但创造能力差。

在实施素质教育的今天，为了让孩子适应将来的社会需要，每一个为人父母者都应从戴尔父亲教子之道中获得启示，转变教子观念，重视培养孩子的动手能力，使孩子成长为既有丰富知识，又有实际操作能力的综合型人才。

10.唐骏:感谢父母给我的爱和责任

唐骏,微软(中国)终身名誉总裁,他领导的团队创造了一个又一个经营神话。他曾获得"中国信息产业年度经济人物"、"中华十大英才管理人物"、"中国十大科技人物"、"中国十大IT风云人物"、"中国十大最有价值职业经理人"等殊荣。他创造了日薪50万的记录,被誉为中国的"打工皇帝"。他对于中国的青年才俊来说,是一个标杆,一座山峰。

欢乐童年

1962年,唐骏出生在江苏常州的一个普通工人家庭。他的父亲是个很有意思的人,喜欢根据自己的工作经历给孩子起名字。唐骏的哥哥叫唐政,因为他出生的那一年,父亲开始从政,从一个普通工人变成了厂团委的宣传干部;唐骏的原名则叫唐竞,是父亲为了纪念他从团委调到生产竞赛办公室当主任;弟弟出生时,家里已有两个男孩,所以父亲很希望能有个女孩,结果又是一个儿子,所以弟弟叫唐余,多余的余。在常州话里,"骏"和"竞"发音相同,当唐竞到常州市东方红第一小学上学时,名字被正式改为唐骏。

父母虽然工作繁忙,但很疼爱几个孩子。每天他们下班回到家时,3个孩子往往已经睡下,但他们总要到孩子的床前看看、摸摸。唐骏的母亲特别勤劳,而且善于持家。加班回家后,她会把第二天的饭菜——一般是青菜——烧好放在桌上,留给孩子们第二天中午和晚上吃。母亲十天半个月会买一次肉,烧好后捞一勺出来放在青菜里,这样青菜吃起来就会有肉的味道。这样的日子,是唐骏一生最幸福的时光。

虽然生活艰辛,但唐骏的童年却不乏亮色。他们家的家庭气氛比较好，父亲经常让他和哥哥朗读课文，然后大声表扬他们；母亲对他们也很满意，总是笑眯眯地看着他们跑来跑去。在这样的环境下长大，唐骏从小就不缺自信心。从小学一年级到六年级，唐骏一直都是班长，后来又被选为大队长。无论是在学校还是在所住的弄堂，大家都很喜欢他，邻居还给他起了个外号"巧巧头"，常州话的意思是"聪明的孩子"。

大运河边有个公园，里面有假山，是捉迷藏的好地方，唐骏和小伙伴们经常往那里跑。在那里，他的组织能力第一次得到施展。通常，捉迷藏游戏是一人抓多人，但唐骏觉得这种玩法缺乏吸引力，于是提出了新的玩法。他用抽签的方法，把小伙伴分成三到四组，然后让大家进行比赛，哪组被抓的人少，哪组就赢。游戏加入了竞争，变得更有意思了，因此，很多孩子都特别喜欢和唐骏一起玩。

游戏规则的创新、父母的赞赏和小伙伴的簇拥，这些微不足道的小事，让唐骏拥有了空前的自信和满足。

苦涩少年

谁也没有想到，唐骏的黄金时代在刚升入初中时就结束了。因为一直以来都很优秀，所以升入常州市第七中学后，唐骏理所当然地认为自己一定还是班长。但正式开学的前一天，班主任通知唐骏去她办公室一趟。整个办公室就她一人，空荡荡的。班主任客气地让唐骏坐下，然后告诉他，新学期，他的职务不是班长，而是体育委员。唐骏的脸瞬间涨红了，他立刻站起来，气急败坏地质问老师为何不让自己当班长。老师说是为了培养唐骏，为了他将来在社会中能上能下。事实真相当然不是如此，但不管真相如何，这都让唐骏大受打击，甚至因此有了不想上学的念头。

而正好这个时候，父亲说家里要盖房子，希望唐骏和哥哥别上学了，在家帮忙。当时，唐骏感到了解脱的快意，而哥哥提出他要上完课再干活,因为他是班长,不能不上学。父亲同意了。而唐骏听了哥哥的理由后,更觉得心灰意冷。

这段盖房子的经历,对唐骏来说,一生难忘,影响巨大。

唐骏曾说:"那是我经历过的最冷的冬天。我13岁,读初一,却莫名其妙地成了建筑工地的童工。"

每天早晨,唐骏推着翻斗车来到大运河边,拿着簸箕从堤岸下到河边挑拣合适的砖石。它们埋在冰凉刺骨的河床淤泥中,要用两手使劲抠才能抠起来。有些河段没有从堤岸下到河道的石梯,唐骏只得奋力把盛满碎石的簸箕举过头顶, 勉强放在一人多高的堤岸上,然后自己再爬上去,把碎石倒进小车。寒风中,簸箕里的河水从缝隙里流出来,沿着手臂灌进袖管,一直渗到贴身的衣服里,那滋味真是苦不堪言。

父亲告诉他们,自打家里第一个男孩出生后,他和母亲就开始拼命攒钱,十几年下来,已攒下2800元的巨款。"地终于批下来了,给你们每人盖一间瓦房,长大后娶媳妇用。"

因为在城里弄块地盖房子是不可能的, 所以父亲花了大量心血,用了各种办法打擦边球,终于在郊区拿到一小块地。这个过程长达数年,其中的人情关系十分复杂,重点是父亲的好友是厂里级别较高的干部,此人又和这块地所在的大队党支部书记有交情。正好父亲的朋友也想盖房, 父亲便求他找大队书记将两家的地并在一处,批了下来。

父亲无论如何也要盖房的决心和毅力, 对唐骏影响巨大。20年后, 唐骏放弃了自己创办的3家小公司加入微软, 从底层程序员做起。他一直在寻找进入管理层和决策层的机会,希望自己能成为在更高层次上掌握自己命运的人,最终,他做到了。这要得益于父亲教会他的道理:任何事情都是可以变通的。这种方法不行,再换一种方法,循规蹈矩、墨守成规的人难成大事。

拿到地后,父亲给一家人算了这项唐家头号工程的成本。按当时的市价,盖两间房子需要4000元左右。父亲把老家的房子卖了780元,加上现有的2800元积蓄,余下的缺口要靠在建筑材料上精打细算。

经过父亲的一番计算,唐骏这才知道为什么自己家的日子总是过得紧巴巴的。当时父母每月的工资分别是62元和42元。唐骏对这两个数字印象极深,因为他们拿了十多年这样的工资,没有变动。从唐骏记事起,父母就如苦行僧一般省吃俭用。他们家所在的弄堂里有几十户人家,收入大致相仿,但唯有唐骏家的日子过得最寒酸。夏天,唐骏连一件短袖衫也没有,唯一的一件长袖衬衫还是哥哥穿过的。

父亲告诉孩子们,从现在起要全力以赴盖房。那时,唐骏的哥哥上高一,建筑工地上的活由父亲和哥哥干。因为要还父亲朋友的人情,唐骏家主动提出帮他家把地基一并打好。唐骏的任务是捡碎砖石,以做地基之用。

两家地基约需500翻斗车的碎砖石,父亲给唐骏定的时间是一年。每推一车砖石回家,唐骏就会在墙上写"正"字计数。整整一年,他的心里一直默念"还有车"。那个目标看上去触手可及,却似乎永远也走不到头。

父亲朋友家房子的开工日期早已确定,母亲非常着急,天天催促唐骏:快点! 快点! 捡完一天砖石回家,唐骏经常累得趴在桌沿上休息,等下班后的母亲做饭。通常饭没端上桌,唐骏就睡着了。

为了结束这样的日子,唐骏向父母提出了"我不要房子"、"长大后不娶媳妇"等诸如此类的抗议,但都不起作用。于是,他干脆假装生病,卧床不起。那天,唐骏看见母亲下班回来做好饭后一口没吃,就推着翻斗车出去捡砖石。过了很久,她才回来,乌黑的头发上满是白灰,面容疲惫不堪。但她依然走到床前,摸摸唐骏的额头,帮他掖掖被子,什么也没说。那一夜,唐骏怎么也睡不着。第二天,他就对母亲说,自己的病好了。

这段盖房经历对唐骏而言是苦难,更是磨炼。这段经历也让他的心态扭转了过来。现在,唐骏经常对自己说:"我什么苦都吃过,人生还有什么不能承受的?归根到底,人生没有什么可担心,也没有什么不能失去。"

跨越就是成功

1980年,唐骏考入北京邮电学院。拿到录取通知书的当晚,他辗转反侧不能入睡,他回忆更多的不是人生旅途成功的瞬间,而是那些刻骨铭心的失败和挫折。

大学毕业后,他先后留学日本和美国。因为在学校待的时间很长,所以,唐骏有很重的校园情结。成为职业经理人后,他在业余时间里做得最多的事就是给大学生们演讲。"经常有学生问我,不知自己未来的前途在何处,人生一片迷茫。其实,15岁的我、25岁的我,甚至35岁的我何尝不是一样困惑、彷徨?"

2004年2月,唐骏加入盛大公司任总裁。2005年年底至2006年年初,是唐骏职业生涯最艰难的时候。当时,盛大的状态相当低迷,员工对自己的前途产生了怀疑,媒体也纷纷议论盛大开始走下坡路,并质疑唐骏为什么还不离开盛大,是不是无处可去了。父母听到消息,也打电话对唐骏说:"回来吧,你不是老板,又不缺钱,受那么大委屈,有必要吗?"

面对周遭的质疑和劝说,唐骏选择了坚持。最终,事实胜于雄辩,盛大一天天好了起来。2008年4月,唐骏卸任盛大网络公司总裁,加盟新华都集团任总裁兼CEO。

"很多人觉得如今的我很成功,很风光,但他们不知道我对艰难时刻的品味远多于对辉煌时刻的品味。因为我知道自己是一个普通而简单的人,我的人生没有奇迹,也不曾走过任何捷径。在我看来,成功固然让人欣喜,但失败和挫折更让人难忘,而真正成功的人则是那些跨越了失败和挫折的人。明白这个道理之后,我非常感谢我的父母。我小的时候,他们力所能及地给我爱;我日渐长大后,他们又及时让我知道了一个男人应该承担的责任。有了这两样打磨,我才有了足够的信心和勇气,去面对日后的一切挑战。这样的人生,怎么会不成功呢?"

第六章

寓教于乐

——星爸的育儿经

《爸爸去哪儿》红了，几个孩子萌化了一大片观众，也让我们开始关注这些星爸的育儿经……明星也是平常人，明星爸爸对于养育自己的宝宝又有什么绝招和经验呢？想知道吗？那就快来取经吧！

1.《爸爸去哪儿》——五种中国式教育理念PK

湖南卫视的《爸爸去哪儿》很火，火的不仅是明星家庭本身，更是明星爸爸的教育方式。节目中，明星爸爸教育孩子的方式，有哪些是值得我们学习的呢？

迷茫式

节目初期，田亮的宝贝女儿田雨橙大展"哭功"，不停地撒娇哭诉，吵着要回家，一度让田亮束手无策。有观众认为，田亮和孩子之间的沟通不够，孩子一哭，他就完全束手无策了。

田亮说，对孩子的教育应该鼓励为主，严厉为辅，要把握好度，培养孩子的综合素质。"家人都批评我太宠她了，她都把脚塞到我的嘴里了。"田亮说。

温和式

林志颖的教育方式很温和，很适合自己的孩子。林志颖每次和孩子说话都会蹲下来，以一种平等的姿态与他沟通。而kimi每提一个要求，林志颖都会立刻去做，这种宠爱的方式很适合小kimi，因为小kimi性格内向，害羞得像小女生。而在林志颖的教育下，小kimi也很乖巧、可爱，爸爸简单几句话就能立刻将他哄住。

林志颖透露，他曾因儿子做错事而把他关在厕所。"我不是一味溺爱和纵容，我常会一把抓起他，放在我家的一个透明玻璃厕所里，限制他的行动，让他意识到自己的错误。"

宠溺式

因为很少在家的缘故，出于亏欠的心态，王岳伦对女儿很宠溺，只有在该严厉的时候才会拿出做父亲的架子。王岳伦自认为在照顾孩子方面不擅长，是个"不专业"的爸爸。

王岳伦这个自称"不专业"、对女儿照顾比较少的爸爸，偏偏有个凡事不服输的女儿，女儿各方面都想第一，这让王岳伦压力很大。

哥们式

张亮和孩子做朋友的教育方式很不错，这对模特父子平时嘻嘻哈哈宛如兄弟，凡事都能商量。张亮把水洒在儿子身上时会说对不起,同样,做饭时儿子多放了盐,也会认识到自己做错了,给大家添了麻烦。

张亮对孩子很有耐心,疼儿子却不溺爱儿子。张亮表示,不会告诉孩子应该怎么做,而是启发式地教育孩子。比如,孩子不愿意上幼儿园,张亮就会让儿子先去幼儿园学知识,然后回来教爸爸,这无疑激起了孩子的学习兴趣。

散养式

郭涛是一个严父,他的教育方式是大老爷们儿式的。在节目中,石头遇到事情时,郭涛一般不会插嘴教导孩子该怎么做,他总是笑着在一边看儿子如何解决。这养成了石头善于独立思考的习惯,并且对游戏有求胜欲,不怕吃苦,胆子大。

关于对孩子的教育,郭涛觉得男孩应该放养。"我的教育方式是比较自由宽松的,任其兴趣发展。"郭涛身边的朋友都知道郭涛在陪孩子的时候非常有耐心,除非"小石头"表现特别顽劣,比如,有一次因为"小石头"很不尊重外婆,被郭涛打了一顿。

2.郭涛育儿经:与孩子太哥们也不成

说起育儿经,郭涛说,对石头的教育是"大棒+胡萝卜"的政策,"这小子有时候跟他太哥们,他就要骑到你脖子上拉屎"。谈到其他几位爸爸的教育方式,郭涛觉得王岳伦和闺女俩就像小情人似的;田亮都不知道油瓶子在哪儿,更别提扶起来了;张亮和天天就是没大没小……

郭涛说，"我之前没想到，录制一个综艺节目竟然能把自己差点儿累趴下。"他告诉记者，在云南拍摄的时候，天一直在下雨，但他们还要在水泥塘里头滚爬、干活，然后又要去捞鱼，最后被冻感冒了。

当有媒体记者问他："在节目中，你看起来挺严厉的，怕不怕石头觉得爸爸怎么那么'坏'呀？"

郭涛回答说："不是坏，我能够感觉到他怕我。说实话，这种教育方式我自己也有一些排斥，但作为中国人，受传统文化的影响，或多或少都有那么一点点所谓的父权的威严，或者是严父的威慑，或者是不可理喻的东西。但你不能把它作为特权去要挟孩子，或者压制孩子的个性，这是不应该的。你看我在节目中老吼他，其实我就是想让他安静下来。我发现，我跟石头有时候太哥们了也不成，太哥们，他就要骑到你的脖子上拉屎了。但大部分情况下，我跟他还是挺哥们的！"

郭涛坦言："毕竟我是一个北方人，相对来说，性格和处事方面比较粗线条一点，对孩子是散养，给孩子带出来的气质比较男性化，这种东西更被网友认可。因为男人就是男人，最好是有那么一点不拘小节的性格，不要叽叽歪歪的，同时还要有一些担当，有一点责任心，有中国传统意义上道德的约束。当然，必要的拥抱、必要的放松、必要的妥协都是应该的！"

"我觉得孩子有很多天性，有很多淘气的东西，那些小的细节不用太计较。"他对记者说，"每个爸爸都有很多他们擅长的。比方说，王岳伦跟王诗龄的关系，那两个就跟小情人似的，天天就腻着。女儿淘气或者犯萌的时候，爸爸就是笑，就是高兴，就是一种欣赏，他享受这种幸福的过程。王岳伦的心比较细，对孩子无微不至，小姑娘是个顺毛驴，这是他们的一个特点优势。天天和张亮，他们俩就是没大没小，这可能跟他们的年龄和性格有关系。张亮大概二十四五岁的时候就有孩子了，在孩子长大的过程中，父亲也得到了成长。他们有时候互动的东西，好像是张亮在教育孩子，其实也是一个自己再学习的过程，我都能感觉到。我觉得这是一种非常鲜活的教育方式，因为它是不断成长的，不断在学习中进步，没有那种刻板的、僵死的命令，他们的这种方式也是我需要学习的，毕竟是男孩嘛！"

3.林志颖：赏罚分明，做了错事及时教育

林志颖这个形象摩登的奶爸，育儿观念却挺老派，他坚持"三岁定一生"。"我是属于那种幼稚起来比孩子还疯狂，严格起来也很严格的老爸。我觉得0到3岁定一生，作为父亲，不是说供他吃好穿好就够了，还要教育他对和错。"

"我不希望他一直依赖我们。小时候他跌倒，在那边哭得很难过，我心里也很难过，但我还是会让他自己站起来。再比如，他有时会说'我要什么，我要什么'，这不行，你要问'可不可以'。现在他会说话了，也开始有自己的想法，遇到叔叔阿姨不肯叫，我只好循循善诱，告诉他见人要称呼。一些基本礼数，我非常重视。"

林志颖觉得当好爸爸最重要的是做好示范："现在的小孩都很聪明，模仿能力很强。有时我在处理公事，他在旁边也会有模有样地学习，身教很重要。"

"当小孩做错事时，要及时教育，让小孩明确知道，这样的行为是不对的。"林志颖对儿子赏罚分明，不听话时，就立刻限制行动或罚

站。有一次，儿子把家里的打印机弄坏了，林志颖当即就把他关进了透明的厕所里，直到他明白，那是工具，不是他的玩具。

"我并不像现在很多年轻父母那样溺爱孩子。不过，再怎么样，我也不会动手。小孩子不能打，我会跟他讲道理，最严重就是罚站，这对他来讲已经很严重了，看状况5分钟到10分钟。他有时候罚站会在那边动来动去玩墙壁，我说你再玩就继续站。"

现在有的小朋友进小学就开始使用手机，林志颖不希望孩子这样。"我以前会给他玩iPad或者手机，现在不给了，因为那些东西很新奇很刺激，偶尔玩玩还可以，一旦沉溺，他看书的时候就会静不下来，在学习上也会表现得没有耐心，这也是0到3岁必须养成的习惯。我儿子现在非常喜欢看书，我们家里有很大的书柜，他虽然不识字，但是经常会说'爸爸，我要听这个'。从小就培养孩子的阅读习惯，养成这个习惯后，孩子就会对书很有兴趣。"

在林志颖看来，养小孩就像放风筝，"这是我父亲教给我的教育方式，因为我们家有5个兄弟姐妹，父亲把我们当成5只风筝，让我们自由地飞，飞得太高了就拉低一点，飞偏了再修正过来。我想，我也在用这种方式去教育小小志。"

对于未来，林志颖强调自己绝对不会干涉孩子的爱好，他愿意往演艺圈发展也好，愿意成为一个赛车手也罢，总之"会让他自由发展，把我所会的都教给他"。

4.王岳伦:不做"甩手掌柜型"爸爸

谈到女儿时,王岳伦说:"她各个方面都想得第一,甚至不能有人说爸爸没有拿第一。如果有人或者别的小朋友说到这个,她就会很不高兴,然后发脾气。"这个"争强好胜"的女儿,让王岳伦压力不小。

节目中,王诗玲表现出了高过年龄的情商,她像个大姐姐一样组织小朋友们开展活动,主动和大家握手示好,还时不时调侃不够"能干"的爸爸"你跟我不学无术就算了",做错事了还会主动向其他小朋友和大人道歉,被大伙盛赞"这是一个通情达理的小姑娘"。这一点,深得妈妈李湘的真传。

镜头一:小诗龄不愿意学唱歌,想去和小羊玩。王爸爸:"不学的话,咱们比赛就会输,输了中午就不能吃饭,不能吃饭你就会饿!"小诗龄立即乖乖拿起乐谱,端正学习态度努力学唱,王爸爸则在一旁露出得逞的坏笑。

镜头二:小诗龄不愿意出门,起床气爆发,大哭起来。王爸爸:"别哭了,再哭那什么了啊!"女儿继续大哭不止。

镜头三:睡觉前,父女俩在床上谈心。王爸爸:"已经很多次了,你有个很大的问题你知道吗?"王诗龄:"发脾气。"王爸爸:"不止啊,你发脾气的时候,无论手上有什么东西你都把它扔地上。你觉得这样做对吗?为什么每次都这样做呢?"小诗龄低头思索。

从两期节目中可以看出,王岳伦在家属于"甩手掌柜型"爸爸,小诗龄的甜嘴巴应该得益于妈妈的精心教导。从王岳伦和王诗龄的沟通中可以看出,每次王诗龄哭,王爸爸的反应都是慢半拍,而且不懂孩子哭的原因,也不知道如何去哄。

由于工作的关系,许多家长都不能清楚了解到孩子一天内经历了哪些事，加上代沟的关系，家长和孩子的交流会遇到许多困难。这时，家长可以通过"技术支援"，例如老师、配偶、网络等来拉近和孩子之间的距离。

家长可以多向经验丰富的老师和配偶、长辈等取经，通过他们更加深入了解自己的孩子；在了解了孩子的情况后，再去学习和孩子交流沟通。在和孩子交流时，不妨多让孩子讲讲自己经历的趣事，需要引导孩子学习时，也可以用他生活中的事件来举例，比如，"老师今天教了这些东西，爸爸不会啊，你教爸爸好不好？"若孩子喜爱新奇的事物，家长还可以借助互联网，将想要说的道理、知识通过相关视频、材料，以更多样化的形式传达给孩子，给孩子更多的感性认知。这些方法都能让孩子更好地理解家长想要表达的内容。

5.张亮：最好爸爸炼成记

1982年出生的模特张亮是5个爸爸中年龄最小的，也是知名度最低的。如果不是这档节目的火爆，相信很多人都不认识这个长着标准东方面孔的帅哥，虽然他贵为国内首席男模，是中国登上米兰时装周的第一人。以至张亮自己都自嘲："大家都问我是不是从火星冒出来的？"

节目中，他平等相处的育儿方式在5个爸爸中最受好评，播出4期，他在微博上的粉丝数从11万涨到了220万，连专家都在报纸上一板一眼地肯定，"张亮是一个情商很高的爸爸，在与孩子的相处中，他知道采用什么方式能收获最佳效果。"

现在想来,他很庆幸25岁就做了爸爸,当时他没车、没房,刚从地下室出租屋里搬出来,是真正意义上的"裸婚"。那是他刚入模特行业的第二年,当妻子告诉他这个意外的惊喜时,他只是出于本能点了点头,至于养活这个小生命需要怎样的成本和代价,他没想过。

　　"如果现在再考虑是否要孩子,我可能会有很多顾虑。"张亮说自己身边的很多朋友年过30,经济条件已趋成熟,却更担心无法给予孩子最好的成长条件。"我当时完全是赶鸭子上架,第一次换尿布都是上网学会的。"张亮懵懵懂懂就成了模特圈里罕见的年轻父亲,身边没有任何朋友可以交流育儿经, 他之所以跟儿子成为好哥们儿,恰恰是因为自己当时也不过是个孩子,"我算是跟天天一起成长的"。

　　不过, 天天在节目开始时的表现并不好,他在5个孩子中最先发难。抵达灵水村后,先是为了要交出iPad大发脾气,又在大家参观要住的房子时站在门口不肯进去, 百般抱怨"屋子好恶心,好臭",甚至后来张亮在他鞋上洒了水也要闹腾一番。张亮倒是对儿子的洁癖表示理解:"这些房子在农村已经废弃三四十年了, 而且我们住的那所好像在抗战时期被烧过,还有那么一股子味道。要知道,在外面他想去洗手间的话,我一定要把车停在一个星级酒店,马路边那种公共的卫生间,他是绝不肯进去的。"

　　天天算是有点遗传他儿时的少爷脾气。在15岁之前, 张亮是个衣食无忧的北京少爷,家在房山,父亲开煤矿,母亲专职操持家务。1997年时,他每个月已经有3000块的零花钱,比很多上班族的工资还高。富裕生活的终结几乎是一夜之间,父亲重病住院,每天住院费上千,不到3年就耗尽了家里全部积蓄。

　　张亮的父母因为年代原因没怎么读过书。母亲只读到小学二年级,他们把所有希望都寄托在学校教育上,希望孩子能好好读书,出人头地，所谓的家庭教育不过是严厉配合而已。

张亮有个孪生姐姐和他同班，不幸的是，姐姐每次考班级前三名，而他则是倒数三名。在以成绩为孩子一切衡量标准的90年代，从小到大，他一直生活在姐姐的阴影之下。有一次考试，姐姐考了100分，他只得了20多分，心想回去一定要挨骂，于是，他就央求姐姐说放学后请吃冰棍，让她帮忙向父母瞒过这次考试。吃完冰棍后，张亮高高兴兴去游泳，刚进家门，父亲便阴沉着脸过来，问考得如何，他装糊涂说没有考试，父亲上来就是一脚，张亮这才知道姐姐回家就打了小报告。

与父亲的教育理念不同，有了儿子后，张亮下决心要让儿子做一个无拘无束的孩子。他送他去普通公立幼儿园，不强迫给他报任何兴趣班，甚至提前替他考察好的小学，也是负担不太重、以创造性教育闻名的学校。天天喜欢骑单车、玩电子游戏，所以他才会抱着iPad死活不松手。张亮唯一给孩子报的特长班是绘画课，而且用的是启发式教法，比如一上课，老师就会要求小朋友画出自己想象的世界，而不是画出来要求大家临摹。

张亮的教育方式也是这种启发鼓励式的。天天刚开始不愿去幼儿园，张亮就跟他商量："先去幼儿园学知识，回来教给爸爸好不好？"儿子不肯参观屋子，张亮自始至终没有丝毫不耐烦，他总是摆出一副"我理解你的感受"的表情，然后协商尝试各种办法，先循循善诱"这里有鸟快来看"，又建议"要不你像我一样憋气"，然后付诸行动"我扛着你进去吧"，成功后还不忘转移注意力调侃"你真重，比妈妈还要重了"。

在这种没有压抑气氛下长大的天天，在张亮面前可谓畅所欲言，不用担心爸爸会突然翻脸，摆出一副权威压制他。也因此，天天在在想象力方面特别突出，经常会有天马行空的奇思妙想，让张亮哭笑不得的是自己也常常"被这个二货带着走"。

在灵水村,他们住在农户家,院子里架上的葫芦上绑着绳子,张亮想趁机教育孩子这是一种种植方式,就问天天知不知道是为什么。没想到天天语出惊人,说这是"西瓜荡秋千"。还有一次,天天抱着一只鸡在门口玩,张亮问这是公鸡还是母鸡。天天很干脆地回答:"母鸡!村长说了,小冠子是母鸡,大冠子是公鸡!"张亮顺口说,那是女孩子,给她起个名吧!天天想了想,脱口而出"寇静"。张亮无奈道:"寇静是你妈!你能换个名字吗?"

在节目最初爆发性释放完情绪后,天天就一路能量饱满,表现也越来越令人刮目相看。在第一期"找食材"环节中,王诗龄让天天帮忙拿东西,他很爽快地就答应了;看到田雨橙拎那么重的东西,哪怕自己已经很累了,他还是会跑过去主动帮忙。这对于一个五岁半的孩子来说,已经很有担当了。甚至第一天吃晚饭时,只有天天注意到摄像师没有吃饭,喊着"程叔叔,一起吃"。

都说父母是孩子最好的老师,张亮在团队中也是明显的"奉献者"角色。因为厨艺精湛,他的新绰号是"亮长今",第一天就掌勺了大家在农家的晚餐,在之后也很细心教其他爸爸切菜;石头炫耀自己在没有Kimi的陪同下独自找到锅时,他悄悄教育"你和Kimi是一个团队的,这是集体的功劳";在宁夏沙坡头湖里捞鱼时,他想到王岳伦没捞到可能不好向女儿交差,便自己捞了一条后悄悄递给了他。

这大概也跟张亮的成长经历有关。他的父亲生病后,家里只能供他和姐姐中一人继续读书。张亮选择了辍学,做了粤菜帮厨。工资1000多块,他省吃俭用拿出一部分来给姐姐做生活费,自己则住在潘家园一处地下室。房间在地下三层,一开门一股死老鼠味,为此,他常常是早出晚归,尽量避免待在家中。

他16岁就学会了养活自己,20岁时,经历了第一次失业。兜里揣着1100块钱，他辞去了枯燥单调的厨师工作，搬到了工大桥。那里后来拆了盖了欢乐谷，他还回去看过一次，"我当时就在那个跳楼机正下方。"后来，他找了一个在耐克做导购的工作，店铺在公主坟。为此，他每天5点半就得出门，走到平乐园站去坐52路，7点40到店。

幸运女神终于想起了这个乐观勤奋的年轻人。一次偶然的机会，一个做模特的朋友一天内接了两个活儿排不开时间，便让他去面试。虽然当时没选上，但他被一个经纪人看中留了电话，一周后叫他去了另一个面试，结果成功了。那是2004年，他做兼职模特走一场秀可以拿150块钱，对他来说已是天价，第二年正式入行，之后一帆风顺。

可以说，天天出生后，正是张亮事业开始起步之时。虽然工作越来越忙碌，可他却保证一个月要陪儿子一周。在走秀的淡季，他会带上全家一起去海岛度假。有时晚上12点在外地收工，第二天早晨8点又要匆匆赶往另一座城市，张亮依然会选择飞回北京家里，哪怕只呆上4个小时，看看儿子熟睡的脸庞，出门前在他额头印上一吻，虽然儿子可能压根不知道爸爸回来过。

几个爸爸私底下交流的时候，都说张亮是陪伴孩子时间最多的。从节目里也可以看出，他跟儿子经常欢快击掌，默契十足，显然平时就很亲近。两人都很擅长情感表达，出门时，天天一直担忧自己会表现不好，反复问张亮："你相信我会听话吗？"张亮的反应则是："我当然相信你，我不相信你谁相信。"天天常常把"爸爸我爱死你了"、"爸爸你做饭最好吃了"这些话挂在嘴上，在爸爸PK时得了最少的票数(一根狗尾巴草)时，他拔腿就往外跑，被错怪后委屈地回答："我只是想自己找一根狗尾巴草给你……"

这一幕让很多观众瞬间泪奔，但最动容的还是在第四期结尾的谎言测试游戏中，爸爸们故意摔碎别人孩子细心呵护的鸡蛋，孩子们要么发脾气告状，要么又哭又闹，唯独天天丝毫没有埋怨"坏叔叔"田亮，还让他"快走"。他先是对爸爸撒谎，戳穿时解释"其实我不想让你知道是他打碎的"，并主动将过错揽自己身上，"对不起，你打我吧"。而在面对爸爸的关心时，他边擦眼泪边反过来笑着安慰爸爸"没关系"。

现场导演蒋良称赞天天的情商最高，并希望自己的儿子也能这样。"情商高的主要一个特点就是互动性强。天天知道怎样把自己的情感表达出来，让你可以体会到他对你的关心和爱。"有网友则评论说："在其他几对的身上看到的更多是父爱，而在张亮和天天身上却能看到反哺。"

6.田亮：参加节目之后，很会照顾女儿

比起"完美奶爸"林志颖的无微不至，田亮在镜头前的表现遭到了一些网友的诟病。"他们认为孩子问我问题的时候，我不太搭理她，或者说我不太会'哄'孩子。"

田亮苦笑着说："其实参加节目之后，我已经变得很会照顾女儿了，我们俩现在的感情也特别深，但是我的一些教育方法有时候真的不太适合在电视上表现出来。"

田亮透露，导演说孩子们第一次面对这么多摄像机，最开始都会不适应，Cindy 其实前期一直没有适应，她想家，害怕村长，害怕陌生人，更害怕这个新环境，所有的情绪都压抑在心里。包括到村里上交玩具、领食物、抽签分房间，她基本上都不参与。她当时很害怕，就

一直躲在自己的内心世界里，躲在他的身后。等后来她放开了，对着镜头、人还有陌生环境，就没那么害怕了。

很多记者都会问田亮："有没有想到后来 Cindy 会表现那么好？"

田亮对此的解释是："你们应该有注意到当时王导说'我估计最担心的应该是田亮'的时候，字幕出来是'田亮在下面谈笑风生'。其实当时我并不是真的在聊天，而是下去走了一圈，因为我怕 Cindy 一直处在想回家的状态，真的放心不下。后来远远看到她状态已经好转，就放心地回来了，然后我才开始和村民聊天！因为 Cindy 在身边的时候就是一个女汉子，遇事会马上反馈，伤心的话马上就好了，而且平时喜欢帮助这个、安排那个，管得特别多，是一个精力极旺盛的女孩。所以逆袭的时候才是她真正的性格，那时她已经没有恐惧感了，完全放开了。"

田亮说，参加完节目后，他变得特别会照顾女儿。他说，Cindy 从小腿部力量就比较好，喜欢跑跳，也喜欢唱歌，但是会害羞。她在户外活动方面像个男孩儿，很自信，什么都敢玩；但唱歌方面会不好意思，因为不知道自己唱得怎么样，那个时候就特别女孩。她如果平时表现好，田亮就会带她去旅行。现在她正好面临上学的问题，因为她是一个特别开朗的孩子，女汉子是她真正的性格，现在父女的感情很深，她对田亮也越来越依赖了，意识到"爸爸除了可以陪我玩儿，其实也可以照顾我"。

"其实，照顾她我是很讲究的，但是不熟练，所以她经常配合度不高，但还是特别喜欢跟我一起玩。我发现，其他爸爸有很多都是非常可爱的奶爸，跟孩子的沟通和互动也很多，所以今后这方面我需要加强。"田亮总结。

7.崔永元:女儿比我聪明

崔永元说女儿比他聪明,喜欢画画,比他画得好、画得有思想。她画画从来不看画册,爱怎么画就怎么画,常常会画出许多意想不到的"经典"之作。他评价女儿的时候一般都持肯定态度。什么"长脑袋的桌子"、"四条胳膊的人",只要她能解释,能自圆其说,他都认可。他尊重女儿的意愿,从来不会去干涉她,或对她的画画技巧有什么高标准、严要求。他觉得,想让孩子学会一种本领,首先要让她喜欢,要让她体验到学习的乐趣,这是最重要的。

在崔永元的录音间里摆着一部老式电影放映机——这是小崔的珍藏,镜头经过改造,可以放映宽银幕故事片。他曾经想用这部老电影机给女儿放自己钟爱的老电影,但女儿不爱看,崔永元对女儿说:"你看了爸爸才高兴。"连哄带骗地,女儿才勉强看了两次。他对自己的《电影传奇》特别钟情,也希望女儿喜欢,但是女儿显然并不感兴趣,所以至今小崔一说到这事就显得很郁闷。

尽管如此,崔永元还是说,他不会刻意为女儿安排什么,他希望她能走自己想走的路。将来固然重要,但成长的过程和成长的快乐更重要。对女儿,他永远只有最低要求,那就是健康、快乐和平安。

8.于丹:向孩子学习

"如果你总是认为,自己走过的桥比孩子走过的路还多,那你就放弃了被孩子影响的权利。"著名学者于丹这样和大家分享自己的育儿经。

于丹说："自从女儿出生，我一直都在向她学习，她成长的每个阶段都有自己的逻辑。"于丹笑着说起自己和女儿的一个小故事。有一次，她带着两岁多的女儿坐飞机，看着窗外的白云，女儿说："妈妈，我们去外边用白云堆雪人吧！平常只有等天上的云落到地上才能堆雪人！"于丹说，自己实在不忍心告诉孩子白云其实是由水汽凝结而成的，"我们总是被教育要去认同科学，却忽略了童话也值得被认同。孩子的思维需要被尊重，孩子们在小时候得到尊重，长大也会尊重别人，去珍惜那些本真的快乐。文化的意义，不也是要我们去体会那些生活中的快乐吗？"

"女儿对自然保持着一种敏感，人世间的事情她有时候会一语中的。"于丹说，"有一天，她很深沉地问我：'妈妈，我知道全世界你最爱的人是我，可是你第二爱的人是谁呢，是姥姥还是爸爸？'我出于教育的目的，说是姥姥。她说：'我知道你会这么说。'我问为什么，她脱口而出的答案让我眼泪当时就出来了：'因为我们三个原来是在一块儿的。'她当然不觉得她是一个外人，我爱她是理所应当的，我们三个必须相亲相爱。"

"我女儿给了我一种直观的思维方式。简单有时候就是真理。童言无忌，就是因为她没有受到那些工具的束缚。她保持着童话的想象，在我们司空见惯的东西上加上了太多的惊喜。"于丹强调说，"我相信，如果你向孩子学习，能够唤起你的天真，让你活得明白坦率、简单纯粹。"

9.陈道明：强势父亲知错能改，不怕丢面子

所谓"家教"，就是一个家庭的教育之道，而优秀的家教一般都具有很强的传承属性。陈道明的教女之严是非常出名的，但同时，他的教育之道也很独特。陈道明说："我从不改造她，绝不强加。我给她定的指标特简单，第一是身体好，第二是生活要快乐，第三是尽量学习好。"

由于工作繁忙，虽然小格格是陈道明与杜宪的掌上明珠，但陈道明在女儿年幼时绝对算不上一个称职的父亲，同样，杜宪那时也不是位称职的妈妈。格格长到10岁，他们带她的日子加起来不超过3年，小格格是在外公、外婆身边长大的。尽管格格不常在爸爸妈妈身边，但爸爸妈妈对她的教育却丝毫没有放松。相比较而言，当了先奇影视公司董事长的杜宪照顾格格的时间多一些，她只要和孩子在一起，就会合理地安排她的学习和娱乐。格格也很懂事，很听妈妈的话；但对爸爸，她有时很有"反抗"精神。

格格10岁那年春节前的一个星期天，陈道明、杜宪约了一些朋友出去吃饭。那天下午，陈道明和女儿一直谈笑风生，玩得很开心。陈道明原先是不打算带格格去吃饭的，但朋友们都说大过年，也该带孩子出去玩玩，陈道明便接受了这个建议。临走前，他拿起一本书，问格格："这个字怎么念？"格格玩得正高兴，调皮地躲开了，不回答爸爸的提问。"格格，过来！"陈道明说。"就不。"格格笑嘻嘻地回答。"靠墙站着去。"陈道明不知为何，突然火了起来。见爸爸发火了，格格不敢再调皮，只得乖乖地靠墙而立，眼里含着泪。

为了惩罚格格，陈道明决定不带她出去吃饭，让她待在家里和

阿姨一起吃。

在去饭店的路上，杜宪低声对陈道明说："这就是你的不对了，孩子不是在跟你玩嘛！怎么当真了？"陈道明说："我说话，她不听，这不能迁就。"陈道明长年在外拍戏，每一年能和女儿待在一起的时间并不多，他对女儿的疼爱是很具体的，譬如，有时间往家里打电话，总要听听格格的声音；回到家第一件事，就是抱抱他的小宝贝。但同时，他对她从不溺爱，对她的学习，甚至平时的言谈举止都格外注意引导，让孩子在各方面都养成良好的习惯。

然而，这一次对格格的"家法处理"，似乎有点"执法有误"。在车上，朋友们一致对陈道明此举提出了批评，陈道明回过头来一想，也觉着自己似乎严过头了，让格格受了委屈。于是，他将车子掉头，又去接格格。

格格见到爸爸来接她，水汪汪的大眼睛一下就红了，扑进爸爸的怀里。瞬间，这父女俩好不亲热。"爸爸，对不起，我错了。"格格说。陈道明心头一软："不怪你，格格！"面对乖巧懂事的女儿，这位银幕上的硬汉子也愧疚地红了眼圈。

这件事让陈道明明白，"严父慈母"的教育方法是可以的，母亲牵挂得多一些，照顾得多一点；父亲原则性更强一些，在大的方面进行一些指导。同时，父爱可以严格，但不能"太严厉"，否则很可能会"过犹不及"，使一天天长大的女儿感觉不到父爱，反而还有可能记仇。这样不只会影响亲情，更会使孩子对家长有逆反心理。所以，从此以后，陈道明一改严父姿态，和女儿交起了朋友。

小时候的格格，按杜宪的话说就是："我们家的孩子可没有公主的感觉，就像个野孩子，挺贪玩的。有的孩子就坐得住，我们家这个不行，得整天追在后面，家长跟她一块累。"

关于女儿的教育,杜宪的心里很矛盾:一方面自己和丈夫的工作都很忙,无法很好地照顾和教育女儿;另外就是孩子一天天长大,他们作为父母,当然希望孩子能受到更好的教育。格格的艺术天分很好,而国内的教育大多都注重数理化,西方的教育方法则更注重孩子的天分,进行个性化培养,这有利于孩子的成长。

为了孩子的将来,她忍痛和陈道明商量是不是该把女儿送到国外读书。其实,早在两年前,陈道明就有把格格送到国外念书的打算,但考虑到杜宪太爱孩子,不会舍得让女儿远游,就忍住没说。这次杜宪一提出,他马上就答应了,并且很快通过朋友选定了一家英国的学校。杜宪不远万里送格格去学校,帮她把一切都打点好了后,回国的日期却一推再推。最终离开时,杜宪在飞机上忍不住痛哭失声。

其实,陈道明也舍不得女儿离开身边,但他的观点是:女儿属于社会。"我想,孩子将来回归家庭的时间会越来越少,她是属于社会的。她更应该对社会有感情,愿意给社会做事情,要让社会去教育她。家长不能只是养了一个大宝贝,那不成。"

事实证明,陈道明和杜宪的决定是对的。13岁的格格很快就适应了英国的生活,在学校里有了很多伙伴,她的成绩也让爸爸妈妈非常满意。

暑假的时候,女儿格格回国。半年没见,女儿给杜宪最直接的感觉就是长大了。格格这次回家和妈妈还是那么亲热,但她总是把自己一个人关在房间里。杜宪想和女儿沟通,却不知道女儿到底在做什么。一天夜里,杜宪无意中看了一眼女儿的电脑,她看到了女儿没有做好的一幅动漫,上面有个女孩坐在星夜的窗下托着腮好像在想什么,画面的背景是用粉色的心形连成的。杜宪一下就明白了,女儿肯定是恋爱了。女儿每天都把大量的时间用来上网和那个男孩子联系,所以和妈妈的交流就少了。

　　替女儿盖好被子回到房间后,杜宪就再也睡不着了。陈道明听了妻子的话,也感到很意外,但他很快就释然了:女儿大了,这也是正常的,关键是不能让青春期的朦胧感情影响到她的学业及心情。陈道明和杜宪决定,找机会和格格谈谈。

　　第二天,杜宪起了个大早叫醒格格,说爸爸要带他们去护国寺吃小吃。那里的小吃是格格从小最爱吃的。那会儿,陈道明不像现在这么忙,经常一大早带格格去喝豆汁。那天,等格格吃饱之后,陈道明认真地对格格说:"这里是我和你妈妈谈恋爱的时候经常来的地方,以前没有麦当劳、肯德基,我和你妈妈都还是学生,去不起大饭店,只能来这里。这里的东西不仅便宜实惠,味道还很鲜美。我们今天带你过来是想和你好好地聊一聊。20年前,我和你妈妈因为人生的目标、志趣相投,觉得彼此是可以托付一生的人,于是走到了一起,共同创建了一个家,还拥有了你。爸爸只想告诉你,你现在还小, 思想还不成熟,很难承担起人生中最美好的爱情所赋予的责任, 所以爸爸妈妈希望你能够再过几年没有压力、没有忧虑的日子。"

　　陈道明一口气说完这么多话的时候,格格早已泪水涟涟。她没有想到父母居然知道了自己的小秘密,更没有想到父母会如此用心良苦。在那一天,她知道在这个世界上最爱她的人是谁,也明白了自己心中最重要的是父母。

10.易中天：人生道路只有自己选择

"我走上百家讲坛，成了'名人'，对往事的回忆，我的看法是'三多三少'：多一点感恩，少一点抱怨；多一点宽容，少一点挑剔；多一点理解，少一点争执。"学者易中天在事业获得成功后，回到母校武汉大学，为答谢师恩设立了奖学金。对于其捐款设立奖学金之举的目的，易中天说是：续缘、感恩、助学。

易中天对教育有自己的看法："教育的根本目的是实现人的全面自由发展，让人更像人，而不是像工具，或者是机器上的一个部件。"他认为最好的家庭教育就是不教育。他说，在子女教育中，父母最重要的是营造一个宽松、自由、民主的氛围，让下一代自由成长，因为每个人只有一个人生，人生道路只有自己选择，别人替代不了。

易中天女儿上高三时，想请父亲对自己填报高考志愿提些参考意见，他给女儿的建议是"四项基本原则"和"三维坐标系"。"四项基本原则"是：兴趣原则，选的专业应该是自己最感兴趣的；优势原则，选的专业必须最能体现自己的优势；创造原则，这个专业毕业以后从事的工作要具有创造性，而不是简单的重复劳动；利益原则，这个专业必须有着良好的发展前途，最好能够赚钱。"三维坐标系"就是X轴——城市，Y轴——学校，Z轴——专业。按照这个坐标系，加上"四项基本原则"，结合考分，找一个最佳结合点。

最终，女儿选择并考取了同济大学建筑系。由于一切都是依照自己的意愿，她在大学期间如鱼得水，年年获得一等奖学金，毕业时还被评为"上海市优秀毕业生"。

单亲星爸的成功教子经

海岩本名为侣海岩。1975年，21岁的海岩从海军航空兵二十八团退伍后，被安置到北京市公安局劳改局，成为了一名警察。业余时间，他迷上了写作，成为了"公安四才子"之一。

1979年，海岩与在劳改局属下一家工厂的会计何菁菁相恋、结婚。第二年，儿子出生。给儿子起名字时，天性浪漫的海岩说："就叫侣箫吧，孩子是天上派下来的天使，而箫声优美动听，就像是天籁之音。'箫'谐音是'笑'，寓意儿子给我们带来天使的笑声。"

1983年，海岩被借调至北京新华实业公司任管理处处长。1986年，他出任中港合资五星级昆仑饭店董事、副总经理。当时，他家住朝内大街人民文学出版社斜对面。有一天上班路过出版社，他突然冒出一个念头：写一本书交给他们出版。此后，他每天晚上埋头写作。一年后，人民文学出版社以首印30万册的"天量"推出了他的处女作，长篇小说《便衣警察》一炮打响。

海岩是个"工作狂"、"写作机器"，一旦进入状态，难免会冷落妻子，夫妻关系渐渐产生裂缝，他对此却浑然不觉。经过几年打拼，海岩名片的"含金量"更大了，他既是昆仑饭店董事长，又是锦江集团北方公司董事长、总经理，手下管理着34家宾馆、酒店类企业，职工多达1万余名。他不仅评上了高级经济师，加入了中国作家协会，还当上了北京第二外国语学院兼职教授、硕士生导师。他沉浸并陶醉其中，却不知自己的婚姻已亮起了红灯。

1995年，何菁菁移民美国定居。当收到妻子寄来的《离婚协议书》时，海岩这才如梦初醒，但一切为时已晚。海岩理解妻子：自己成天沉浸在工作和写作的世界里，对于妻子来讲，这个丈夫只是个躯壳，连跟她说话交流的时间都没有。她是有血有肉、需要与丈夫交流的人,这样的婚姻对于她还有什么意义呢? 离婚时,15岁的侣箫读初中三年级。他追问海岩:"爸爸,妈妈怎么就去了美国呢? 她不回来了吗? "海岩看着身高快赶上自己的儿子,思绪万千:为什么许多婚姻解体会对孩子造成巨大的创伤? 那是因为离异的父母把离婚弄成了一个悲剧事件。作为父亲,自己一定不能因离婚而让儿子的心灵蒙上阴影。他搂着儿子的肩膀走到阳台上, 指着广袤的天空问儿子:"箫箫,鸟儿注定要高飞对不对? ""对。""你妈妈就是一只展翅的鸟儿,注定要选择更高更远的天空……""爸爸,你为什么不像妈妈一样飞? ""我现在还不能飞,我想等你长大后,我们父子俩一起飞。"

从此以后,海岩暗暗发誓,不论多忙,一定要多花心思在儿子身上。

海岩喜欢把自己为人处世的一些原则写在小卡片上,时时自我警醒。对儿子的培养,海岩有一套深思熟虑的想法。在一张小卡片上,他写下了这么一段话:"老一辈人说:富养女,穷养儿。此言不虚! 我的理解是,在同等经济条件下,不能刻薄女儿,穿衣打扮什么的要尽量满足她,让她从小就在心理上产生优越感,否则,她走上社会,遇上不良男人,一罐饮料、一顿肯德基就能把她勾跑了;而对儿子则要'银根紧缩',让他多吃苦,多磨砺,才能成大器……"他把这张卡片压在书桌玻璃板下,作为自己的"育儿真经"。

离婚后,海岩虽然心里很怜惜儿子,但他认为对儿子的爱决不能用物质来体现和补偿。在单位,海岩的年薪是50多万元;而他的小说、剧本是各大出版社、制片商的"抢手货",每部书稿光版税就近100万元。有朋友开玩笑说海岩是一台白天黑夜连轴转的"印钞机"。尽管收入丰厚,但海岩的生活却非常节俭。他从来不用时尚的洗漱护肤品,只用便宜的肥皂洗脸、洗手,甚至连沐浴也用这个。有一次,与几位商界朋友聚会时，朋友们问他皮肤保养的秘诀，当他说出自己的"养颜秘诀"就是用廉价的雕牌肥皂时，朋友们无论如何也不相信，说要打赌3000元，到他家印证。结果海岩赢了这3000元。海岩得意地跟儿子说："看你老爸，一块雕牌皂'赚'了3000块。勤俭能够生财啊。"父亲节俭，儿子当然也只能跟着过"穷日子"。

海岩经常在儿子面前"哭穷"。他告诉儿子：富人注重休闲、娱乐，你老爸没日没夜地工作，连吃饭、上卫生间、坐车时，头脑都没闲着；富人爱吃素，你老爸却爱吃大鱼大肉；富人大腹便便，你老爸却跟工地的打工仔一般精瘦；富人豪宅名车，你老爸住的是普通公寓，装修只是最简单的'四白落地'，车子是公司里配的；你老爸一个人干几个人的事情，没日没夜地工作，就是因为收入少……

在父亲的渲染下，侣箫一直认为老爸没多少钱，整天要为挣钱糊口劳碌奔波。有一天，班上同学问侣箫："你爸爸是干什么的？"他压低声音说："管饭店的。"同学问："有星吗？"他摇摇头说："没星。"

侣箫每天上学放学，不是挤公交车，就是坐地铁，无特殊情况决不会"打的"。有一天，海岩故意问他："箫箫，爸爸挣两份钱呢，足够你花了，你为什么这么节省？"侣箫说："老北京人都有一个习惯，那就是一分钱也要掰成两瓣儿花。我如果大手大脚花钱，就是对你的劳动不尊重。"海岩拍拍儿子的肩，满意地说："箫箫，你真是懂事了。爸爸对你很放心！"

父子"不相认"，立协议各走各路

1998年，成绩优异的侣箫从北京四中高中毕业，经再三考虑，海岩决定送侣箫去日本名古屋大学攻读工商行政管理专业，他希望儿子今后做实业。

2001年底，侣箫从日本回国。在机场接到儿子，海岩盯着他看了半天，差点儿惊叫起来。眼前的侣箫已长成一个清秀帅气、青春逼人的大小伙子，简直就是年轻时的自己，让海岩又惊又喜。儿子学成归来，海岩想动用关系给他在北京找份理想的工作，却遭到了侣箫的反对。儿子对爸爸说："爸爸，你当年不也是靠自己闯出来的吗？我要是让你给我铺路，哪还有脸做你的儿子。"这话正合海岩的心意，他不由得夸儿子："好样儿的，有志气！不愧是我海岩的儿子！的确，老爸可以为你找到不错的工作，但你在我心目中的形象就会大打折扣。"

侣箫瞒着父亲进了中央戏曲学院音乐剧专业深造。海岩问他找工作的情况，他说要考研。海岩以为儿子要在工商行政管理专业上深造，还连声鼓励。没多久，一位演艺界的朋友告诉海岩："侣总，你家公子资质不错，你使劲拉他一把，他很快就能上路，将来可望成为一线明星。"朋友的话让海岩一头雾水，待侣箫回到家里，海岩问他是怎么一回事。侣箫见瞒不住父亲，这才道出实情。侣箫从小就显示出了过人的表演天赋，在学校文艺表演、同学聚会上，他的即兴表演总能赢得满堂喝彩。侣箫小时候，海岩还送他去学过芭蕾和音乐，他早就与艺术结下了不解之缘，但海岩一再对儿子强调："一个男人多才多艺是好事，但你长大后切不可以此做职业。"遵父命去日本留学后，侣箫一下子放飞在自由的天空，每次学校活动或朋友聚会，侣箫的才艺表演都让人们为之倾倒。同学朋友纷纷鼓动他做自己最感兴趣的事情，有个同学对他说："你天生一张明星脸，好好努力一下，将来肯定能大红大紫。"渐渐地，侣箫就做起了"明星梦"。回国后，他知道爸爸不会同意他从艺，于是先斩后奏，没想到这么快就"暴露"了。

海岩听完儿子的陈述，沉思良久，然后对儿子说："爸爸知道你有艺术天赋，但是演艺圈与别的圈子不一样，这片江湖表面风光，可底下危机四伏、鱼龙混杂，水性不好的人很容易被淹没。"

侣箫说："爸，我要像你一样，保持一颗明净的心，也就百毒不侵了。"

海岩说："人在江湖，身不由己。爸爸实在不想让你进入这个圈子！"

交涉到最后，侣箫还是坚持自己的选择。海岩连连摇头叹息，最后同儿子达成了一份"口头协议"：海岩同意侣箫去当演员，但侣箫不得借助海岩的名气来宣传、炒作自己；侣箫走自己的路，靠自己的努力去当一名好演员……

父子俩还达成共识：侣箫一般不接受媒体采访，实在难以推托的，首要条件就是不提家事，不提家里人。

这次谈话之后，父子俩的关系一下子紧张了起来。为了不让爸爸对自己"说三道四"，侣箫从家里搬了出来，住到了中央戏曲学院。他很少回家，没事也不给爸爸打电话。他在学习、拍戏过程中接触的人多，但绝对不向陌生人暴露自己海岩儿子的身份，也不希望熟人把他和有名的老爸联系在一起。他向朋友声明："我不是靠老爸混进这个圈子的，老爸到现在都不乐意我干这一行。"

海岩似乎也"淡忘"了侣箫，在别人面前闭口不提这个"不听话"的儿子。有人问起侣箫的工作，他就支支吾吾岔开话题。他暗暗抱着幻想：每天有那么多做明星梦的俊男美女挤进这个圈子，没有人扶持根本不会有出头之日，侣箫早晚会碰壁而归，放弃表演，老老实实干他的实业。

放飞的鸟儿有一片宽广的天空

侣箫踏上演艺之路时，"海岩剧"正是红火的时候。陆毅、印小天、佟大为、徐静蕾、苏瑾、孙俪、于娜等一大批新人在剧中扮演主角，很快就成了一线明星。在人们看来，"海岩剧"就是造星工厂，只要有机会在里面"过一下堂"，立马就能成为耀眼的明星，所以无数影视新人削尖脑袋都想出演"海岩剧"。有一天，海岩突然想起久未联系的儿子，到底慈父心软，虽然跟儿子有过"君子协议"，但想到儿子在演绎路上艰难跋涉,不免心疼,于是,他打通了儿子的手机,问他想不想在自己的剧中露一下脸。

侣箫不领情,他对爸爸说:"我不迷信你这个'造星爸爸'。功到自然成,只要有实力,换了别的什么剧,照样能成名。"

"箫箫,你真的成熟了。爸爸对你有信心!"放下电话,海岩心里踏实了。那一晚,他想通了:儿子虽然选择了一条自己并不赞同的人生道路,但只要他脚踏实地去走,照样能活出他的光彩,自己作为父亲,应该尊重儿子的选择。

侣箫先后在《烈火金刚》、《曼谷雨季》、《守候阳光》等数部青春影视剧中扮演过小配角,一晃几年过去了,在圈子里,他仍然默默无闻,独立行走在蜿蜒曲折的艺术路上。2004年5月,海岩为新剧《深牢大狱》选角,明明觉得儿子适合扮演剧中男主角,却舍近求远,与导演汪俊一起找了半年,才在北京电影学院找到了毕业生周一围出演男主角刘川。从未拍过戏的周一围在《深牢大狱》中一亮相,很多剧组都抱着提前买个"绩优股"的想法,争着同他签约,结果他的片酬从每集500元迅速飙升至3万元。侣箫知道自己与"刘川"擦肩而过后,一点没有抱怨父亲,反而感激老爸给了自己一片自由飞翔的天空。

2005年春节后,海岩名作《便衣警察》再度被搬上荧屏,海岩挂名该剧艺术顾问。对于剧中男主角周志明的扮演者,制作方经反复挑选,最后定下由侣箫出演。制作方一是发觉侣箫个人条件比较适合出演这个角色,另一方面也觉得海岩父子首次合作可为该剧增加一个卖点。

但侣箫却不愿"沾"父亲的光。剧组反复做侣箫的思想工作,最后勉强说服他出演"周志明",但前提条件是,必须得到父亲海岩的同意。剧组请示海岩,没想到海岩不愿以他们父子关系作为商业卖点，反对对外宣传他们的父子关系。最终，这个角色由主演过《十七岁的单车》的崔林出演。侣箫因为是海岩儿子的缘故，再次失去了出演父亲名作的机会，但侣箫对此表现得很淡然。海岩故意逗儿子："箫箫，你与'周志明'擦肩而过，后悔吗？"侣箫说："没什么好后悔的。我不在你的剧中演'周志明'，可以在别的剧中演'李志明'、'王志明'，该火的时候一定会火！"

侣箫的演技渐渐得到了知名导演的认可，机会终于"盯"上了他。2005年5月，中央电视台影视部和湖南"湘军文化"联合制作的20集电视剧《美丽村姑》在长沙市望月湖社区开拍，侣箫扮演男一号——一个憨厚、善良、朴实的打工仔。海岩知道后非常高兴，嘱咐他："拍戏时要认真、投入，心中要有观众。"

6月13日，海岩正在上海开会，突然接到儿子从长沙发来的短信，称自己吹空调着凉感冒发烧了，海岩当即安排秘书订了去长沙的机票。第二天中午，海岩乘飞机悄悄抵达长沙。此时，侣箫恰好没有戏，见到父亲高兴极了。

父子俩在酒店里相见后，海岩马上请餐厅服务生用红糖和葱姜熬汤，让儿子饮用，以祛除体内凉气。随后，父子俩将所有的琐事都关在了房门外，安安静静地享受这难得的团聚时刻。父子俩已经很多年没有这么悠闲地聚在一起了。海岩问儿子："这几年爸爸没怎么帮你，你不会怪我吧？"侣箫说："非但不怪你，反而特别感激。因为你没有用你的名气和关系来强行改变我的生活轨道，让我得以按自己的意愿去闯荡。我不需要抄近路、走捷径，多经历些坎坷和磨难，等我有收获时，我会觉得这是完全属于我自己的果实。"看着儿子那张青春而自信的脸，海岩赞赏地点着头。

长大了的儿子也知道要关心父亲了，他问海岩："爸爸，你一个人生活也不容易。你和妈妈分手这么多年了，有没有复婚的计划呀？"

海岩摇了摇头:"你妈妈在美国生活久了,她的生活观念与我的不一样,如同两条平行的铁轨……""那你有没有新的打算呢?"海岩笑着告诉儿子:"爱情生活丰富多彩的人,时间都用在享受爱情上去了;像我这样用笔来描写爱情的人,实际生活反而枯燥。老天是公平的,现实生活枯燥、寂寞的人,内心空间则开拓得比较大。作为一名情感小说作家,我每天写作时都生活在男女主人公的感情世界里……"侣箫若有所思地点了点头,嘱咐父亲一定要照顾好自己。最后,海岩向儿子说出了自己的梦想:希望有朝一日能躲进一个山清水秀的山村里,给乡村建设捐些款,当一个荣誉村民,过上悠然自得的田园生活。侣箫深有感触地说:"爸爸,你之所以在商界和艺术界都比较成功,是因为你一直低调做人、高调做事。你虽拥有大名大利,却始终过着'大隐隐于市'的淡泊生活。爸爸,我真敬佩你!"

这次长谈后,父子俩的心贴得更近了。侣箫感受到,在自己的艺术之路上,父爱是促使自己奋进的精神力量。而海岩则有更深层的考虑,他准备待侣箫演技炉火纯青之时,就从董事长的位子上退下来,与儿子一起开一家"父子专卖店",招兵买马,自编、自导、自演,打造里程碑式的经典影视作品。到那时,他就会满面春风地说:多年父子成兄弟,踏平坎坷成大道!

点评:单亲家庭的教子误区

很多单亲孩子的家长总是把孩子成长过程中出现的种种矛盾和问题归咎于家庭的不完整,向孩子传递单亲家庭不正常的思想,使孩子也认为自己是不正常的。比如,一些家长经常说"孩子缺少父爱(或者母爱)很可怜"一类的话,给孩子的心灵罩上阴影。其实,父母经常吵架的家庭对孩子成长的影响也很大。父母不经常在身边陪伴并不影响孩子健康、快乐地成长,要让孩子理解单亲家庭也是正常的社会现象。

很多夫妻离异后，一方带着孩子，常常不愿意让另一方与孩子接触，有的甚至干脆搬迁到对方找不到的地方，让孩子看不到父亲或母亲。有的有意识地把对方贬得一无是处，向孩子灌输敌对情绪。孩子听得多了就会在心理上对另一方产生排斥情绪，这是许多单亲家庭的孩子性格偏离正常轨道的一个重要原因。

溺爱是很多家庭的通病，单亲家长表现得尤为明显。他们总觉得夫妻离异很对不起孩子，因此，孩子有任何要求，无论精神上的还是物质上的，他们都无条件满足。如此，孩子的抗挫折能力就无法得到锻炼，容易形成孤僻、自傲、任性、自私等性格缺点。

总之，对单亲家庭的孩子的教育原则应是坦诚、沟通和鼓励。家长和老师不要对婚姻家庭这些事避而不谈，要让孩子知道离婚和结婚在社会生活中都是非常正常的事，而沟通能使家长了解他们内心的情感需求，一个关切的眼神，一句安慰和鼓励，也许就能改变他的人生。

第七章

赏罚分明

——好爸爸的情商课

惩罚是成长过程中不可缺少的一味良药,但良药并非都苦口,表扬孩子,给予正确的激励也是必不可少的。如何把握"赏"与"罚"的度,就要看爸爸们的情商了。

1.霍英东:逼着孩子自己"浮"出水面

霍英东先生是香港著名的实业家,他为了新中国的富强做了许多实事,他的儿子霍震霆也为中国的改革开放、家乡建设和体育事业做了大量工作。

霍英东先生对儿子寄予厚望，要求也很严格。霍震霆12岁时被送往英国求学。学习期间，霍英东常常提醒儿子说："你与父亲年幼时所处的时代大不相同，一要好好学习，二要精通外语，三要懂国际贸易，四要读书做事都要为中国人争气，否则我不能用你。"

当霍震霆22岁学成返港后，霍英东便对其委以重任。这样做，一方面是想试一试儿子的能力如何，另一方面是为了让儿子在实际工作中经受锻炼。

1986年，霍震霆领父命，带400多人的施工队伍开赴文莱，在该国首都斯里巴加湾港兴建大型货柜码头，把这个港口改造成现代化的深水港。这是关系到文莱经济发展的一项关键工程。文莱政府对此项工程十分重视，在全世界为这项工程招标，结果霍英东的有荣公司击败了20多家竞争对手，夺得了兴建项目。如此重要的工程，又是在海外施工，初出茅庐的霍震霆能胜任吗？许多圈内人士都彼此抱持着怀疑的态度。

霍英东没有正面回答朋友们的疑问，而是大谈教子游泳的事："儿女小的时候，我曾经专门聘请游泳名将教他们学游泳。两年过去了，但孩子们还是'浮'不起来，于是我把教练'炒'了，自己当教练。我把那些不肯下水的小子统统打下水，逼着他们自己找到浮起来的本领，结果孩子们都'浮'起来了。"

霍英东以教游泳比喻培养子女的办事能力，说："道理是同出一辙的，一定要大胆放手，不能瞻前顾后，否则只会淹死他。"

霍震霆果然没让父亲失望，他身先士卒，鼓励职工，一定要克服困难，把工程搞好，他说："这是香港华人企业第一次在海外承包工程，工程能否按时完成，工程完成的质量好坏，不仅关系到公司的荣誉,也关系到我们中国人办事到底行不行的问题。"霍震霆及其率领的员工勤奋工作,受到了文莱官方的好评。

霍英东在事业有成后,念念不忘故乡的父老和山山水水,为家乡的建设作出了贡献。霍震霆也追随父亲,为家乡的建设贡献自己的一份力。从1990年起,霍氏家族总动员,将全部精力和巨额资金投入到家乡的建设中。他们的目标是要把番禺的南沙建成一个具有21世纪水平的新城区,使之成为未来中国新兴城市的典范,让家乡人民过上富裕的生活。

霍英东先生的举动告诉我们:教育子女,必须培养他们的坚强毅力、创新意识和竞争意识。

2.董建华之父:从不娇生惯养子女

董建华的父亲董浩云,浙江定海人,17岁独立闯天下,48岁到香港创业,经过艰苦奋斗,终于造就了一个以香港为基地,拥有各种干货船、货柜船、油船、客船及散装货船共110多艘,总载重量达1200万吨的远洋海运王国——东方海外。董浩云也由此成为了与包玉刚齐名的当之无愧的世界船王。

董建华的成功之路跟父亲严格的家庭教育是分不开的。

董浩云虽然是香港首屈一指的大富豪,但他对自己的子女要求十分严格,从不娇生惯养。

"父亲很早的时候便栽培董建华接管家族生意，所以对董建华特别严格。在我们5个兄妹中，除董建华外，其余都在香港的贵族学校读书，唯独董建华要入读中文学校，为的就是要学好中文。"

董建华13岁在香港进入中学，19岁考入英国利物浦大学机械系。他在利物浦大学学习时，正值第二次中东战争爆发，董浩云的船队得到了迅猛扩张，成为拥有亿万资产的世界级船王，此时的董建华也随之成为一名世界级的富家子弟。当时在欧美留学的富家子弟常常比高级轿车，比出手阔绰，比穿着时髦，可董浩云则要求董建华过俭朴的生活，把心思用在学习上。无论做什么事，董建华始终遵循着父亲的教导——自律、自尊、自强，起居饮食没有一样因为自己是船王的儿子而与众不同。他与普通留学生一样乘公共汽车或骑自行车往返于校园与住所之间，潜心于自己的学业。

大学毕业后，父亲要他到美国去打工——到通用汽车公司最基层去当一名普通职员。父亲为什么要这样安排呢？因为担心他的刻苦精神不够，想借此磨练他的意志，让他接受生活的挑战，全面锻炼自己，从最底层做起。同时，也可借此机会学习别人的管理经验，为将来开创自己的事业打下基础。

董建华听从父亲的安排，在美国勤勤恳恳地干了4年。回忆父亲对自己严格的家庭道德教育，董建华说："我觉得我爸爸对我最大的影响有两个方面，第一是做人的道理，另一方面，他有爱国爱民族的情怀。他的这种情怀深远地影响了我，我觉得这是一件好事。在他去世以后，我看到他的日记本上经常提到我们，我才知道，原来他对我这么关心。他属于那种传统的严父。"

60年后，长子董建华不仅子承父业，继续经营着父亲留下的这个海运王国，而且秉承着父亲的"以中国人为骄傲再创天地"的信念，走上政坛，成为中华人民共和国香港特别行政区的首任行政长官，为香港回归祖国及祖国的统一大业作出了贡献。

3.林则徐之父：批评孩子要学会"讲故事"

每个孩子都会犯错误，所以，每个家长都会用到批评这种教育方法。可是，你要知道，批评的目的是要帮助孩子认识错误、改正错误，因此，你要注意把握批评的原则，用好批评的方法。

林则徐，近代著名的爱国民族英雄，以虎门销烟的壮举而闻名于世，被史学界称为近代中国"开眼看世界的第一人"。

林则徐的父亲林宾日是个教书先生，因此他很注意对儿子的早期教育。林则徐自幼聪颖，4岁入私塾读书，7岁学习作文，父亲对此深感欣慰，暗暗努力，准备将儿子培养成一个有出息的人。

随着林则徐的成长，林宾日发现儿子虽然机灵聪明，但性子很急，小小年纪却喜怒无常，办事毛糙，经常出差错。这种性格缺陷如果成了习惯，将来办事是要出大错的。所以，他想让孩子改掉这种急躁的坏习惯。

为了改掉孩子急躁的毛病，林宾日以身作则，平日十分注意自己的言行，遇事不怒，待人和蔼，为人处事谦恭谨慎。即使儿子犯了错误，他也不会气势汹汹地训斥，而是心平气和地说服教育。父亲的言行给林则徐树立了榜样。

有一天，他给儿子讲了一个"急性判官"的故事。

从前有一个判官，由于他非常孝敬父母，所以每当遇到不是孝子的犯人，他就会判得特别严。一天，有两个人拉来一个年轻人，要判官严惩。他们说："这个年轻人是个不孝之子，他不仅骂他娘，还动手打她。我们把他捆了起来，可他还是不停地骂，我们就用东西把他的嘴堵住了。像他这样不孝的后生可恨不可恨？"判官一听被捆的人是个不孝之子，立刻火冒三丈，喊道："来人呀，将这个逆子重打50大板。"这个年轻人想开口申辩，可是嘴被堵着，有话没法说，只好挨了50板子，屁股被打得血肉模糊。

过了一会儿，有个老太婆挂着拐杖急匆匆走进来，边哭边焦急地说："请大人救救我们，刚才有两个盗贼溜进我家后院，想偷我的牛。我儿子想捉住他们，送他们到官府来，可是力不从心，两个强盗反把我儿子捆走，不知弄到何处去了。求大人帮忙，赶紧替我找找儿子，我就这么一个孝顺儿子……"判官一听，心里暗想：莫非是恶人先告状，我刚才打的就是她的儿子？他忙叫人把那两个捆人的人找来，但他们早就溜走了。这时，被打昏过去的年轻人突然呻吟了一声，老太婆一看，正是自己的儿子。年轻人的惨状刺激了老太太，她惊叫了一声，随即便昏倒在地。

聪明的林则徐知道父亲的这个故事是针对他的毛病讲的，便说："我一定好好改一改急躁的毛病。"

林宾日说："我看到你性子急躁，很为你将来担忧。通过这个故事，希望你改正自己的毛病。"

"急性判官"的故事以及父亲的良苦用心，给林则徐留下了深刻的印象。直到几十年后，他做了湖广总督，仍不忘父亲讲过的故事。为了时时警惕自己性情急躁、容易发怒的毛病，他专门做了一个"制怒"的横匾，挂在自己的书房，以此鞭策、警示自己。

4.安南之父：你不比别人卑微

科菲·安南，加纳人，联合国第7任秘书长，是出身联合国工作人员行列的第一位秘书长，也是第一位来自撒哈拉以南非洲的联合国秘书长。作为一名来自于非洲小国的黑人，安南在秘书长的位子上坐得并不稳当。执掌联合国的10年间，很多人都试图对他指手画脚。但在这10年之中，他不畏强权，不管谁提意见，他只按正确的、符合大多数国家利益的思路做事。而在他的领导下，联合国每天都在变化，他的努力最终也让那些曾看不起他的人在评价他的人品时赞不绝口。

安南之所以能取得这样的成就，与他传奇的经历以及幼年时父亲对他的教导不无关联。

安南出生于加纳中部城市库马西的一个部落首长之家，那是一个名门望族。他的父亲同那些传统的部落首领一样，在部落的共同生活中占据着突出的地位，经营并管理着部落事业。

一天，安南的父亲在办公室查账本，看到一个地方有点小疑问，便喊来了做账的伙计。那个伙计知道首长平时最讨厌别人抽烟，于是，他一边进屋，一边把正在燃着的烟头塞进了裤袋。

很快，伙计的裤子开始冒烟。但安南的父亲什么也没说，只是冷冷地看着伙计，既没有让伙计把烟头拿出来继续抽，也没有让伙计把烟头掐灭，直到伙计狼狈地离开。

看到这一幕，安南气愤不已，对父亲说："你怎么能这样对待别人！"

父亲却不理会他的埋怨，而是心平气和地说："我并没有让他把烟头放进裤袋里，桌上有烟灰缸，他可以继续抽，也可以到门外把烟头扔掉，但他自己选择了把烟头放进裤袋里。"

见安南还不明白，他父亲拉起他的手说："每个人都应有自己的尊严，不要因为别人的脸色而自卑。记住，做人永远不要低三下四，你不比别人卑微，哪怕一点点。"

"做人，永远不要低三下四。"正是他父亲的这种教导，影响了他的性格，让安南在日后的传奇人生里，从不向强权低头。这一品性伴随了安南一生，并最终让他成为一名让大多数国家及人民信任与敬仰的世界领袖。

5.吴灏的"软鞭子"

广州市文史馆馆员、国画家吴灏家学渊源，其祖上吴荣光是清中期有名的学者、书画鉴藏家；其祖父、父亲都是中医，亦好书画。吴灏已故妻子也是名门之后，其父是"岭南画派"代表人物之一黄少强。

"文革"前，吴灏靠为外贸部门画出口画为生，每月有400多元收入，日子过得很滋润。"文革"一来，出口国画没得画了，断了经济来源，他只好去为工艺厂画竹帘，去塑料厂画塑料杯（画一只仅1分钱）。家中生活日益拮据，长期在家辅助丈夫画画的妻子这时又肺病加剧。妻子生性懦弱，多愁善感，加上贫病交加，万念俱灰的她在70年代初投入广州荔湾湖一死了之。当时，长子吴裘14岁，次女吴美美

12岁,三子吴泰8岁。

家贫又遭如此不幸,处在"文革"那个特殊年代,换做别人,大概多数会精神崩溃。但吴灏是个乐观主义者,即使穷极潦倒,他也常把"天无绝人之路"挂在嘴边。他从不把愁苦和郁闷发泄在孩子们身上,心情再恶劣,他也要让家中具有民主气氛。

吴泰幼时学书法,问父亲该学哪家,父亲说:"随便,你喜欢谁的就学谁的"。于是,不知深浅的吴泰拣了宋徽宗的"瘦金体",虽说越学越难,但因为是自找的,所以还是咬牙学下去了。

吴灏一直未续弦,孤寂时,便打太极拳、填词或画画排遣。他希望儿女也学书画,但从不用强迫、呵斥的方式,而总是摆出一种"顺其自然"的架势。孩子们也很争气,吴泰七八岁便能临摹南宋画家梁楷的《泼墨仙人》,吴美美14岁能临摹宋代"院体画",吴裘19岁临摹的东晋书法家王羲之的《兰亭序》曾得到著名文物鉴定家谢稚柳的赞赏。

吴灏是用什么办法让子女们自觉自愿学书画的呢？一是在家中制造美术气氛。买些蔬菜瓜果回来,写生之后让孩子们吃掉;养只猫,指点孩子们细细观察,说有助于"画虎";朋友来聊天,孩子可以旁听,海阔天空,话题还是字画;有时,孩子要他讲古典文学名著,他就叫孩子边听边为他研墨。二是对孩子多加鼓励。孩子只要有一点进步,他就会大加赞扬;朋友来了,他会当着孩子的面给他们看孩子的书画,朋友自然是一番"叫好",这会激励孩子更为用功。"文革"期间,很多人都看不到前途,3个子女也一样。看着迷茫的他们,吴灏一再鼓励道:"只要肯用功,老天爷没理由让你饿死！"于今看来,果真如此。

吴灏独特的家教方法,用吴泰后来的话说,是"软鞭子"。

6.海明威之父——大胆去玩自己的吧

海明威，美国小说家，1954年诺贝尔文学奖获得者，代表作《永别了，武器》、《丧钟为谁而鸣》、《老人与海》。他在艺术上简约有力的文体和多种现代派手法的出色运用，在美国文坛曾引起过一场"文学革命"，许多欧美作家都明显受到了他的影响。

海明威生于乡村医生家庭，从小喜欢钓鱼、打猎、音乐和绘画，曾作为红十字会车队司机参加过第一次世界大战，后来长期担任驻欧记者，并曾以记者身份参加第二次世界大战和西班牙内战。

海明威的父亲克拉伦斯·艾德家兹·海明威是一名杰出的医生，也是一个热心、训练有素的运动员，还是一个专业的研究自然界的人。他特别热衷于钓鱼和打猎。他的兴趣和爱好对儿子产生了很大的影响，对于儿子的前途和成长，他也十分关心，并且为此花了不少的功夫和心思。

克拉伦斯的教育方式有自己的独到之处。他教育小海明威时既严格又灵活，会随时根据具体的情况改变自己的教育方式。他们居住在橡树园镇，北部是印第安人居住的密执安湖畔，那里是一片景色优美而又气候宜人的所在，美丽自然环境使小海明威陶醉其中。

小孩子天性好动，对什么事都好奇不已，小海明威也是这样。每当父亲出诊或者出门打猎钓鱼的时候，小海明威总会拉着爸爸的衣服央求着一起去，爸爸每次都会答应他的要求，带上他穿越茂密的森林，趟过哗哗的流水，去拜访那些散落的村庄。这让小海明威大开眼界，眼前的一切对他来说是那么新奇而有趣，长途跋涉中，他的体力和意志都得到了很好的锻炼，也增长了不少见识。

渐渐地,小海明威爱上了跟着父亲出诊的生活,他彻底成了父亲的小"跟屁虫"。父亲发现后觉得不妙,他觉得事事依赖父母对孩子的成长不利,依赖心理会影响一个人才能的发展。于是,在小海明威4岁那年,当他又缠着父亲要跟他一起出门时,父亲拒绝了他。小海明威不明白为什么父亲不再喜欢带他一起出去了,他问道:"是我做错什么了吗?"克拉伦斯扶着他的肩膀,非常严肃地说:"孩子,你没有做错什么。爸爸只是想让你自己去活动,不要总是跟着我,这样才会对你有好处!"说完,他给了小海明威一个鱼竿,并鼓励他说:"大胆去玩自己的吧,你肯定行!"从此,海明威开始了一个人在山林和水边玩耍的童年生活。后来,等他又长大一些的时候,父亲又给了他一杆猎枪。就这样,在父亲的不断指引和鼓励下,小海明威开始了独立的玩耍时光,他很快就迷恋起并且擅长于钓鱼、打猎,以及探险。

　　后来,海明威又迷恋上了读书。父亲培养出的爱好陪伴了海明威一生,他独立、喜好探索的性格也是在父亲的引导下形成的。

　　海明威的创作总在不断的探索与创新之中,他的作品风格独树一帜,有着自己鲜明的特色。这种独立的精神得益于他那明智的父亲。一个人的性格和习惯往往在幼年时就种下了根,有些人性格中根深蒂固的依赖性与父母早年的教育有分不开的关系。温室里的花朵经不起风雨,躲在巢穴里的鸟儿不能展翅高飞,家长如果为孩子包办一切,时时把孩子带在身边,就会让孩子养成依赖心理,使他们失去锻炼的机会和独立发展的空间。所以,要学会重视对孩子独立性的培养,鼓励孩子自己去思考、实践,让他们自己去大自然或者社会中领略知识、增长才干,这才是教育孩子的明智之举。面对爱子或爱女,需放手时要勇于放手!

7.毕加索之父——赏识自己的孩子

巴勃罗·鲁伊斯·毕加索,世界最具影响力的现代派画家,一生画法和风格迭变。早期画近似表现派的主题;后注目于原始艺术,简化形象。1915年至1920年,画风一度转入写实,1930年又明显地倾向于超现实主义。他的作品对现代西方艺术流派有很大的影响,在20世纪的艺术史上留下了浓墨重彩的一笔,人们称他为"人类艺术史上罕见的天才"。

毕加索从小就很有艺术天赋,他会做惟妙惟肖的剪纸,还能创作出许多惊人的绘画作品。左邻右舍都对此称叹不已,称毕加索为天才。然而,这个"天才"却不是一个优秀的学生,上课对于他来讲简直就是一种折磨。听课时,他不是漫无边际地幻想,就是看着窗外的大树和鸟儿,他似乎永远也学不会那枯燥无味的算术。他无奈地对父亲说:"一加一等于二,二加一等于几,我脑子里根本就没去想。不是我不努力,我拼命想集中自己的注意力,可就是办不到。"为此,他成了同学们捉弄的对象,他们喜欢跑到毕加索的课桌前,逗他玩:"毕加索,二加一等于几?"然后看着毕加索呆呆的样子哈哈大笑。就连老师也认为这孩子智力低下,根本没法教。他经常在毕加索父母面前绘声绘色地描绘毕加索的"痴呆"症状,毕加索的母亲听了又羞又恼,觉得无脸见人。左邻右舍也不再为他的绘画天赋叫绝,而是私下议论说:"瞧那呆头呆脑的样,只会画几幅画有什么用。"当时,几乎所有的人都认为毕加索是一个傻瓜。

面对风言风语的议论和嘲笑,毕加索的父亲仍然坚定不移地相信:儿子虽然读书不行,但在绘画上极有天赋。他对儿子说:"不会算术并不代表你一无是处,你依然是个绘画天才。"毕加索看着父亲坚毅的面孔,找回了一些自信。果然,毕加索总是毫不费力就能绘出才华横溢的图画,这让他渐渐忘记了自己在功课方面的"无能"。但是,嘲讽并没有就此停息,反而愈加猛烈。小毕加索脆弱的心灵蒙上了一层阴影,他变得不爱说话,更不爱和小伙伴们一起玩耍。这个时候,父亲每天坚持送儿子去上学,一到教室,父亲便把画笔和用作模特的死鸽放在课桌上。父亲成了儿子强有力的心理依靠,似乎离开了父亲,毕加索根本就没有勇气去面对生活,以至每天上学,必须得到父亲会来接他回家的承诺后,毕加索才会松开父亲那温暖的手。

作为"坏学生",在学校关禁闭已成了毕加索的家常便饭。禁闭室里只有板凳和空空的墙壁,可是毕加索却很高兴,因为他可以带上一叠纸,在那里自由地绘画。有了父亲的支持,毕加索每天都沉浸在想象的天地里,虽然功课不好,但他却在绘画中找到了快乐。

赏识自己的孩子,不是容忍孩子一错再错的缺点,也不是盲目地溺爱。如果孩子有着几乎与生俱来的弱点,而我们又一味不顾实际情况,恨铁不成钢,以恶言恶语、冷嘲热讽对待孩子,这会给孩子心灵造成难以愈合的创伤。全世界都可以嘲笑讥讽他,都可以遗弃他,而作为父母的你却不能,只有你能给他信心和勇气,让他敢于正视自己的弱点,发挥自己的优点,积极地对待自己、对待人生。毕加索的父亲在关键时刻拯救了自己的孩子,为人父母者就应该这样,尽可能地扬孩子所长,避孩子所短,使孩子身心都能得到健康的发展。即使他没有毕加索那样的天赋,也至少给他一个没有阴霾、充满阳光的心灵!

8.尊重理解加言传身教——李国豪教子故事

身为中科院院士、工程院院士的李国豪先生早在20世纪60年代就已是驰名中外的桥梁专家。他一生想的是桥，在武汉长江大桥、南京长江大桥完工之后，他希望在祖国的江河湖海上架起更多具有世界先进水平的斜拉桥和悬索桥。在那个特定的时代，李国豪的理想不能如愿，所以他特别希望自己的子女能继承他的事业，在将来的某一天能造出他梦寐以求的悬索桥、斜拉桥。但是，长期从事教书育人工作的李国豪更懂得尊重孩子的选择，他不勉强子女走自己的路，而是让他们根据自己的爱好去选择自己的志愿。

大女儿李归华喜爱医学，后来考取了上海医科大学，成了一名治病救人的医生；长子李沪曾中学毕业后，考取了炮兵工程学院，之后又到浙江大学攻读硕士学位，到德国柏林工业大学留学攻读博士学位，他自始至终学的都是机械制造；二儿子李乐曾无论是中学时期的爱好，还是后来读华东师大、复旦大学以及留学德国攻读学位，一直都是研究历史；小儿子李平曾进的是北京大学，后留在北大工作，从事的是无线电通讯研究。姐弟四人无一继承父亲的事业，从事桥梁建筑专业。对此，一生钟爱桥梁建筑的李国豪却从未引以为憾。他认为，一切顺其自然为好，孩子应该有自己的个性和爱好，应该根据自己的特长走自己的路。如果不尊重孩子的志愿，勉强孩子学自己不愿学的或无兴趣学的东西，只会扼杀孩子的天赋，浪费孩子的青春，使孩子一事无成。他认为，这种不符合教育原则的事，作为家长是绝对不能做的。

"文革"中，李国豪的3个儿子被下放到农村，李沪曾在江西宜春军垦农场,李平曾在贵州插队,而只有17岁左右的李乐曾则落户在淮北泗县许柯公社老徐大队。对于面对黄土背朝天的生活,李乐曾曾感到前途暗淡,这时的每一封家书都成了他最珍贵的精神食粮,信一到,他总是一遍又一遍地读。后来,李乐曾得到了一个去队办学校当乡村教师的机会,为此,他思想斗争了几夜。乡村教师在当时插队的知识青年看来已是一份很理想的工作,不仅可以不下田,还体现了组织的关心与重视。然而,也正因为此,其他上调的机会,特别是进城的机会也就随之丧失了。正在苦恼和彷徨之际,他收到了父亲的家书,父亲李国豪在信中说,在困苦的逆境中一定要坚强,一定要振作。乡村教师的工作虽辛苦,却可以认认真真地读一些东西,研究一些东西,而这也恰恰是一个磨炼自己意志的好机会。信中,李国豪一再强调千万不要好高骛远,光羡慕别人调这儿调那儿,关键要看自己能否在艰苦的条件下,不断充实自己的生活内容。要知道,历史上不少名人,就是因为有了一段生活的磨炼才成就了事业。

李国豪在信中说,黑格尔是德国古典哲学史上最伟大的一位哲学家,他提出的辩证法是马克思主义哲学的来源之一,恩格斯称他最大的功绩"就是恢复了辩证法这一最高思维形式",而就是这位黑格尔,1793年在德国图宾根神学院毕业后,有好几年的时间没有找到工作,一度靠当家庭教师谋生。也就是这几年,让他有机会直接接触社会、了解社会,使他的思想渐趋成熟。不仅黑格尔是如此,镭的发现者与诺贝尔奖的获得者、波兰著名女科学家居里夫人也是如此。她中学毕业到法国巴黎大学求学之前,也是在家庭教师的岗位上做了好几年。国外如此,国内也有不少例子。著名的作家、教育家叶圣陶,革命家、教育家徐特立也都是教师出身。可见乡村教师这一工作,只要正确对待,从某种意义上讲,能为今后的发展积累一些东西。人，最珍贵的是学习的意志，而不是什么学习条件。最后，李国豪引用了唐人刘禹锡的诗"莫道谗言如浪深，莫言迁客似沙沉，千淘万漉虽辛苦，吹尽狂沙始到金"来劝慰李乐曾。父亲的长信给苦闷中的李乐曾带来了信心和希望，使他进一步认识到了生活的道理。

"文革"期间，李国豪被当作反动学术权威，被关进一间黑暗的小屋子里进行隔离审查。然而，就是在这间囚室中，他仍旧坚持利用仅有的报纸边角和夹缝进行推导和计算，对武汉长江大桥通车典礼时出现的晃动现象进行了全面的理论分析。在隔离结束后的监督劳动期间，他利用晚间做桁梁桥模型和扭转试验。李国豪在给李乐曾的信中如实地讲述了自己的遭遇和应付命运的做法，用现身说法教育儿子。父亲的鼓励像一种无形的力量促使李乐曾奋发上进。凭借自己的努力，几年之后，李乐曾以优异的成绩考上了上海高校，并被学校推荐出国深造。不仅李乐曾如此，其他兄弟两人也一样在父亲的鼓励与教育下，凭借自己的能力，改变了自己的命运。

李国豪作为父亲的最大特点，就是以自己的行动给子女们以无形的影响，他最推崇的是同济大学校训"严谨、求实、团结、创新"这8个字。李国豪并不特别看重孩子的考试成绩，他认为能考上七八十分就可以了，他要求他们姐弟几人多利用空余时间，拓宽课外知识领域，不要把自己的知识局限在课堂上。他反对让学生死记硬背教科书上的那一点知识，认为知识是活的，要灵活掌握运用，能在实际生活中用上一点，那就是成功。

一次期中考试，李乐曾因为沉浸在课外书里，没复习好，结果成绩不理想，有两门功课在70分左右，而兄姐这时都已考进了市重点中学,成绩都在班里前几名。当时他心想,这次肯定要受父亲批评了。跨进家门时,他心里慌慌的。吃晚饭的时候,更是不敢抬头。吃完晚饭,李国豪让他带成绩报告单到书房,让他在沙发上坐好后,李国豪说了这样一段话:"华罗庚的名字,你应该是知道的,他初中时数学成绩并不突出,而且中途曾辍过学,可这并没有影响他后来成为著名的数学家。你大可不必这样垂头丧气,把分数看得那么重,更不必担心爸爸会责怪你。我倒是要夸奖你在考试期间敢于看课外书的勇气,因为学习本来就不是为了追求分数。当然,你也要从中吸取一个教训,那就是要合理地安排时间。"一席话讲得李乐曾心里热乎乎的。后来,李乐曾的成绩在班级里再也没有滑落过。

李国豪平时十分注意以自己的行动给儿女们以榜样的教育。他每晚必在灯下专心研究他的桥梁结构,家里四周静悄悄的,儿女们各做自己的功课,谁也不会去打破家中的宁静。李国豪在工作之余酷爱游泳和打网球,在父亲的影响下,兄弟几个也都喜欢上了游泳和网球。可见,父亲对孩子的教育,不仅要言传,更重要的还是身教。

9.撒切尔夫人的"一面镜子"

玛格丽特·撒切尔夫人,一个出身平民的女子,成为了英国历史上第一位女首相,而且连续3次当选。她在重大国际、国内问题上,思路清晰,观点鲜明,立场强硬,做事果断,在相当长的一段时间里影响了整个英国乃至欧洲，被誉为欧洲政坛上的"铁娘子"。

然而，撒切尔夫人并非政治天才，她的性格、气质、兴趣等都深受父亲的影响，她的人生之路的成就也都源于父亲培养起来的高度自信。

玛格丽特的父亲罗伯茨是一个鞋匠的儿子，他通过自己的努力开了一个小杂货店以维持生计。父亲爱好广泛，热衷于参加政治选举。玛格丽特从小受父亲的影响，博览政治、历史、人物传记等方面的书籍，从小就对政治有相当多的了解。

玛格丽特的家教很严格，她从小就被要求帮忙做家务，10岁时就在杂货店站柜台。在父亲看来，他给孩子安排的都是力所能及的事情，所以不允许女儿说"我干不了"或"太难了"之类的话，借此培养孩子的独立能力。很小的时候，罗伯茨先生就谆谆告诫玛格丽特，千万不要盲目地迎合他人。

玛格丽特入学后，随着年龄的增长，她惊讶地发现：她的同学有着比自己更为自由和丰富的生活，劳动、学习和礼拜之外的天地竟然如此广阔而多彩。同学们可以与他们的朋友一起在街上游玩，可以做游戏、骑自行车；星期天，他们可以去春意盎然的山坡上野餐。一切都是那么诱人，那么令人愉快。

幼小的玛格丽特心里痒痒的，她幻想能有机会与同学们自由自在地玩耍。有一天，她鼓起勇气跟充满威严感的父亲说："爸爸，我也想去玩。"

听到这话，罗伯茨脸色一沉，说道："你必须有自己的主见，不能因为你的朋友在做某件事情，你就也去。你要自己决定你该怎么办，不要随波逐流。"

见孩子不说话，罗伯茨缓和了语气，继续劝导她："孩子，不是爸爸限制你的自由,而是你应该有自己的判断力,有自己的思想。现在是你学习知识的大好时光,如果你想和一般人一样,沉迷于游乐,以后一定会一事无成。我相信你有自己的判断力,你自己做决定吧。"

听罢父亲的话,小玛格丽特再也不吱声了。父亲的一席话深深地印在了她的脑海里。她想:是啊,为什么我要学别人呢?我有很多自己的事要做,刚买回来的书我还没看完呢。

罗伯茨经常这样教育女儿,告诉她要有主见、有理想,特立独行、与众不同最能显示一个人的个性,随波逐流只能使个性的光辉淹没在芸芸众生之中。

这样的家庭教育培养了玛格丽特高度的自信,独立不羁的个性让她的心中始终有一种优越感。

玛格丽特所在的学校经常请人来校演讲,每次演讲结束,她总是第一个站起来大胆提问。不管她的问题是幼稚还是尖锐,她总能勇敢地、毫不畏缩地脱口而出,而其他的女孩子则大多怯生生地不敢开口,她们只能面面相觑或抬眼望着天花板。

回家后,玛格丽特向父亲汇报学校的情况时,父亲总是鼓励她:"孩子,你有这样的信心,我真为你感到骄傲。你一定会成为一个出色的辩论家。"

父亲的不断鼓励使玛格丽特对自己的口才充满了自信。上中学的时候,玛格丽特是学校辩论俱乐部的成员,演讲从不怯场。但老实说,当时的玛格丽特演讲技巧一点也不高超,用她同学的话说,就是根本不能振奋人心,这自然不受同学欢迎。玛格丽特却毫不顾忌,一有机会就上台滔滔不绝地演讲。有一次,因为她讲的内容大家都不感兴趣,而她又讲了很长时间,台下传来阵阵嘘声,讽刺嘲笑随之而起,但玛格丽特自信好强的个性使她根本不把这些放在眼里,依然毫不脸红地坚持演讲。甚至到后来，听她演讲的人都跑光了，她却仍然坦然地把自己想讲的话讲完才停止。许多同学对她这种突出的个性不理解，但她对别人的议论也毫不在意，一直维持着独立自信、我行我素的个性。

社会学家库利认为：孩子掌握知识、发展人格的社会化的过程实际上是一个"镜中我"的过程，即孩子把别人对自己的评价当作一面镜子，然后按照这面镜子设计自己的人生轨迹。如果总说他学得不好，他自然会觉得学得没劲，干脆就不学了。

美国有一位著名的儿童脑神经外科专家，自幼患了一种学习障碍症，小学三年级以前，数学老师从未在他的作业本上打过对号。看到满本的错号，他的头胀得很大，可无论怎样努力，还是做不对。四年级换了一位数学老师，这位老师改变了他的命运。新老师拿起他的作业本，亲切地说："你太大意了，咱们再写一遍。"第二遍还是没对，可老师却在本子上打了几个对号。他激动得几个晚上睡不着觉，这对他来说太重要了。后来在老师的帮助下，他竟迷上了数学。

从追求真实的角度讲，教师也许不应该这样做，可教育也是一门艺术，应该求善求美。对于一个从未独立完成过作业的孩子，家长最好让他先做几道容易的习题，使他能够轻而易举地完成，再调整作业的难度；反之，如果期望过高，孩子就会因达不到要求而苦恼，家长也会因孩子的裹足不前而失望。

10.潘长江：多给孩子些真诚的鼓励

1957年,潘长江出生于黑龙江东宁县一个梨园世家。1979年,他认识了当地政府机关打字员杨云。潘长江使出了浑身解数,坚持不懈地追求了她6年才抱得美人归。1985年, 他们的女儿潘阳来到人世。与此同时,潘长江也获得了事业上的突破和成功,他与赵本山合演的小品《大观灯》在东三省引发轰动,被观众誉为"东北丑王"。随后,他又参加了中央电视台春节联欢晚会、综艺大观等晚会,《桥》、《过河》、《迎亲》……一个又一个优秀作品连连推出,《桥》、《过河》、《一张邮票》还接连摘得央视春晚"最受观众喜爱的节目"桂冠。

潘长江在事业上获得成功之后,便在北京买了房子,把妻子和女儿从老家接了过来。女儿见到潘长江的第一眼,就仰起小脸对他说:"爸爸,我唱首歌给你听吧。"潘长江抱起女儿亲了又亲,开心地说:"没想到我的闺女会唱歌了!"

8岁的潘阳奶声奶气地唱了起来:"哥哥面前一条弯弯的河,妹妹对面唱着一支甜甜的歌,哥哥心中荡起层层的波,妹妹何时让我渡过你呀你的河……"

潘长江听了,微微一愣,这首歌正是他当年在春晚上表演过的小品《过河》中的一段插曲,还获得了中国音乐电视大奖赛金奖。潘长江不等女儿唱完,便生气地问身边的杨云:"谁让你教她唱这首歌的?"

杨云笑着回答:"你觉得女儿唱得好吧,她可遗传了你的天赋,这首歌我没有教,完全是她看着电视里学来的,无师自通呀!"

潘长江瞪了杨云一眼:"你还笑得出来,不是告诉过你吗,不许咱们的闺女有文艺细胞，更不许她朝这方面发展，我吃的苦还少吗？现在娱乐圈多复杂呀！"

就在这时候，古灵精怪的小潘阳似懂非懂地说："你们是在讨论我吗？我长大了也要像爸爸一样表演，上电视……"

潘长江又瞪了杨云一眼，无奈地说："你看，哪壶不开提哪壶。"

从那以后，潘长江不许女儿在家唱歌跳舞。他替女儿报了许多学习班，有绘画班、英语班、跆拳道班，就是不让女儿朝文艺方面发展。可女儿偏偏在这方面有着惊人的天赋，无意中在电视里听来的歌随意哼哼两下就记住了，而且越唱越好；有时候，她还会翻出潘长江表演过的小品碟片来模仿。

潘长江一方面为女儿的天赋感到惊讶，一方面又为她的将来担忧。从艺多年，潘长江深知娱乐这碗饭最不好吃。"不行！千万不能让女儿再沉迷下去了！"潘长江决定改变从严教育的方式为"美丽的提醒"。

潘长江认为，家长若过于严厉地批评、纠正孩子，势必会挫伤孩子的自尊心，激化彼此之间的矛盾。孩子行为习惯的形成具有强烈的不稳定性，情绪又极易冲动，所以要估计到孩子的情绪会在什么情况下冲动，提前给个"美丽的提醒"。这样，既能保护她的自尊，让她感觉到自己被人重视，又能使她纠正自己的行为。

有一天，10岁的女儿又在潘长江面前唱歌跳舞，还要他当评委。潘长江很想发火，但意识到这样做不妥，便小声地对女儿说："你再唱5分钟吧，5分钟后我们就乖乖复习功课，还要练习英语，听话的小孩才是好小孩！"潘阳抬头望着潘长江期待、信任的眼神，毫不犹豫地回答："好！"

果然，5分钟后，潘阳乖乖坐到了书桌前。潘长江心中窃喜，看来，"美丽的提醒"要比从严教育行之有效得多。

然而，潘长江很快发现，潘阳对唱歌和表演的热情丝毫未减，"美丽的提醒"只能起到短期的效果。她背着家人参加了社会上的表演比赛，还连续两次获得北京青少年才艺竞赛一等奖。

1997年的一天，潘长江参加完节目回家，12岁的潘阳乖巧地为父亲呈上了一块冰镇西瓜，然后又把空调开到恰好的温度。甜甜的西瓜，凉凉的柔风，潘长江用奇怪的眼神打量了一下女儿，说道："闺女，今天怎么对爸爸这么好，一定是干了什么坏事！"

潘阳笑着说："老爸，你觉得我是不是大了，是不是可以发表自己的意见？"

潘长江认真地看了一眼女儿，正处在青春期的她长高了，也变漂亮了，再也不是过去那个任性的小女孩了。她到底想说什么呢？

原来，潘阳想报名参加学校的表演团，朝文艺方面发展。

其实，这段时间，潘长江也在思考，处心积虑地扼杀女儿的天分和梦想，这种教育方式是不是太过专横独断了？会不会阻碍她的前程？

现在，既然女儿如此理智地提出了这个想法，就依照她的想法，给她一个实现梦想的机会吧。

同意女儿朝文艺方向发展后，潘长江便开始频频带她参加各种演艺赛事。圈中好友巩汉林的儿子巩天阔跟潘阳同年，两人也是从小玩到大的好朋友。与潘长江不同的是，巩汉林在孩子很小的时候就比较有意识地让儿子朝文艺方向发展，也时常带儿子参加各种才艺比赛。

有一次，巩汉林父子俩和潘长江父女俩在同一赛场相遇。

由于是自由发挥，一大群孩子在台上施展自己的才艺，巩汉林和潘长江在台下并肩而坐。尽管这一场只是试演，但台下的父母依然非常紧张，有的高喊孩子的名字，让他们注意这注意那，有的则瞪大眼睛。紧张中的巩汉林却奇怪地发现，潘长江悠闲地半靠在座位上，漫不经心地玩着手机游戏。

比赛快结束的时候，巩汉林发现潘阳表现得并不完美，另一个小选手挡住了她施展舞技的位置。潘阳在台上喊潘长江，请求他帮忙。而潘长江却并没有起身，他只是示意女儿自己去找那个参赛选手解决问题。潘阳犹豫了一会儿，还是走了过去，小声说："姐姐，你占了我的位置。"声音太小，对方根本没有听见，潘阳只好沮丧地走回到潘长江的跟前。

潘长江说："你声音大一些，再去试试。"潘阳又走了过去，这一次，嗓门大了一些，那个小选手赶紧友好地让出位置。获得了有利位置后，潘阳发挥自如，博得了许多评委的掌声。

比赛完后，潘长江直接拉着女儿的手就往场外走。巩汉林拉着他说："怎么不等结果出来领奖？"

"你以为她会得奖？"潘长江小声说，"其实，她通过今天锻炼学到的已经不少了。以前，她总是不好意思去请求别人，也从来不肯独自跟人打交道，现在她做到了。你说，这不比奖品更有价值吗？"

进入娱乐界多年的潘长江知道，娱乐界这个行业比任何行业都更具竞争力，也更残酷，仅仅凭能唱会跳的天赋是不行的，还必须具有向上的精神和很好的协作能力。他这样做，看似残酷，其实是在用心良苦地培养女儿。

当然，潘长江也不忘满足孩子的虚荣心。

有一天,女儿放学回来,看起来心情很好,还没等潘长江问,她就扬着手里的纸说:"我的作文在年级组各个班都读了,老师说这是全年级组有史以来得分最高的作文。"

看着女儿洋洋得意的样子,潘长江真想找出以前成绩糟糕的作文来奚落她几句。"看她那志得意满的快乐劲儿,想着我要是揭她'老底',她定会情绪沮丧地耷拉着脑袋,快乐也会逃得无影无踪。"潘长江觉得这样肯定不妥。于是,他扬起作文,喊来正在厨房做饭的妻子杨云:"快来看,女儿的作文写得真不错,怪不得能在全年级组念呢。"杨云看了看作文,看了看潘长江,明白了他的意思,也对作文进行了褒奖。潘阳的情绪很高,当晚的作业写得很快,质量又高,还破天荒地自己主动写了一篇作文。

来自父母和老师的褒奖让潘阳一连几天情绪都很高涨,在快乐的心情下,她每周的周记很轻松就能完成,平时做不出来的"难题"也变得容易了。同时,她对数学、英语、唱歌等多门功课都表现出了极大的热情,达到了"一拖多"的惊人效果。

潘长江的心得是:适当满足孩子的虚荣心,并多给孩子些真诚的鼓励,往往会取得事半功倍的效果。许多家长不愿意过多地表扬孩子,害怕孩子翘尾巴,忘乎所以。其实,这种担心是不必要的。满足孩子的虚荣心,让孩子的成绩得到认可,让孩子的努力得到回报,这样有助于培养孩子的上进心,增强孩子的自信心。

第八章

好爸爸必须学习的教子课

俗话说,母爱如水,父爱如山。当母亲含辛茹苦地照顾我们时,父亲也在努力地扮演着上帝赋予他的温柔角色。多少年来,人们在歌颂和赞美母亲的同时,并没有忘记父亲的伟大……

1.古代名人别出心裁的教子课

古往今来,每个为人父母者都希望自己的子女能够成才,为此,他们采用的教育方法不胜枚举,各具特色。其中,不少名人教育子女成才的方法都别出心裁,耐人寻味。

"令"教

三国时代的政治家曹操十分重才,对儿子要求也很严,还特地颁布了一个《诸儿令》,意思是:"儿子们在年幼的时候,我虽都喜爱,但只有长大后能成才的,我才会用他。我这不是说二话,我不但对臣属没有偏心,就是对自己的儿子也不想有任何偏袒。"

"名"教

1945年,林伯渠的小儿子6岁,即将上学。林老对儿子说:"上学,该有个地道的名字,我看你就叫'用三'吧!"儿子百思不得其解,林老语重心长地解释道:"'用三'者,三用也,即用脑想问题,用手造机器,用足踏实地!"

"联"教

郭沫若是对联创作和巧用的好手。1940年秋,郭老与夫人于立群、侄儿郭倍濂、侄媳魏蓉芳在书房闲谈。谈话中,郭沫若挥笔写了一联,内嵌"蓉芳"二字,以教诲后辈:"莫学芙蓉空有面,应效芬芳发自心。"此联深蕴哲理,不仅告诫年轻人不要华而不实,应该艰苦奋斗,而且阐明了事物表与里的辩证关系,具有深刻的教育意义。

"铭"教

我国宋代大文豪苏东坡的长子苏迈赴任县太尉时,苏老送了他一方砚台,上面有苏老亲手刻的砚铭:"以此治财常思予,以此书狱常思生。"苏迈表示一定不负父示,做一名勤政廉洁的好官。

"碑"教

北宋名臣包拯,素有"包青天"的美誉。他家中堂屋东壁竖立了一块石碑,碑文刻的是包拯的遗嘱家训:"后世子孙仕官有犯赃者,不得放归本家,亡殁之后不得葬于大茔之中。不从吾者,非吾子孙。"这也是有名的"家训碑"。

"诗"教

林则徐是我国清代禁烟运动的民族英雄,他有一女,才貌双全,嫁给了当时颇有才气的沈葆桢。

沈葆桢年轻气盛,到处夸口,目空一切。一天晚上,天空虽是一钩弯月,却也月光如水,照亮大地。恰逢沈葆桢饮酒,诗兴来了,就写了两句咏月的诗:"一钩以足明天下,何必清辉满十分。"这两句诗的意思是说,弯弯的一钩残月已能照亮大地,何必要那银盘一样的满月呢? 自满之情溢于言表。林则徐看到后,担心沈葆桢从此不思进取、固步自封,落得个江郎才尽的下场。于是,沉思良久,拿过笔把"何必"的"必"字改成了"况"字,使诗句成了:"一钩以足明天下,何况清辉满十分。"沈葆桢看后,十分羞愧。虽然只是一字之差,但意思却大相径庭,由自满的口吻变成了壮志凌云的生动写照。从此以后,沈葆桢变得谦虚好学了。

清代著名书画家郑板桥晚年得子,不胜欣喜。他在弥留之际,叫儿子亲手做几个馒头给他吃。当儿子做好馒头端到床前时,郑板桥已经咽气了,儿子悲痛欲绝,突然看到茶几上有一张父亲的字条,上面写着:"流自己的汗,吃自己的饭,自己的事业自己干,靠天靠地靠祖宗,不算是好汉。"这是郑板桥给儿子上的最后一课。

教育家陶行知很重视对孩子进行理想教育,常劝孩子要勤奋学习,莫误好时光,他还为此写了一首诗:"人生天地间,各自有禀赋,蹉跎悔歧路,为一大事来,做一大事去,多少白发翁,寄语少年人,莫将少年误。"孩子们看了很感动,决心以此诗激励自己上进。

德国诗人歌德非常关心孩子的心理健康,他常能从蛛丝马迹中觉察出"异味",并用诗歌来启迪孩子。一次,他发现孩子的一本纪念册上写有这样一段小诗："人生在这里有两分半钟的时间,一分钟微笑,一分钟叹息,半分钟爱,因为在爱的这分钟里他死去了。"歌德提笔"续"完了诗的下半"阕",他写道:"一个钟头有六十分钟,一天超过了一千,孩子,要知道这个道理,人能够有多少贡献!"孩子看后十分惭愧,幡然醒悟,决心珍惜时间,加倍勤奋学习。

"物"教

唐太宗临终前,为了教育他的子孙不要奢侈,要节俭,特地命令将他平日使用的牛角梳、草根刷等极简陋的用品放在他的陵墓寝宫里,要子孙们记住永存俭德。

相关链接:

古代父母对孩子"七不责"精髓

(1)对众不责:在大庭广众之下,不要责备孩子,要在众人面前给孩子以尊严。

(2)愧悔不责:如果孩子已经为自己的过失感到惭愧后悔,大人就不要责备孩子了。

(3)暮夜不责:晚上睡觉前不要责备孩子。此时责备他,孩子带着沮丧失落的情绪上床,要么夜不成寐,要么噩梦连连。

(4)饮食不责:正吃饭的时候不要责备孩子。这个时候责备孩子,很容易导致孩子脾胃虚弱。

(5)欢庆不责:孩子特别高兴的时候不要责备他。人高兴时,经脉处于畅通的状态,若此时忽然被责备,经脉就会立马憋住,对孩子的身体伤害很大。

(6)悲忧不责:孩子哭的时候不要责备他。

(7)疾病不责：孩子生病的时候不要责备他。生病是人体最脆弱的时候，此时的孩子更需要父母的关爱和温暖，这比任何药物都有疗效。

2.伟人父母谈成功教子四大秘诀

秘诀一：博览群书

弗朗西斯·培根早在几百年前就已指出："读史使人明智，读诗使人聪慧，演算使人精密，哲理使人深刻，道德使人高尚，逻辑修辞使人善辩。"

卢梭的成长历程

钟表匠伊萨克在工作台上一边工作一边教3岁的儿子卢梭从普鲁塔克的《古希腊罗马英雄传》中识字。在他的督导下，卢梭在7岁前便啃完了勒苏厄尔的《教会与帝国历史》、那尼的《威尼斯历史》、奥维德的《变形记》，还有《世界通史讲话》、《死人对话录》和《宇宙万象讲解》，以及莫里哀的戏剧。

博览群书使卢梭获得了阅读能力和理解能力，激发了他的使命感、荣誉感和责任感，最终使他成为一位伟大的启蒙思想家、文学家。

秘诀二：发掘天赋

天赋是人的一种生来俱有、无师自通的天生素质。人的天赋在母胎中初具雏形。天赋是构筑天才人物的首要素质，人的天赋不可造就，却能被发掘。

居里夫人的家教观念

居里夫人有两个女儿:伊雷娜·居里和艾芙·居里,她对两个女儿的家教观念是以发掘她们的某种天赋为主。

早在女儿牙牙学语时,居里夫人就开始对她们进行探索性的发掘了。女儿刚上小学,居里夫人便让她俩每天放学后在家里进行一小时智力活动,以便进一步发掘其天赋。当她们进入赛维尼埃中学后,居里夫人让女儿每天再补一节"特殊教育课"——在索尔本的实验室里,由让·佩韩教授化学,保罗·朗之万教授数学,沙瓦纳夫人教文学和历史,雕塑家马格鲁教雕塑和绘画,穆勒教授教4门外语和自然科学,而每星期四下午在巴黎市理化学校里,由居里夫人教女儿物理学。

经过两年"特殊教育课"的观察鉴别后,她发现:大女儿伊雷娜性格镇静、朴实、专注和自然,着迷于物理和化学,她明确自己的使命是当科学家并研究镭,这些正是科学家所要具备的素质。小女儿艾芙心灵跳跃、充满梦幻、情绪多变,居里夫人先培养她学医,再引导她研究镭,又激励她从事自然科学,可她对科学不感兴趣。艾芙的天赋在文艺方面。

正是运用这种发掘孩子天赋的家教,居里夫人最终使大女儿伊雷娜·居里因"新放射性元素的合成"于1993年荣获诺贝尔化学奖,也使小女儿艾芙·居里成为了一位优秀的音乐教育家和人物传记作家。

秘诀三:荣誉感

孩子的荣誉感往往是在父母的激发下渐渐奠定下来的。欧美的家长在一起聊天时会说:"我的女儿伊丽莎白就是拿奥斯卡奖的料子。""嗨!小威廉绝顶聪明,50岁能得诺贝尔奖。"

哈德罗·麦克米伦的成长历程

哈德罗·麦克米伦无论是在蹦蹦跳跳的童年时代,还是在伊顿公学的少年时代,抑或在巴利奥学院的青年时代,都不断听到母亲萨拉二十年如一日的告诫："麦克米伦，你跟别的孩子不一样，你将来是要当英国首相的。"在母亲自小要当伟人的荣誉感的激励下，麦克米伦奋力拼搏、潜心求索，终于在1957年至1963年两度荣任英国首相。

弗洛伊德的成长历程

弗洛伊德的荣誉感来自犹太式的家教。他才6岁时，父亲就箴告他：一千多年以来，我们犹太人一直处于被驱赶、压迫、剥削、羞辱和大屠杀的悲惨境遇下，但犹太人为何还能长期生存下来？犹太人的智力为何平均高于全世界各民族的51倍？犹太人为何操纵着社区的、国家的还有全世界的银行、货币供应、经济和商业？因为犹太人比别人百倍地勤勉、拼搏、明智和节制。

卧薪尝胆、愤发图强的犹太人式家教，激发起了弗洛伊德的荣誉感："我的父母都是犹太人，我自己也是一个犹太人。我永远不能理解为什么我得为我的民族、我的祖先而感到羞耻。我经常感受到自己已经继承了先辈为保卫他们的神殿所具备的那种蔑视一切的全部激情，因而，我可以为历史上那个伟大的时刻而心甘情愿地献出我的一切。"正是在这种犹太式荣誉感的激励下，弗洛伊德最终为人类创立了"精神分析学"和"性心理学"。

秘诀四：独立人格

诺贝尔文学奖得主诺伯特·罗素鞭辟入里："那些在童年受到孤独的人要比受到宠爱的人更容易成功；一个不具备精神独处能力的人，不可能成为伟人。"

人只有在离群索居无伴独处的环境下，才能阅读、思考和创造，才能产生灵感，沉思默察，构筑观念，诸种观念诞生思想——正如帕斯·卡尔所说："思想形成人的伟大。"难道不是吗？——斯坦尼斯拉夫斯基体系、黑格尔主义、甘地思想，创造这些的人无一不堪称伟人。

撒切尔夫人的成长历程

在1979年5月，撒切尔夫人作为英国女首相搬进举世瞩目的唐宁街10号时说："我的一切成就都归功于我父亲罗伯茨先生对我的教育培养。"

罗伯茨从小就教育女儿：凡事要有自己的主见，要用自己的大脑来判断事物的是非，千万不要人云亦云。在日常生活中，罗伯茨非常重视培养女儿"严谨，准确，注重细节，对正确与错误严格区分"的独立人格。

正是罗伯茨对女儿独立人格的培养，才使撒切尔夫人从一个普通的女孩，最终成为一位连任3届英国首相、执政12年，在世界政治舞台上叱咤风云独霸一方的政治家与"撒切尔主义"的创始人。

3.世界级巨富的教子秘笈

大多数白手起家的世界富豪在教育子女的金钱观、理财观方面都不吝惜时间与精力。

李嘉诚：让儿子当球童

靠白手打拼起家的李嘉诚很早就开始关注对孩子的培养。次子李泽锴的零用钱都是自己在课余兼职，通过当杂工、侍应生挣来的。每逢星期日，他都会到高尔夫球场去做球童打工，背着大皮袋跑来跑去，通过自己的劳动，领取一份收入。李泽锴的打工所得，除了用作自己日常的零花钱之外，有时还资助生活困难的同学。李嘉诚知道后十分高兴，他对妻子说："孩子这样发展下去，将来准有出息。"

盛田昭夫：只有"纯真"并不够

许多父母怕孩子染上贪钱的恶习，所以不让孩子沾金钱的边。在充满竞争和风险的社会中，如此"纯真"很容易被淘汰。已去世的索尼公司创始人盛田昭夫，刚懂事时其父就告诉他："你是家中的长子，未来的米酒商。"盛田昭夫从小就被当作家族继承人来培养，在不断的学习锻炼中，他逐渐变得精明能干，学会了精打细算，后来终成大器。

沃森：规划自己的"钱"程

理财要做到心中有数，要学会规划自己的理财目标、计划等。IBM前董事长沃森就要求他的儿子从上初中时起做每周的零花钱支出计划，每月的收支目标，使儿子很小就树立了商业意识。长大后，他成了IBM公司的首席执行官，良好的理财习惯成就了其灿烂的一生。

摩根：能省不如会赚

摩根财团的创始人约翰·皮尔庞特·摩根当年靠卖鸡蛋和开杂货店起家，发家后对子女要求严格，规定孩子每月的零花钱必须通过干家务活来获得，所以几个孩子都抢着做家务事。最小的孩子托马斯因年龄小抢不到活干，挣得的零花钱很少，所以他非常节省。老摩根知道后对托马斯说："你用不着在用钱方面节省，而应该想着怎么才能多干活多挣些钱。"这句话提醒了托马斯，于是，他想了很多干活的点子，广开财源，零花钱渐渐多了起来。他最后明白，想要理财，开源比节流更重要。

卡内基：金钱不能换来感情

在家庭理财中，切忌将钱摆在超越一切的第一位，这样会伤害夫妻、父母与子女的感情。美国"钢铁大王"卡内基就曾对他的孩子说："金钱不能换来感情。"他说："如果我特别大方，给你们很多钱，那你们可能只记得我的钱，记不住我这个人；如果我特别抠门，可能也得不到你们对我的感情。所以,我宁愿多花些时间关心你们,培养人与人之间的感情。因为在关爱面前,金钱无能为力。你们应该牢记,最能打动商人心的不仅有价格,还有情感。"

4.文化名人们如何当爸妈

向打碎花瓶的孩子道歉——马家辉哭笑不得

对孩子过度保护,是香港学者马家辉对目前香港亲子关系现状的忧虑。他说了一件自己亲身经历的事情:一天,一位朋友带宝宝到他家里玩,孩子淘气,不小心把马家辉从巴黎带回的一个心爱的花瓶撞碎了,他下意识地脸色一沉。这时,朋友把马家辉拉到一边,很严肃地说,你这样摆脸色给我孩子看,会把我家宝宝吓着的,万一吓出抑郁症怎么办?这样吧,你去给我孩子道个歉,安慰他一下。马家辉只好哭笑不得地去向那位打碎他心爱花瓶的宝宝道歉:"对不起,叔叔吓到你了,没关系,你继续玩……"马家辉说,像这样的过度保护,在香港有孩子的家庭里经常碰到,这是非常令人担忧的一个社会现象。

女儿爱蓝兔子胜过爱爸爸——刘墉不生气

作家刘墉有一双儿女,儿子是哈佛大学博士,女儿14岁就以优异的成绩获得美国"总统奖"。在论坛中,他和家长分享了自己的教子经。刘墉说,许多中国父母的爱太沉重,把孩子压得受不了,却没有给孩子机会让他们付出爱,导致的结果是孩子过得很不快乐。其实,孩子付出爱时要比得到爱时更快乐。

刘墉举了一个自己女儿和玩具蓝兔子的例子:女儿小时候对那只蓝兔子爱不释手,每天都要和兔子说话到很晚。刘墉说:"几点了,赶快睡觉!"女儿说:"我要哄蓝兔子睡觉呢!"刘墉问:"你到底爱爸爸还是爱你的蓝兔子?"女儿说:"当然是我的蓝兔子啦!"刘墉说,女儿这番话没有让他生气,因为他知道,孩子在对蓝兔子付出爱的同时,也得到了快乐。

不知道《论语》,不崇拜妈妈——于丹在女儿面前很脆弱

于丹说:"很多人会问我,你的女儿学不学《论语》,崇不崇拜你?其实,我女儿不知道什么是《论语》,也从来不崇拜我。"相反,在女儿面前,于丹从来不掩饰自己的脆弱。有时候,劳碌了一天回到家里,她长叹一声"好累呀",这时,女儿会跑过来说:"那我给妈妈画幅画吧!"女儿用她特殊的方式给妈妈力量。

于丹说,每个孩子都是天才,带着童话的思维成长,大人千万不要用科学的思维去压迫他们,把天才教育成庸才;不要用成人的理念武断粗鲁地对孩子说"你错了",要让他们自由想象,蓬勃生长;不要苛求自己的孩子做全才,要尊重每个孩子的个体差异,尊重他们的快乐。在于丹心中,亲子关系就是和孩子共同成长。

再忙也要对女儿说爱你——育婴专家谢宏是个好爸爸

谢宏说,当传统亲子文化遭遇亲子冲突、代沟、丁克、单亲等社会现象的异化、迷失时,中华亲子文化应该从"孝道"向"爱道"转变,这种爱是双向的,是发自内心的,是无条件的。这样,家庭才会幸福,社会才会和谐。

5.名人教子中的"另类惩罚"

在教育子女的过程中,当孩子做错事时,必要的"惩罚"是应该的。但是这种"惩罚",并不是在孩子出错时对他进行痛打和责骂,而是要通过种种孩子力所能及、立竿见影的方式促使他们自我反省,让他们的心灵经受洗礼。下面让我们一起来看看几位名人父母的教子故事,或许他们那些看起来有点"另类"的惩罚方式,能给我们一些有益的启示。

马克·吐温的"自我惩罚"

马克·吐温,美国批判现实主义文学的奠基人,世界著名短篇小说大师,被誉为"美国文学中的林肯"。

马克·吐温出生于密西西比河畔小城汉尼拔的一个贫穷乡村律师家庭,他从小出外拜师学徒,当过排字工人、密西西比河水手、南军士兵,还从事过木材业、矿业和出版业。他经历了美国从"自由"资本主义到帝国主义的发展过程,其思想和创作也经历了从轻快调笑到辛辣讽刺再到悲观厌世的发展变化。他的作品文字清新有力,审视角度自然而独特,被视为美国文学史上具有划时代意义的现实主义著作。

我们所熟悉的美国作家马克·吐温,他的作品充满了对资本主义社会各种丑恶现象的辛辣无情的嘲讽,似乎是一个很咄咄逼人的人。其实,在生活中,他有着不为人知的另一面。他对孩子的教育就像他写的小说一样充满了幽默、轻松的情趣。

马克·吐温有3个女儿,他是一个非常慈爱的父亲,视女儿为掌上明珠,家庭中常常回荡着笑声,洋溢着温馨的气氛。从女儿开始懂事时,每当他写作累了,他就会将女儿叫到身边,让她们坐在自己的椅子扶手上,给她们讲故事。故事的题目由女儿选择,她们常不假思索地拿起画册，让父亲根据上面画的人或动物即兴编故事。虽然女儿还小，没什么辨别的能力，但马克·吐温每次都非常认真地给她们编故事，从不敷衍。

在这个家庭里，父母和女儿之间始终保持着一种平等、民主和相互尊重的关系，洋溢着和睦融洽的气氛。父亲从来不会摆长辈的架子，从不训斥女儿。不过，每当孩子犯错，马克·吐温也决不姑息，一定会让她们记住教训，不再重犯。只是，马克·吐温惩罚女儿的方式与众不同。

有一次，马克·吐温夫妇想带着孩子到农庄度假，一家人坐在堆满干草的大车上，颤悠悠地向郊外驶去，一路上欣赏着美丽的田园风光。这是女儿们向往已久的事，因此她们一大早便唧唧喳喳说个不停。可就在大车出发前，不知出了什么差错，大女儿苏西动手把妹妹克拉拉打得哇哇大哭。事后，苏西主动向母亲承认错误，但是按照马克·吐温制定的家规，苏西必须受到惩罚，而且惩罚的方式要她自己提出来，母亲同意后，就可以施行。苏西提出了几种受罚的办法，包括她最不情愿受到的惩罚——不坐干草车旅行。犹豫了老半天，苏西终于下定决心对母亲说："今天我不坐干草车了，它会让我永远记住，不再重犯今天的错误。"马克·吐温非常理解女儿为自己决定的受罚方式对她究竟有多大的份量，他后来在回忆这件事时说："并不是我让苏西这么做的，可想起可怜的苏西失去了坐干草车的机会，至今仍让我感到痛苦。"

马克·吐温是一个很特别的作家，也是一个很特别的父亲。他的惩罚方式新鲜有趣，同时也非常奏效。他给女儿编故事的时候，和千万个父亲一样慈爱。但是，爱也应该讲究方式。当孩子犯错的时候，或者像故事中的女儿那样哭哭啼啼、吵闹不休的时候,你是不是会头大一圈,束手无策呢?马克·吐温采取的惩罚办法或许可以借鉴。其实,稍稍留心,我们也能想出许多办法,可能有的比马克·吐温还要高明。和自己的孩子一起制定一些小小的约定,或者共同协商一些事情,既能帮助他们改掉坏毛病,又能让孩子更乐于接受,真是一举两得。

罗斯福的"沉默惩罚"

罗斯福是美国历史上最杰出的总统之一,也是唯一连任4届的美国总统。他不但治国有道,教子也十分有方。"对儿子,我不是总统,是父亲!"罗斯福的这句话曾对美国人产生过不小的震撼,这也更体现了他一贯遵循的教子原则。

罗斯福的大儿子叫詹姆斯,在詹姆斯小的时候,罗斯福就在儿子身上倾注了大量心血。在家里工作的时候,罗斯福特意选择了一个窗户面向院子里花园的房间,因为在这里,他可以随时看到儿子在干些什么。有时候,他会为无忧无虑玩耍的孩子感到高兴,被他那天真的样子逗得哈哈大笑,不过更重要的一点是,他能够观察到孩子们的心灵和品质。在罗斯福看来,这是孩子成长中最重要的一个环节。

与很多孩子一样,詹姆斯也曾有过爱撒谎的毛病。詹姆斯6岁的时候,有一天,罗斯福夫人的姐姐——玛莉姨妈一家来家里做客,小詹姆斯兴奋异常,因为姨妈家两个表兄弟年纪与他相仿,詹姆斯非常喜欢和他们在一起玩耍。孩子们见面后,就大嚷大叫地玩开了,在房间里跑来跑去,十分开心。结果在厨房里,詹姆斯一不小心撞在了餐桌上,桌子上一只精美的高脚玻璃酒杯"砰"的一声落在地上,摔碎了——那是玛莉姨妈送给妹妹的生日礼物。罗斯福夫人和玛莉姨妈听到声音,急忙赶了过来,问是谁打碎的。姨妈的两个孩子齐声说："不是我。"小詹姆斯迟疑了一下，也跟着喊："不是我！"

听完夫人的描述，罗斯福一下子就猜到了事情的真相，但当着众人的面，他并没有揭穿儿子。就连玛莉姨妈一家走了之后，他也没有表现出生气的样子，而是一句话也没有说。他想等儿子自己主动说出真相，认识到自己的错误。

父亲这种"沉默的惩罚"使小詹姆斯受尽了"折磨"。但罗斯福依然沉默着，并不时通过妻子暗示儿子，撒谎的人，连父母都不会信任他。就这样，他一直耐心地等待着，同时在暗地里观察，结果发现，儿子玩游戏时不再像从前那样无忧无虑，不再爱说爱笑，他看起来非常不安。

终于有一天，詹姆斯默默来到父亲面前，眼泪汪汪地向他承认了自己的过错，并用乞求的口气说："父亲，我知道自己错了，您会原谅我吗？您还会爱我吗？"罗斯福终于笑了，他高兴地说："亲爱的孩子，我就等着这一刻呢！知道自己错了，勇敢地去面对它，以后才不会再犯。爸爸怎么会不原谅你呢？詹姆斯，爸爸和以前一样爱你！"

在罗斯福的教导下，詹姆斯和3个弟弟都在"二战"中浴血奋战，建立了功业，战后又都成功跻身美国政坛。

点评：孩子在成长的过程中，有时候出于各种原因，难免会撒谎。对于这个不好的习惯，罗斯福"沉默惩罚"的方法显然收到了实效。其高妙之处在于，他没有直接批评儿子的过错，而是间接地暗示，说谎的做法是不妥当的，一个人必须学会为自己的错误负责。罗斯福让儿子自己从心灵上认识到了错误，并为自己的不诚实感到备受"折磨"，在后来孩子的思想斗争中，诚实的良知最终取得了胜利。

格林女士的"孤独惩罚"

世界著名传媒大亨鲁伯特·默多克，1931年生于澳大利亚的墨尔本。这位世界巨富的母亲也是一位名人,她是澳大利亚历史上一位著名的优秀演员,名字叫伊丽莎白·格林。作为一位成功的母亲,格林女士性情果敢,对事十分有主见,对儿子既宠爱有加又严格要求,使得默多克一生受益无穷。

默多克是家里唯一的儿子,在父亲的溺爱下,他从小就养成了任性和娇气的坏毛病,母亲为此伤透了脑筋。后来,格林女士想出了一个办法——她让人专门为默多克在花园里盖了一间小木屋,在里面摆上一张床。每当默多克闯了祸、未能完成功课或者犯了其他什么过错时,他就必须一个人住在小屋里,就算在寒冷的冬天也不例外。

对孩子的这种"孤独惩罚",父亲有些于心不忍。每当儿子因犯错被惩罚的时候,他都会三次两番地试图说服妻子,想让小默多克重新回到大屋里来睡觉。这时,格林女士就会对丈夫说:"我认为一个人在小屋里睡觉,对我们的儿子很有好处,这是对他的一个很好的锻炼。他不仅要适应那些木头,更重要的是,他还要适应黑暗与孤独,适应一个人独处。对一个男孩子来说,这样会让他变得更勇敢!"

事实上,那个花园里的小木屋是一个很"奇妙的地方"。夏天的时候,住在里面非常凉爽,还能时时看见萤火虫。到后来,默多克喜欢上了这里,就算没犯错误,他也会经常到小木屋里住上几天。

点评:乍一听起来,格林女士对待儿子的做法有点"残忍"。不过用默多克自己的话说,"正是母亲的这种'残忍',造就了自己今天的成功和辉煌。"家长和孩子之间,是一种教育与被教育的关系,教育孩子的方法很重要。惩罚孩子,只是手段,不是最终的目的。一般来说,惩罚只是一种恶性条件刺激,其效能是暂时的,不能持久,孩子在忍受了惩罚之后往往会依然故我。格林女士的聪明之处在于，她成功地将对孩子的惩罚与锻炼结合在了一起，在强迫孩子独自自我反省的同时，又巧妙地培养了孩子直面孤独与困难的勇气和信心。这一点实在难能可贵，同时也起到了事半功倍的效果。

6.世界各地"模范父亲"的故事

达·芬奇的父亲：充分发展孩子的兴趣

著名画家达·芬奇的父亲彼特罗是一位令人称道的好父亲，他培养孩子的信条是：给孩子最大的自由，让孩子发展自己的兴趣。

6岁那年，达·芬奇开始上学，他在学校里学到了很多知识，对绘画尤为感兴趣。一天，他上课不专心听讲，还给老师画了一幅速写。回家后，达·芬奇把速写拿给父亲看，父亲不仅没有生气，反而夸奖他画得很好，决定培养他在这方面的才华。

父亲的开明让达·芬奇得以全身心投入到自己喜爱的绘画中，甚至敢专门画画恐吓老爸。一次，他花了一个月时间，在盾牌上画了一个两眼冒火、鼻孔生烟，看起来十分可怕的女妖头。为了把父亲吓一跳，他关紧窗户，只让一缕光线照到女妖头的脸上。果然，父亲一进家就被盾牌上的画吓坏了，等达·芬奇哈哈大笑地解释完后，他竟然也没有责备儿子。

16岁那年，父亲把达·芬奇带到画家维罗奇奥那里学画画。在维罗奇奥的指导下，达·芬奇刻苦学习，掌握了很多绘画技巧，终于成为一代大画家。

莫扎特的父亲：不惜放弃工作培养孩子

奥地利作曲家莫扎特小时侯被无数人誉为"神童"，他的许多作品一直是古典音乐中经久不衰的保留曲目。莫扎特能有如此成就，与他父亲的精心培养密切相关。

莫扎特3岁时，父亲就发现他经常静静地坐在一边，很有兴趣地看姐姐练琴，于是就开始对他进行启蒙教育。在父亲的指导下，莫扎特5岁就开始创作短曲，6岁时创作钢琴协奏曲。后来，为了更好地培养他，父亲甚至放弃了在宫廷当乐师的工作，将全部精力用在培养莫扎特身上。

可以说，没有父亲那份执著的精神、严格的要求和深厚的关爱，也许就不会有莫扎特这样一位音乐大师。

安徒生的父亲：穷鞋匠培养出大作家

丹麦童话作家安徒生出生在富恩岛上一个叫奥塞登的小城镇上，那里有不少贵族和地主，而安徒生的父亲只是个穷鞋匠，母亲是个洗衣妇。贵族地主们怕降低自己的身份，从不让自己的孩子和安徒生一起玩。安徒生的父亲对此非常气愤，但一点也没有在孩子面前表露出来，反而十分轻松地对安徒生说："孩子，别人不跟你玩，爸爸陪你玩！"

父亲亲自把安徒生简陋的房间布置得像一个小博物馆，墙上挂了许多图画和做装饰用的瓷器，橱窗柜上摆了一些玩具，书架上放满了书籍和歌谱，连门上也画了一幅风景画。父亲还常给安徒生讲《一千零一夜》等古代阿拉伯故事，有时则给他念一段丹麦喜剧作家荷尔堡的剧本，或者英国莎士比亚的戏剧。

为了丰富安徒生的精神生活，父亲鼓励安徒生到街头去看埋头工作的手艺人、弯腰曲背的老乞丐、坐着马车横冲直撞的贵族等人的生活，这些经历为安徒生以后写出《卖火柴的小女孩》、《丑小鸭》

等童话故事打下了很好的基础。

列夫·托尔斯泰：用鹅毛笔为孩子的读物描图

俄国文学家列夫·托尔斯泰十分注意培养孩子的学习兴趣，他常常抽时间给孩子们讲故事、绘画，回答他们提出的各种问题。

托尔斯泰从不给孩子强行灌输知识，而是根据孩子们的爱好和兴趣为他们服务。有一段时间，孩子们对作家儒勒·凡尔纳的作品很感兴趣，托尔斯泰就一本又一本地讲给他们听。

后来，他发现《环球旅游80天》这本书没有插图，为了帮助孩子们理解故事情节，他每天晚上用鹅毛笔亲自为该书描制插图。托尔斯泰的时间是宝贵的，但是他认为，把时间花在提高孩子的学习兴趣、激发孩子的求知欲方面是值得的。

约翰·D·洛克菲勒：锻炼身体与游历世界

在19世纪时，洛克菲勒家族事业的创始人约翰·D·洛克菲勒只是一个周薪7美元的打工仔，但他通过个人奋斗最后创建了标准石油公司。在教育自己的下一代方面，他制订了许多严格的"措施"。

约翰·D·洛克菲勒常常和孩子强调锻炼身体的重要性。儿子上学时，他让儿子滑着旱冰经过中央公园到林肯学校，家庭司机只是开着车跟在后面。

另外，洛克菲勒家族很重视到世界各地游历对孩子成长的影响。在洛克菲勒家族，孩子很小的时候就会跟着父母，带着家庭教师和一大堆行李，飞越美国大陆、欧洲、北非等地。这种教育增强了孩子认识社会多元化和准确把握社会常理的能力，为以后确立人生目标起到了很好的启发作用。

盖茨的父亲：让孩子从小懂得凭本事挣钱

世界软件业巨头微软公司的老总比尔·盖茨出身于美国西雅图一个富裕的律师家庭，他父亲威廉很注重从小培养他"凭本事打拼"

的意识。

威廉说："重要的是要让孩子知道自己能够赚钱,并且不管做什么事情都要有信心和干劲。"盖茨帮家里做事,父亲总会给予一点小报酬,以此激发他的热情,让他懂得工作是通往幸福的台阶。威廉表示,这样做可以让孩子了解现实社会和外部世界,也可以让孩子了解大家一起劳动、一起追求同一目标的快乐。

他信:泰国总理千金去麦当劳打工

泰国总理他信是第四代泰国华裔,也是东南亚著名的"电信大亨",家里十分富裕。但他信对自己的一子二女要求相当严格,甚至主动要求孩子出去"受苦",以使他们长经验、长见识。

2004年3月,小女儿贝东丹高考结束后,他信把她送到了曼谷一家麦当劳餐厅打工,贝东丹一时间成为了泰国媒体关注的焦点。他信说:"我就是想让她有这个经历,让她了解生活,从而能更快地适应工作,适应社会,并培养责任感。"

7.世界名门望族的教子十训

常言道:"三代才能培养一个贵族。""贵族"与"绅士"不仅代表一定的经济地位,更是一种风度与修养的体现。下面,让我们一起走进世界十大顶尖家族,感悟他们历久弥新的家族精神。

政治世家:肯尼迪家族教育子女的十训

肯尼迪家族是爱尔兰威克斯福德逃荒到美国的后裔。家族成员老约瑟夫·P·肯尼迪于1888年生于波士顿,一战结束后投资股票赚了大钱，成为百万富翁，之后涉入政坛，使肯尼迪家族成为了受人关注的美国政治世家。1960年，美国《幸福》杂志把肯尼迪家族列为美国第十二大家族，估计拥有资产上亿美元。约翰·菲茨杰拉德·肯尼迪，通常被称作约翰·F·肯尼迪，是美国第35任总统。1956年，肯尼迪写成的《勇敢者传略》一书出版，获得普利策奖。1963年11月，在得克萨斯州达拉斯市，肯尼迪遇刺身亡。

（1）亲手制作孩子的育儿日记与读书记录，然后对此进行彻底检查。

（2）帮助孩子培养遵守时间的好习惯。

（3）父母要经常向孩子讲述他在事业上所发生的故事。

（4）吃饭时要形成一种自然和谐的讨论氛围。

（5）教授孩子"取得第一名成绩的人不会被人无视"的世界法则。

（6）当孩子遇到困难时，家长要站在孩子的角度上帮助他们解决问题。

（7）让孩子进入名牌大学进行学习，使之获得最好的人脉关系。

（8）让孩子明白，起初的笨拙与不适应将会通过反复努力而变得熟能生巧。

（9）告诉孩子要树立远大的目标，但切勿急躁，必须循序渐进才能取得成功。

（10）父母与兄弟姐妹之间要形成一种和睦相处、互相帮助的良好家庭氛围。

瑞典首富：瓦伦堡家族教育子女的十训

瓦伦堡家族是一个媲美美国洛克菲勒、摩根和欧洲的罗斯柴尔德家族的财团，一个延续了两个多世纪的企业帝国。这也是一个世界顶级的社交家族,人们用"帝国"、"王朝"等字眼来形容瓦伦堡家族。如今,这个家族已经历经两百多年的风风雨雨,前后共有5代掌门人带领家人同舟共济。两百多年的时间里,他们不断地书写传奇和创造历史,在瑞典,其显赫程度堪比瑞典王室;而其在世界的影响力,则又是瑞典王室所远不能及的。1856年,以老雅各布的侄孙安德烈·奥斯卡·瓦伦堡创办斯德哥尔摩私人银行为标志,瓦伦堡家族第一代名垂青史。现今第五代领军人物马库斯·瓦伦堡和雅各布·瓦伦堡堂兄弟使瑞典银行总资产达到1552亿瑞典克朗。1981年,瓦伦堡成为美国荣誉公民,美国总统里根称瓦伦堡是一位"伟大人物"。

(1)在海军服兵役,培养坚忍不拔的精神。

(2)通过在世界知名大学学习与在跨国企业里就职开阔眼界。

(3)构筑国际性人脉关系。

(4)遵守并重视世代相传的原则。

(5)取之于社会,用之于社会。

(6)每周日早晨与孩子们一起散步。

(7)弟弟接着穿哥哥穿过的衣服,从而养成俭朴的生活作风。

(8)做事不能鲁莽,避免锋芒毕露的行为。

(9)爷爷作为孙子的人生导师,传授智慧和经验(隔代教育)。

(10)如果想要成为继承人,必须首先具备一颗爱国心。

西雅图的银行名门世家:盖茨家族教育子女的十训

比尔·盖茨,全名威廉·亨利·盖茨,美国微软公司的董事长。早年,他的外祖父J.W.麦克斯韦尔曾任国家银行行长。比尔·盖茨是一个天才,他20岁开始领导微软,31岁成为人类有史以来最年轻的亿万富翁,37岁成为美国首富,39岁那年一举超越美国股票大王沃伦·

巴菲特成为世界首富。他与保罗·艾伦一起创建了微软公司,曾任微软CEO和首席软件设计师,并持有公司超过8%的普通股,也是公司最大的个人股东。1995年到2007年的《福布斯》全球亿万富翁排行榜中,比尔·盖茨连续13年蝉联世界首富。2008年6月27日,他正式退出微软公司,并把580亿美元个人财产尽数捐给了比尔与梅琳达·盖茨基金会。2011年9月《福布斯》美国富豪榜发布,盖茨以590亿美元居首。

(1)留给孩子巨额资产势必阻碍他成为创意性人才。

(2)父母帮助孩子开创人脉网络。

(3)保留缺点,结交志同道合的朋友。

(4)年少时多读科幻小说(电影)。

(5)母亲的礼物可能会转换孩子的命运。

(6)通过阅读报纸,拓宽视野。

(7)不可娇生惯养。

(8)机会来临时,毫不犹豫地迎接挑战。

(9)经年累积的经验将成为日后的创业基础。

(10)孩子们以言传身教的父母为学习榜样。

犹太人的至尊家族:罗斯柴尔德家族教育子女的十训

罗斯柴尔德家族是欧洲乃至世界久负盛名的金融家族,发迹于19世纪初,其创始人是梅耶·罗斯柴尔德。他和他的5个儿子先后在法兰克福、伦敦、巴黎、维也纳、那不勒斯等欧洲著名城市开设银行,建立了当时世界上最大的金融王国。1850年左右,罗斯柴尔德家族总共积累了相当于60亿美元的财富。鼎盛时期,欧洲大部分国家的政府几乎都曾向他们家族贷款,到20世纪初,世界上主要的黄金市场也是由他们家族所控制,罗斯柴尔德家族总共累积了相当于50万亿美元的财富。

(1)重视兄弟间和睦与家族间团结的传统。

(2)不追求金钱,追求良好的人际关系。

(3)教育子女拥有正确的金钱观。

(4)信息就等于金钱,从小开始重视信息的重要性。

(5)世代相传收集情报信息的传统。

(6)警惕过于追求物质利益的思想倾向。

(7)坚持"不是儿子就不参与经营"的原则。

(8)不忘促使五兄弟和解的"五支弓箭"的教训。

(9)保持捐赠的慈善传统。

(10)犹太人之间互帮互助,共同发展事业。

天下第一世家:孔子世家教育子女的十训

孔子,姓孔,名丘,字仲尼,我国古代著名的思想家和伟大的教育家,儒家学派的创始人。孔子打破了教育垄断,开创了私学,弟子多达3000人,其中贤人72。这72人中有很多为各国高官栋梁,他们为儒家学派延续了辉煌。孔子是世界最著名的文化名人之一,他编撰了我国第一部编年体史书《春秋》。孔子的言行思想主要载于语录体散文集《论语》及先秦和秦汉保存下的《史记·孔子世家》。传孔子曾修《诗》《书》,订《礼》《乐》,序《周易》,作《春秋》。他一生从事传道、授业、解惑,被中国人尊称"至圣先师、万世师表"。后人把孔子及其弟子的言行语录记录下来,作成《论语》。《论语》的语言简洁精炼,含义深刻,其中有许多言论至今仍被世人视为至理。"孔子是全世界各民族的光荣"。

(1)虽然生活贫困,但绝不抱怨自己所生存的环境。

(2)即使生活在困境中,母亲依然倾注所有的热情教育子女。

(3)越是伟人,越要自我学习与自我感悟。

(4)失败也绝不气馁,用顽强的挑战精神武装自己。

(5)通过长途旅行考验和锻炼自己。

(6)凡是精明的人都可以成为自己的老师。

(7)结交与自己志同道合的人。

(8)不亲自教授子女,只监督和考察其学习情况。

(9)人性的弱点有时反而会成就一代伟人。

(10)培养勤学好问的学习习惯。

诺贝尔名门世家:居里世家教育子女的十训

伊雷娜·约里奥·居里于1897年9月12日出生于巴黎, 父亲皮埃尔·居里、母亲玛丽·居里都是著名科学家。1946年,她就任瑞士镭研究所主任;在1946年到1950年期间,她还任法国原子能委员会的理事;1947年,她被苏联科学院选为通讯院士。

F·约里奥·居里, 伊雷娜·约里奥·居里的丈夫, 法国核物理学家。他1923年毕业于巴黎理化专科学校,1930年提出关于放射性元素电化学性质的博士论文,获博士学位。1937年任法兰西学院教授,1956年任镭研究所和巴黎大学奥尔赛研究所所长。1931年起,他和妻子约里奥·居里合作进行研究, 曾在云室中拍摄到第一张由光子产生电子对的照片,并从镭D(210Pb)中提取出了钋。他们利用钋的α射线引起一些轻元素发生核反应,进行反应产物的研究,结果为中子的发现提供了重要依据。1933年,他们在研究用α射线打击铝产生的正电子射线时发现,即使在α射线源移去后,最初几分钟之内仍有正电子放出,并证明其半衰期约为3.5分。他们认为这是通过核反应生成了放射性的磷30,它以放射正电子的形式衰变为硅30,后来又用放射化学方法分离出磷30。由于合成了新放射性核素,夫妻俩共获1935年诺贝尔化学奖。之后,他们又发现铀经中子轰击后产生的放射性物质中含有化学性质与镧相似的元素,为核裂变现象的发现提供了重要事实依据。铀裂变发现后,他们很快发现裂变中有多个中子和大量能量放出,预言可以实现链式反应,释放核能。

(1)即使不在学校里学习,也可以成为优秀的人才。

(2)实践夫妻平等的原则也是优秀的子女教育。

(3)在大自然中培育子女探求真理的心。

(4)父亲既是家庭教师,又是领导人。

(5)通过爷爷教育孙女,实现"隔代教育"。

(6)即使夫妻二人都是上班族,也应该重视与孩子建立互相依赖的关系。

(7)母亲的"启蒙教育"至关重要。

(8)绝不为继承和发扬家族的荣誉而强迫子女成为科学家。

(9)让子女自觉培养自立意识。

(10)在探求学问中寻找互相有默契的配偶。

科学名门世家:达尔文世家教育子女的十训

查尔斯·罗伯特·达尔文,英国生物学家,进化论的奠基人。达尔文的祖父曾预示过进化论,但碍于声誉,始终未能公开其信念。他的祖父和父亲都是当地的医生,家里希望他将来继承祖业。1825年,16岁的达尔文被父亲送到爱丁堡大学学医。1828年,父亲见他无心学医,便又将他送到剑桥大学,改学神学,希望他将来能成为一个"尊贵的牧师",这样,他就可以继续他对博物学的爱好而又不至于使家族蒙羞。在剑桥期间,达尔文结识了当时著名的植物学家J.亨斯洛和著名地质学家席基威克,开始接受植物学和地质学研究的科学训练。

达尔文著有《物种起源》、《动物和植物在家养下的变异》、《人类的由来和性选择》等。他以博物学家的身份,参加了英国派遣的环球航行,做了5年的科学考察,在动植物和地质方面进行了大量的观察和采集,经过综合探讨,形成了生物进化的概念。1859年,震动当时学术界的《物种起源》出版。书中用大量资料证明了所有的生物都不是上帝创造的,而是在遗传、变异、生存斗争中和自然选择中,由简单到复杂,由低等到高等,不断发展变化,提出了生物进化论学说。

除了生物学,他的理论对人类学、心理学及哲学的发展也都有不容忽视的影响。恩格斯将"进化论"列为19世纪自然科学的三大发现之一。

(1)父母作为子女的人生导师,一定要起到领导作用。

(2)时刻营造欢快的家庭气氛。

(3)通过旅行制造人生的转折点。

(4)无论是哪一方面,如果与子女的性格不适合,就不要强求。

(5)一旦发现子女具有学者的潜质,就要全力支持。

(6)如果反对的人占多数,就采用长期说服的方法。

(7)举行聚会,建立珍贵的人际关系。

(8)创建可以世代相传的家业或家学。

(9)制定每天的计划表,并努力完成。

(10)结交可以为子女开创崭新人生的良师益友。

印度教育世家:泰戈尔世家教育子女的十训

拉宾德拉纳特·泰戈尔是印度诗人、哲学家和印度民族主义者,

1913年获得诺贝尔文学奖，是第一位获得诺贝尔文学奖的亚洲人。他的诗含有深刻的宗教和哲学见解。对泰戈尔来说，他的诗是他奉献给神的礼物，而他本人是神的求婚者。他的诗在印度享有史诗的地位，代表作有《吉檀迦利》《飞鸟集》等。

泰戈尔生于加尔各答市的一个富有哲学和文学艺术修养的家庭，13岁即能创作长诗和颂歌体诗集。1878年，他赴英国留学，1880年回国专门从事文学活动。1884年至1911年，泰戈尔担任梵社秘书，后于20世纪20年代创办国际大学。1941年，他写出了控诉英国殖民统治和相信祖国必将获得独立解放的著名遗言《文明的危机》。泰戈尔是具有巨大世界影响力的作家，他共写了50多部诗集，被称为"诗圣"。此外，他还创作了12部中长篇小说、100多篇短篇小说、20多部剧本及大量文学、哲学、政治论著，并创作了1500多幅画，写出了难以统计的众多歌曲，文、史、哲、艺、政、经范畴几乎无所不包、无所不精。他的作品反映了印度人民在帝国主义和封建种姓制度压迫下要求改变自己命运的强烈愿望，描写了他们不屈不挠的反抗斗争，充满了鲜明的爱国主义和民主主义精神，同时又富有民族风格和民族特色，具有很高艺术价值，深受人民群众的喜爱。

(1)营造书香气息浓厚的家庭氛围。

(2)通过阅读，弥补在学校无法学到的知识。

(3)当孩子无法适应学校生活时，寻找积极的对策。

(4)通过聘请家庭教师，培养孩子的多种才能。

(5)将钱包交给孩子，对他进行经济教育。

(6)消除对其他宗教的偏见。

(7)成为富翁后积极支持文化艺术。

(8)通过与子女一同漫游大自然，来培养子女的想象力。

(9)制订周密的计划，使子女从旅行中学到更多的道理。

(10)引导子女从小接触音乐与美术。

俄罗斯延续了六百年的名门世家：托尔斯泰家族教育子女的十训

列夫·尼古拉耶维奇·托尔斯泰，俄国作家、思想家，19世纪末20世纪初最伟大的文学家，是世界文学史上最杰出的作家之一，被列宁称颂为具有"最清醒的现实主义"的"天才艺术家"。托尔斯泰家是名门贵族，其谱系可以追溯到16世纪，远祖从彼得一世时获得封爵。父亲尼古拉·伊里奇伯爵参加过1812年卫国战争，以衔退役。母亲玛丽亚·尼古拉耶夫娜是尼·谢·沃尔康斯基公爵的女儿。托尔斯泰在高加索时开始创作，在《现代人》杂志上陆续发表了《童年》、《少年》和《塞瓦斯托波尔故事》等小说。1855年11月，他从塞瓦斯托波尔来到彼得堡，作为知名的新作家受到了屠格涅夫和涅克拉索夫等人的欢迎，并逐渐结识了冈察洛夫、费特、奥斯特洛夫斯基、德鲁日宁、安年科夫、鲍特金等作家和批评家。

1862年，34岁的托尔斯泰与年仅17岁的索菲亚·A·索妮娅结婚，索妮娅是沙皇御医的女儿，两人的教育、观念、文化水平差距甚大，他们前后育有13个孩子。妻子帮助他管理庄园，整个庄园占地380公顷，有森林、河流、湖泊，苹果园有30多公顷，树木成荫，风景优美。索妮娅将生活打理得井井有条，这使得托尔斯泰可以将全部时间用于文学作品的精雕细刻。在这里，托尔斯泰给人类留下了《战争与和平》、《安娜·卡列尼娜》、《复活》等传世之作。他的作品描写了俄国革命时人民的顽强抗争，因此被称为"俄国十月革命的镜子"。

列夫·托尔斯泰是现实主义的顶峰之一，他的文学传统不仅通过高尔基而为苏联作家所批判地继承和发展，在世界文学中也有着巨大影响。从19世纪60年代起，他的作品开始在英、德等国翻译出版。19世纪70至80年代之交,《战争与和平》法译本的出版为他赢得了国际上第一流作家的声誉。

(1)让孩子每天通过写日记反省一天的行为。

(2)拟定彻底的计划表,并且付诸行动。

(3)使整个家族的成员都养成写日记的好习惯。

(4)从小开始大声地朗读课文。

(5)有意识地开发子女在音乐与美术方面的才能。

(6)发现孩子的才能后聘请家庭教师为其辅导。

(7)向当地的家庭教师学习外语。

(8)经常陪伴在年幼的孩子身边,并为他讲述童话故事。

(9)讲述家族的发展历史,让孩子对家族产生自豪感。

(10)努力帮助贫困的邻居。

英国延续了六百年的名门世家:拉塞尔家族教育子女的十训

(1)过分严格和禁欲主义教育不可取。

(2)有效管理时间。

(3)不强求特种教育。

(4)世代相传自由进步主义精神。

(5)享受自由的同时,履行应尽的义务和责任。

(6)为吸引自己的目标倾注所有精力,并不断进取。

(7)认为是真理,就不要计较得失。

(8)不可孤立自己,要在人群中寻找幸福。

(9)尽可能地养成写信的习惯。

(10)一流父母培育出一流子女。

8.美国四大总统教子秘诀

当今子女的教育问题正日益成为所有父母不得不正视的问题，就连那些政要也不例外，毕竟，他们除了是政治家，也是父亲。孩子需要这样的父亲：自信，有属于自己的环境，能成为精神成长的楷模，生活健康。

中国有句老话：虎父无犬子。模范父亲对孩子的影响是很大的。在充满竞争和机遇的21世纪里，身为国家首脑的爸爸们在教育孩子方面都有哪些妙法呢？

奥巴马妙招

(1)不准出现以下行为：抱怨、哭闹、争辩、纠缠和恶意嘲笑。

(2)自己的事情自己做，如冲麦片或倒牛奶、叠被子、调闹钟等。

(3)如果干家务，每星期可以从爸爸那里领得1美元零用钱。

(4)要为自己安排充实的课余生活：玛莉娅跳舞、排戏、弹钢琴、打网球、玩橄榄球；萨莎练体操、弹钢琴、打网球、跳踢踏舞。

点评：奥巴马要求孩子自己的事情自己做，能锻炼和培养孩子的独立性、自制力、坚韧性等良好的个性品质，而且，孩子能在参加力所能及的家务劳动中逐步形成劳动的习惯。实际上，成功的家庭教育应是：家长注重锻炼孩子独立的生活能力，可以宠爱，但不应溺爱；要有计划、有意识地培养孩子的独立能力，并做到持之以恒。

布什妙招

过去，美国总统布什一直被舆论认为对女儿"管教无方"。在布什的鼓励、引导下，这对爱惹事的双胞胎也慢慢变得成熟和懂事了，并双双大学毕业。布什不希望家族的沉重期望葬送掉两个女儿的幸福，所以在总统大选时，他并没有强迫女儿们抛头露面，而在入主白宫之后,他也不要求女儿们经常在白宫出现。同时,他也不苛求女儿们控制自己的青春期叛逆行为。

点评:布什尊重孩子,重视给孩子个人自主权,让孩子学会在社会允许的条件下自己做决定,独立地解决自己所遇到的各种问题。家长要懂得给予孩子充分的自由权利,让孩子的所有天赋和才能都得到自由而充分的发展,但是要注意给予适当的指导,毕竟孩子是不成熟的。实际上,成功的家庭教育应是:家长舍得拿出时间跟孩子以平等的姿态进行对话、交流,对孩子正确的想法和行为给予充分肯定,让孩子在尊重和鼓励中成长。

克林顿妙招

(1)克林顿疼爱女儿,但从不过分溺爱女儿。

(2)托人给在校上课的女儿带个留言条,告诫女儿好好学习。

(3)在生活方面,主张"没有规矩不成方圆",明确要求女儿自己打扫房间,并经常加以督促检查,看女儿是否已经把房间的杂物收拾干净。

点评:严父出好女,克林顿严格要求女儿守规矩,勤奋动手做自己力所能及的事情,培养了女儿的自信心、独立能力和责任心。实际上,成功的家庭教育应是:在关心爱护孩子方面,不要"爱"过头,以免造成过犹不及,要适当进行教育。

罗斯福妙招

"对儿子,我不是总统,只是父亲。"罗斯福的这句话曾在美国人心中产生过不小的震撼,这也是他一贯遵循的教子原则。罗斯福十分注重培养孩子的独立人格,他认为孩子的事情应该自己解决,他从不干预。罗斯福还竭力反对孩子依赖父母过寄生的生活。他从不给儿子任何资助,让他们凭自己的能力去开辟事业,赚他们该赚的钱。在钱财的支配上,他没有让孩子放任自流。他把儿子全都送上了战场,并告诫说:"拿出良心来,为美国而战!"

点评:罗斯福注重培养孩子的独立人格,反对依赖,并且要求孩子对国家要有奉献精神,还对孩子进行了理财教育。实际上,成功的家庭教育应是:父母有意识地培养孩子的独立精神,培养孩子爱国爱家的情感,并让孩子对生活和金钱有一定的概念,管理好自己的生活。

相关链接:

美国家庭教育的启发

美国家庭教育给人印象最深的一点是:从小就尊重孩子,重视给孩子个人自主权,让孩子学会在社会允许的条件下自己做决定,独立地解决自己所遇到的各种问题。

孩子从婴儿襁褓时期就跟妈妈分床睡觉,两三岁的幼儿就开始住自己的房间。父母只管孩子的安全,其他生活上的事,如游玩、学习等都由孩子自理、自主、自我选择。比如,从小就有自己存放衣服、玩具和学习用品的地方,自己收拾房间,整理、布置属于自己的"小天地",父母决不会替孩子做什么事,最多从旁提醒、参谋。在美国,很少见到父母训斥和打骂孩子,相反,家长经常对孩子说"谢谢"、"对不起"、"请原谅"、"这样好吗"等话,用商量的口吻与之对话。美国孩子在家里的确是小主人,不但参与家庭的各种活动,还参与家庭大事的决策。比如购买什么样的汽车、家电、电脑,怎样布置房间,怎样利用和美化庭院等,在这些方面,父母会都认真倾听孩子的意见。许多孩子都会跟父母一起干些力所能及的家务活,如收拾院子、种植花草树木、擦洗汽车或自行车、做室内外卫生、购买东西等。

美国家长大都对孩子的学习不施加压力。他们的观点是:喜欢学的孩子自然会努力学,为什么要强制他去做不愿意做的事情呢?强拗着去做,会伤害孩子的感情与个性。人的兴趣、爱好和才能本来就各不相同,孩子适合做什么就做什么,人生的路要让孩子自己去走。

对待孩子的错误,严肃认真是一种方法,但有时,采用幽默的手法同样可以达到预期目的。

美国著名诗人惠特曼就是一位以幽默的方法教育孩子的高手。

有一天,惠特曼回到家,见家人慌作一团,母亲正打电话给医院请求急救,原来是小儿子喝了半瓶墨水。惠特曼明白,墨水不至于使人中毒,用不着惊慌,而这正是教育儿子的最好时机。于是,他轻松地问:"你真的喝了墨水?"小儿子得意地坐在那里,伸出墨色的舌头,做了个怪相。惠特曼一点也不恼,他从屋里拿出一叠吸墨纸来,对小儿子说:"现在没办法了,你只有把这些吸墨纸使劲嚼碎吞下去了!"一场虚惊就这样被诗人一句幽默的话冲淡了。小儿子原想以此成为家人的中心,但未能如愿。此后,他再没有犯过这种错误。

孩子,特别是男孩子,有时会故意打破常规用异常行为来证明自己的勇敢,以引起别人的注意。遇到这种情况,做父母的最好借助幽默,用讽喻、轻松的口吻指出他行为的不正确,使他明白自己的错误,从而达到教育孩子的目的。

9.英国绅士的教子秘诀

在电影《泰坦尼克号》中,当船即将下沉时,乘客纷纷涌上救生艇,可是救生艇相对船上的人而言不过是杯水车薪,所以,船上的男士都将求生的机会让给了女士和孩子。这就是绅士。

即使是今天的英国，在家庭教育中，按照"绅士教育"传统来教育孩子仍是一个特色。在英国的家庭里，绝对看不到对孩子没有理由的娇宠，犯了错误的孩子会受到纠正甚至惩罚。家长们会在尊重孩子独立人格的前提下，对孩子进行严格的管束，让他们明白，他们的行为不是没有边际的，不可以为所欲为。英国的法律明确规定允许家长体罚孩子，至今，许多学校仍保留着体罚学生的规矩。此外，还有一些约定俗成的规矩：

（1）在一般的家庭当中，5岁以下的孩子不准与大人同桌吃饭，不允许挑吃挑穿，到了该做什么的时候一律按规矩办事，故意犯错误和欺负幼小，都将受到严厉的惩罚。

（2）不管是对什么人，孩子都必须懂礼貌，说话要客气，对父母兄弟姐妹也不例外。否则，孩子将受到父母的训斥，甚至身体上的惩罚。

（3）英国的年轻父母很少将孩子抱在怀里，而是让他们随便地爬，随意地玩。当孩子不慎摔倒在地时，他们绝不会扶起他，而是让他自己站起来，从一点一滴的小事去训练孩子的独立能力，使他们明白，没有人能依靠父母去生活，他们要完全靠自己。

（4）在英国的家庭里，孩子永远不是中心。这一点，西方的大部分国家的观念是一致的。人们会有意识地"创造"一些艰苦的环境，让孩子在其中遭受些人为的艰难，以磨炼他们的意志。比如，校方会故意将伙食弄得很差，又缺少取暖设备；要求每个学生必须在恶劣的天气里穿短裤出现在操场上、课堂上，坚持冷水浴，不准盖过暖的被子，冬天也要开窗就寝。这样做是为了除去孩子的娇气，养成坚强的意志，提高其身体和精神素质。

10.八字箴言——犹太人的教子秘诀

爱书,尊师,惜时,坚忍,这就是犹太人教子的秘诀,也是这个伟大民族的魂之根本。

爱书

古代犹太人将书看得破旧得不能再看时,就会挖个坑,庄重地将书埋葬,这时候,他们的孩子是要参与其中的。他们对孩子说:"书是人的生命。"

在每一个犹太人家里,当小孩稍微懂事时,母亲就会翻开《圣经》,滴一点蜂蜜在上面,然后叫小孩去舔书上的蜂蜜。这种仪式的用意不言而喻:书本是甜的。

传说古时候,犹太人的墓园常常放有书本,他们相信死者在夜深人静时会走出来看书。尽管这种传说具有某些迷信意味,但其象征意义却对人们很有教育意义:生命有结束的时刻,求知却永无止境。

犹太人从不焚烧书籍,即使是一本攻击犹太人的书。在人均拥有图书馆、出版社及每年人均读书的比例上,犹太人(以色列人)超过了世界上任何一个国家,堪为世界之最。犹太家庭还有一个传统,那就是书柜要放在床头,要是放在床尾,会被认为是对书的不敬,进而遭到大众的唾弃。

尊师

犹太人称山为"哈里姆",称双亲为"赫里姆",称教师为"奥里姆",这三个词是同源的,在他们那里,教师与大山、父母同样重要。

惜时

世界上多数民族都将早晨作为一天的开始,公历的一天开始于午夜,而犹太人的一天则是从太阳落山时开始。当孩子问为什么时,他们说："将黑暗作为开始的人，他的最后就是光明；而将光明作为开头，最后则是黑暗。"以此教育孩子先吃苦，后享受。

当孩子问现在是几点钟时，他们总是说："现在是10点21分35秒。"从不说快10点半了、10点多钟。正是因为这样，所以犹太人的时间观念极强，他们对数字也非常敏感与精确。

坚忍

犹太人说："有十个烦恼比仅有一个烦恼要好得多。只有一个烦恼时，痛苦一定是深刻的；而有了十个，就不一样了。没有一个自杀者是因为有十个烦恼，全是为一个烦恼而死的。"所以，犹太人虽然苦难多多，但他们并不惧怕。

多数民族将胜利、喜庆作为节日，可是犹太人最盛大的节日"逾越节"，却是纪念祖先在埃及当奴隶时的苦日子。这一天，他们会给孩子吃一种很难吃的没发酵的面包和很苦的叶子，然后讲祖先在埃及受屈辱的故事。

几乎每一个犹太家庭的孩子都要回答一个问题："假如有一天，你的房子被烧毁，你的财产被抢光，你将带着什么东西逃命呢？"如果孩子回答说是钱或者钻石，母亲将进一步问："一种没有形状、没有颜色、没有气味的宝贝，你知道是什么吗？"当孩子无法回答时，母亲就会说："孩子，你要带走的不是钱，也不是钻石，而是智慧。因为智慧是任何人都抢不走的，你只要活着，智慧就会伴随你的一生。"